Hans-Peter Gerstner, Martin Wetz
Einführung in die Theorie der Schule

Grundwissen Erziehungswissenschaft

Die Reihe „Grundwissen Erziehungswissenschaft" stellt Studierenden, Lehrenden und pädagogisch Interessierten den disziplinären Wissensbestand der Erziehungswissenschaft für Studium, Selbststudium und Lehre bereit. In klarer Orientierung am Kerncurriculum der Erziehungswissenschaft der DGfE bilden die Themen der Einzelbände zusammen, systematisch gegliedert, das theoretische Wissen, über das Studierende als Basis für ihr weiteres Studium verfügen sollten.

Die gut verständlichen Texte sind auf neuestem Stand der Forschung und wurden in Lehrveranstaltungen praktisch eingesetzt und gemeinsam mit Studierenden auf ihre Studientauglichkeit hin geprüft. Ein übersichtliches Layout mit leitenden Begriffen in der Randspalte erleichtert den Zugang. Jedes Kapitel enthält am Ende kommentierte Literaturhinweise sowie einen kurzen Überblick über das, was der Leser gelernt haben sollte.

Herausgeber:

Lothar Wigger, Universität Dortmund

Peter Vogel, Universität Dortmund

Hans-Peter Gerstner, Martin Wetz

Einführung in die Theorie der Schule

Die Deutsche Nationalbibliothek verzeichnet diese Publikation
in der Deutschen Nationalbibliografie;
detaillierte bibliografische Daten sind im Internet über
http://dnb.d-nb.de abrufbar.

© 2008 by WBG (Wissenschaftliche Buchgesellschaft), Darmstadt
Die Herausgabe des Werkes wurde durch
die Vereinsmitglieder der WBG ermöglicht.
Redaktion: Katharina Gerwens, München
Satz: Lichtsatz Michael Glaese GmbH, Hemsbach
Einbandgestaltung: schreiberVIS, Seeheim
Gedruckt auf säurefreiem und alterungsbeständigem Papier
Printed in Germany

Besuchen Sie uns im Internet: www.wbg-darmstadt.de

ISBN 978-3-534-17525-3

Inhalt

Vorwort

Wenn Schule ein Gegenstand wissenschaftlichen Interesses wird, so ist das in gewisser Hinsicht paradox: Denn Schule ist in modernen Gesellschaften selbst diejenige Institution, welche die Grundlagen dafür heranbildet, wissenschaftlich zu arbeiten. Zumindest der Idee nach und zumindest für einen gewissen Teil der Absolventen der Schule ist methodisches Vorgehen, systematische Quellensuche und kritisches Nachfragen tatsächliches Lernziel.

Anders aber als typische Gegenstände von Wissenschaft – Milliarden Lichtjahre entfernte Galaxien, die Sonette Shakespeares oder antike Tempelbaukunst, all dies Objekte, die sich durch eine große Distanz zu unserer Lebenswelt auszeichnen – ist die Schule ein Phänomen, mit dem uns eine große Nähe verbindet, eine langjährige Routine, gute wie schlechte Erlebnisse, welche uns womöglich nur zum Teil bewusst sind. Wissenschaftlich gesehen ist dies aber ein Problem: Übergroße Nähe erschwert die Übersicht; und gerade die Tatsache, dass wir alle Schule erlebt haben, verführt zu vorschnellen Hypothesen über Eigenart, Funktion oder Struktur dieser Institution.

Wer aber braucht eine Theorie der Schule?

Eine Theorie der Schule stellt für alle an Schule Beteiligten – außer Lehrerinnen und Lehrern auch Schülerinnen und Schüler, Eltern, politisch Aktive, nicht zuletzt auch Wissenschaftlern – die Möglichkeit dar, sich über die Institution, deren Funktion bzw. Position in der Gesellschaft, ihre geschichtliche Entwicklung und ihre Bedeutung für die individuelle Biografie klar zu werden und damit in konkreten Konfliktsituationen Distanz für eine rationale Argumentation zu gewinnen.

Dieser Band soll hierzu eine Einführung, nicht weniger und nicht mehr, darstellen. Wir haben uns bemüht, das breite Spektrum an Theorien über Schule zu zeigen, und dabei, soweit es der knappe Umfang des Bandes zugelassen hat, möglichst häufig die jeweiligen Autoren sprechen zu lassen. Es würde uns freuen, damit die zur Reflexion nötige Distanz zur eigenen Schulzeit geschaffen und eine Anregung zum eigenen Weiterlesen und Weiterdenken von Schule und ihrer Theorie – in den Worten Ernst Blochs, eine Verführung „zum aufrechten Gang" – geleistet zu haben.

Heidelberg, Juni 2008   Hans-Peter Gerstner
                                                Martin Wetz

A Nachdenken über Schule

1 Vermeintliche Selbstverständlichkeiten

1.1 Impressionen aus einer Schule

Langsam, ganz langsam schiebt sich eine Schildkröte ins Bild. Sie verharrt, reckt den Kopf und schaut uns an. Schildkröten gelten als Wahrzeichen der Intelligenz und des Wissens. Sie bewegen sich bedächtig voran, und wenn sie auf ein Hindernis stoßen oder ihnen eine Gefahr droht, so werden Kopf und Beine in die schützende Obhut des Körperpanzers zurückgezogen. Nur sehr zaghaft werden Kopf und Beine wieder sichtbar. Besteht das Hindernis weiter, wird ein Umweg eingeschlagen, droht immer noch Gefahr, verschwinden Kopf und Beine aufs Neue und der Abstand zum nächsten Versuch, sich hervorzuwagen, wird größer. Schildkröten gelten als Symbol der Intelligenz, weil es sich mit dem menschlichen Intellekt ähnlich verhalten mag.

Auch der menschliche Intellekt wagt sich vor, erkundet wissbegierig die Welt und zieht sich zurück, wenn er auf Widerstand und drohende Gefahr stößt. Bietet ihm seine Umgebung keine Anregung zur Weiterentwicklung oder wird er gar dazu genötigt, im Schädelpanzer zu verharren, und sich nicht nach neuen Richtungen wenden zu können, so verkümmert die Intelligenz. Die ersten zögerlichen Schritte des erwachenden Geistes sind sehr leicht zu hemmen, die ersten erkundenden Blicke auf die Welt nur zu leicht zu brechen. Wo die Hemmung oder Gefahr zu lange besteht und die Richtung, in die der Geist drängt, endgültig blockiert ist, wendet er sich ab und erkundet die Welt in diesem Bereich nicht weiter. Er hat an Erfahrung, wie es doppelbödig heißt, gewonnen, dass trotz wiederholter Anspannung seinem Wissensdrang äußere Grenzen gesetzt sind. Wer aber je gesehen hat, wie unermüdlich und ausdauernd kleine Kinder laufen lernen und mit welcher Geduld und Beharrlichkeit sie sich die Sprache aneignen, wer je sich gefreut oder auch gelitten hat unter den nimmermüden und hartnäckigen Fragen eines Kindes nach dem Warum der Dinge, kann ermessen, wie brutal die Hemmung sein muss, damit ein Kind die Lust am Lernen und an geistiger Anstrengung verliert. *Verhalten und Intelligenz*

Die emblematische Szene mit der Schildkröte findet sich am Anfang des Dokumentarfilmes *Être et avoir* des Filmemachers Nicolas Philibert, der von Winter bis Sommer ein Schuljahr lang das alltägliche Leben in einer Zwergschule in Sainte-Etienne-sur-Usson in der Auvergne auf Zelluloid gebannt hat, wo der Lehrer Georges Lopez mit 13 Kindern im Alter zwischen vier und elf Jahren Schule macht und alle gemeinsam unterrichtet. Was verbindet das Schulehalten von Monsieur Lopez mit dem Bild der Schildkröte, die sich forschend durch das Klassenzimmer der Zwergschule bewegt? Sehen wir uns einige Szenen an. *Être et avoir*

Die kleinsten Schülerinnen und Schüler üben sich im Schreiben. Monsieur Lopez hat große Kärtchen vorbereitet, auf denen das Wort „maman" *Der schwere Beginn* steht. Die Kinder schreiben das Wort in Schreibschrift darunter. Es herrscht eine konzentrierte Arbeitsstimmung im Klassenraum. Der Lehrer sitzt dabei, gibt Hilfestellung, wenn das Kärtchen nicht richtig liegt oder die Schrift allzu sehr in Schräglage gerät, greift durchaus auch mal energisch in den Schreibprozess ein und lenkt mit seiner Hand Stift und Hand eines Kindes. Als alle fertig geschrieben haben und auch Jojos Zwischenfrage, ob jetzt Nachmittag oder Vormittag sei, zufriedenstellend geklärt ist, hält Monsieur Lopez das Kärtchen von Jojo hoch und fragt die anderen Kinder, wie sie Jojos Schreibbemühungen bewerten. Zunächst sagen die meisten sehr gut, „très bien", doch als Monsieur Lopez nachfragt, meint Marie, dass Jojos „maman", was eher als „moman" entziffert werden kann, „petit peu bien", ein kleines bisschen gut sei, während Jojo selbst es durchaus für „bien" hält. Nach einem kleinen Korrekturhinweis des Lehrers sehen sich die Kinder die „maman" Maries an, einige finden es „bien", andere „pas bien", während Marie es für „beaucoup bien" hält, obwohl ihr Schriftzug etwas krakelig rauf und runter wogt.

Allein und gemeinsam lernen

Axel, ein Leseanfänger, liest etwas stockend einen Text über das Schäfchenzählen beim Zubettgehen. Monsieur Lopez sitzt ganz nah neben ihm und zeigt Axel mit dem Finger die Zeile, die er gerade liest. Im Text taucht das schwierige Wort Alptraum, „cauchemar", auf, das der Lehrer nutzt, um Axel zu fragen, ob er wisse, was Alpträume sind, und ob er selbst manchmal welche habe. Ein böser Traum, antwortet Axel, und nach einigem Zögern, ja, er habe manchmal Alpträume und sehe dann Gespenster, „des fantômes". Als sich andere Kinder, die wir aber nicht sehen, in die intime Situation zwischen Axel und seinem Lehrer einschalten wollen und beginnen, über die Frage zu debattieren, ob es Gespenster gebe oder nicht, weist Monsieur Lopez sie resolut darauf hin, dass ihm jetzt Axel seine Alpträume erzählt und die anderen still sein sollen. Zwischen Monsieur Lopez und Axel entspannt sich ein Frage-Antwort-Spiel über die Existenz von Gespenstern, ein Gespräch, das keine Ablenkung vom Leselernprozess zu sein scheint, sondern unmittelbar dazu gehört und ihn voranbringt.

Diszipliniertes Arbeiten

Monsieur Lopez führt mit dem vierjährigen Jojo ein Gespräch über eine Zeichnung, die Jojo noch fertig malen soll. Als Monsieur Lopez fragt, was noch fehle auf seiner Zeichnung, ist Jojo sicher, dass er damit schon fast fertig ist. Als er selbst aber überprüft, wie viel er von dem vorgedruckten Fisch schon ausgemalt hat und was noch fehlt, sagt ihm sein Lehrer, dass das Bild sehr unvollständig sei, obwohl Jojo doch versprochen habe, das Bild fertig zu machen. Wenn er noch nicht fertig sei, dürfe er nicht mit den anderen Kindern in der Pause in den Hof gehen. Als dann endlich Pause ist, darf Jojo tatsächlich nicht ins Freie, da sein Bild noch unvollständig ist und das der Absprache, die sein Lehrer mit ihm getroffen hat, widerspricht. Selbst als Jojo vorschlägt, das Bild nach der Pause fertig zu malen, kann ihm sein Lehrer nicht zustimmen. Du hast versprochen, es zu machen. Hast du dein Versprechen gehalten? Ist der Fisch fertig? Nein, muss Jojo eingestehen. Du musst ihn fertig machen. Sofort!, bestimmt Monsieur Lopez.

Warum wir in die Schule gehen

Monsieur Lopez unterhält sich mit Jojo über die Frage, warum er in die Schule kommt. Meine Mutter will immer, dass ich in die Schule gehe, antwortet Jojo. – Und du willst nicht? – Doch. – Aha. Warum kommst du in die Schule? Nur zum Spielen? Warum noch? – Zum Arbeiten. – Und was ist das für Arbeit? – Mit Tatjana und Ihnen. – Mit Tatjana und mir. Was machen wir? Was lernst Du in der Schule? Nur wie man Sachen ausmalt? – Nein. – Anmalen ist wichtig, aber was noch? – Die Arbeit. – Was noch? – Dem Lehrer zuhören. – Das ist keine Arbeit. Was hast du heute morgen gemalt? – Eine Zeichnung. – Nein, an der Tafel. – Kringel. – Ja, du machst also Kringel um was zu lernen? Um schreiben zu lernen? – Um Sechser zu malen. – Und wozu lernen wir Sechser? – Zum Rechnen. – Ja, damit wir zählen können. – Ja. Ich kann schon bis sechs zählen. – Bis sechs? – Nach fünf kommt sechs. – Und nach sechs? – Kommt sieben. – Das haben wir noch gar nicht gemacht. – Und nach sieben kommt se…, nein, nach sieben kommt acht. Monsieur Lopez schaut voller Stolz seinen vierjährigen Schüler an, der schon bis acht zählen kann.

Soziales Lernen

Eines der kleinen Mädchen, Alizé, baut aus einem Brettchen und verschiedenen großen Radiergummis ein kleines Kunstwerk. Sie hat Schnupfen und ihre Nase läuft fürchterlich, so dass sie diese öfter mal hochziehen muss. Sie ist andächtig bei ihrer Aufgabe, den kleinen Radiergummi hier, den großen Radiergummi dort zu platzieren, als plötzlich eine Hand ins Bild greift und einen Radiergummi stibitzt. Alizé ist sprachlos vor Empörung. Tränen treten in ihre Augen und dennoch kann sie ihrer Empörung nur flüsternd Ausdruck verleihen, weil im Klassenzimmer konzentrierte Stille herrschen muss, da die anderen Schülerinnen und Schüler arbeiten. Sie will zunächst weiterbauen, entschließt sich dann aber dazu, die verbliebenen Radiergummis in ihren Händen in Sicherheit zu bringen.

Ein sachhaltiger Grund für die Schule

Julien sitzt nach dem Ausmisten des Kuhstalls zusammen mit seiner Mutter am Küchentisch und macht seine Rechenhausaufgaben. Wenn er falsch rechnet, kann es schon passieren, dass der Mutter die Hand ausrutscht, sie ihm damit droht, die Dreierreihe hundertmal aufschreiben zu müssen, oder dass sein Vater ihm die Aufgabe stellt: 2 mal 6 Ohrfeigen sind wie viele? Als Julien an eine schwierige Stelle kommt und weder er noch seine Mutter weiter wissen, versucht sein Onkel ihm zu helfen. Doch auch er kann die Aufgabe nicht lösen. Am Ende der Szene ist die ganze Familie am Tisch versammelt und versucht, Juliens Hausaufgabe zu verstehen und zu lösen. Alle müssen sich aber eingestehen, dass sie nicht mehr durchblicken und die Aufgabe nicht lösen können, denn irgendwo ist immer ein Fehler.

Beruf: Lehrer

Monsieur Lopez und seine Schüler unterhalten sich über zukünftige Berufe der Schülerinnen und Schüler. Monsieur Lopez fragt, warum manche Lehrer werden wollen. – Weil der Lehrer sagt, was wir machen sollen. Nicht wir entscheiden, was wir machen, sondern Sie sagen, was wir machen sollen. Wenn wir groß sind, sagen wir unseren Kindern, was sie machen sollen. – Genau, antwortet der Lehrer, vielleicht wirst du ja eines Tages Lehrerin. – Ja. – Dann gibst du den Schülern Aufgaben. Möchtest du das? – Ja. Während Johann lieber Polizist werden möchte, wollen Jessie und Jojo also Lehrerin und Lehrer werden. Und was würdest du tun, wenn du Lehrer wärst Jojo? Was tun Lehrer? fragt Monsieur Lopez seinen kleinen Schüler. Und Jojo antwortet ihm, Sie geben den Großen, den Erstklässlern und den Kleinen Aufgaben. – Allen drei Gruppen? Und allen zugleich? – Ja. Nein, nicht allen zur gleichen Zeit. – Nacheinander? – Ja.

An der Grenze der Fassungskraft

Die kleineren Kinder haben die Zahl sieben gelernt. Sie haben die Sieben mitunter etwas windschief an die Tafel geschrieben und nun soll resümiert werden, was sie gelernt haben. Monsieur Lopez sitzt mit einem der Mädchen, Létitia, gemeinsam am Tisch und will sich von ihr die Zahlenreihe von eins bis sieben aufsagen lassen. Létitia kommt aber immer nur bis zur sechs und kann die neu gelernte Zahl nicht nennen. – Was kommt nach sechs? Was hast du gerade gezeichnet? Was hast du rot ausgemalt? Was haben wir heute gelernt? Létitia weiß keine Antwort und wird neben dem Lehrer zusehends kleiner. Sie weiß es nicht mehr. Er fragt die anderen Schülerinnen, welche neue Zahl haben wir heute gelernt? – Die 7, antwortet Marie. Er wendet sich wieder Létitia zu, Los, 1, 2, 3, 4, 5, 6. Und dann kommt? Aber Létitia kann immer noch nicht „sieben" sagen, obwohl es ihr die anderen Kindern laut vorflüstern. „Wir müssen ihr helfen."

Die Sprachen der Welt

Monsieur Lopez hat Kärtchen vorbereitet, auf denen „ami" und „amie" steht. Die Schülerinnen und Schüler sollen lernen, das grammatikalische Geschlecht richtig zu verwenden. Der Lehrer erklärt die Verwendung der Worte, vergewissert sich, dass alle es verstanden haben, und fordert sie auf, mit den Kärtchen einfache Sätze zu bilden wie „Marie und ihre Freundin Jessie" oder „Papa und sein Freund Jojo". Als Johann an die Reihe kommt, zeigt sich, dass er zwar das Prinzip verstanden hat, aber das Wort „ami" durch das Wort „copain" – Kamerad – ersetzt, da er das Wort „ami" nicht kennt. Auch nach wiederholter und zusehends genervter Aufforderung von Monsieur Lopez, das Wort auf dem Kärtchen zu verwenden, bleibt Johann hartnäckig bei „copain" und „copine".

Wie weit kann man zählen

Monsieur Lopez besucht mit seiner Klasse das Collège, das zwei der Schüler im nächsten Schuljahr besuchen werden. Während die älteren Schülerinnen und Schüler eine Bibliotheksführung machen, unterhält sich der Lehrer mit Jojo. „Wie weit kann man zählen?" Jojo, der in einem Bilderbuch blättert, sagt nach einigem Überlegen: „Hundert." Monsieur Lopez gibt sich damit nicht zufrieden. „Bis hundert. Kommen danach noch andere Zahlen? Kann man weiter zählen?" „Ja", gesteht Jojo ein. „Wie weit?" „Tausend", gibt Jojo zur Antwort. „Kann man weiter zählen als bis tausend?", fragt der Lehrer. „Nein", Jojo ist sich sicher. Der Lehrer fängt an zu zählen: „Tausendeins, tausendzwei …", bereitwillig fügt Jojo „tausenddrei" hinzu. George Lopez macht weiter mit diesem Zahlenspiel, bis Jojo bei den Millionen ankommt. Spätestens jetzt verliert Jojo die Geduld und lenkt seinen Lehrer von den Zahlen ab, indem er ihn auf zwei streitende Mitschüler aufmerksam macht, die der Zuwendung bedürfen.

1.2 Typisch Schule!?

Diese und andere Szenen über Mediationsgespräche mit Schülern, Elterngespräche, Gespräche über den Schulwechsel der älteren Schüler und Schülerinnen, Schulausflüge und ein Gespräch mit Monsieur Lopez selbst hat der Regisseur Nicolas Philibert in seinem Film über *Das Sein und das Haben* wohlkomponiert ins Bild gesetzt. Die Szenen werden den meisten Menschen wohl unheimlich vertraut anmuten. Die Interaktionssequenzen können wir eindeutig sofort und wie selbstverständlich dem Ort „Schule" zuordnen, ohne genau sagen zu können, warum wir wissen, dass dies typische Schulszenen sind. Der theoretische Blick auf die Schule, der mit dieser Einführung gegeben werden soll, versucht, das Eintauchen in das Schulleben, dieses ‚Immer schon Bescheid wissen darüber, was Schule ist', in eine Distanz zu rücken. Es geht nicht darum, was oder wie Schule sein sollte, sondern um Klarheit darüber, was sich hinter dem idyllischen Bild von Schule verbirgt und unter welch schweren Bedingungen Lernprozesse in der Schule stattfinden. Sehen wir uns die Szenen daraufhin nochmals genauer an.

Die Schüler lernen nicht nur das Wort „maman" zu schreiben, sondern sie lernen unter der Aufforderung von Monsieur Lopez auch, sich in ihrer Leistung zu vergleichen und die Leistung der anderen zu beurteilen. Sie lernen Beurteilungsformen kennen, die ihre Mitschüler nicht verletzen und werden dazu befähigt, ihre Leistungen selbst einzuschätzen – im Vergleich mit dem Musterkärtchen des Lehrers, aber auch mit den Schreibversuchen der anderen. Wir sehen aber im Film nicht, wie Monsieur Lopez die Selbst- und Fremdbeurteilungen weiterverwendet. Dienen diese dazu, Leistungsunterschiede festzuhalten und gegebenenfalls sogar zu zementieren oder lässt er den im Schreiben noch nicht so geübten Schülerinnen und Schülern vermehrt Förderung zukommen, damit auch sie bald das Wort „maman" richtig schreiben können?

Leistung und Beurteilung

Die Schüler erfahren, dass bisweilen auch schwierige Wörter, die man lernen muss, eine persönliche Geschichte haben. In der Auseinandersetzung mit dem Text kann Axel lernen, dass die Geschichte, die er liest, etwas mit ihm zu tun hat. Sein Selbstvertrauen wächst sichtlich, als er spürt, dass seine Erzählung bei Monsieur Lopez auf Widerhall und Interesse stößt und er dazu ermuntert wird, trotz der Störung durch die anderen weiter von seinen Albträumen zu berichten. Seine Mitschüler können daran, dass die persönliche Geschichte Axels dem Lehrer so wichtig ist, sehen, dass die Erzählung eines anderen Menschen bedeutsam ist und mit Respekt zu behandeln ist und nicht unterbrochen werden darf. Indem Monsieur Lopez nicht stur eine Lektion hält, sondern Axel den Freiraum gibt, seine eigene Geschichte zu erzählen, lässt er das vorhandene Weltwissen in die Schule hinein und eröffnet Axel die Möglichkeit, sich autonom mit seiner Geschichte auseinanderzusetzen. Was geschieht aber mit dem Mitteilungsbedürfnis seiner Mitschüler, die ebenfalls ihr Wissen über Albträume und Gespenster loswerden wollen?

Die Geschichte der Wörter

Monsieur Lopez behandelt den kleinen Jojo als eine Art Vertragspartner, mit dem abgemacht war, dass ein Bild fertig zu malen ist, bevor eine Pause eingelegt werden darf. Aber die Vertragsbedingungen sind einseitig diktiert, ohne dass Jojo darauf Einfluss nehmen könnte. Die von ihm abverlangte Autonomie kann er noch gar nicht erbringen, sondern selbstverantwortlich zu sein, muss erst in der Schule gelernt werden. Der Philosoph Immanuel Kant hat dies als eine Grundfrage der Pädagogik begriffen.

Abmachungen und Übereinkünfte

„Eines der größten Probleme der Erziehung ist, wie man die Unterwerfung unter den gesetzlichen Zwang mit der Fähigkeit, sich seiner Freiheit zu bedienen, vereinigen könne. Den Zwang ist nötig! Wie kultiviere ich die Freiheit bei dem Zwange?" (KANT 1977, Bd. XII, S. 711)

Kant war Realist genug, um zu sehen, dass Zwang nötig ist, aber auch Idealist genug, um zu wissen, dass Freiheit nicht durch Zwang erreicht werden kann, sondern allenfalls bei dem Zwang. Aber die Grundfrage bleibt bestehen: Wie viel Freiheit und Übermut muss der Pädagoge den ihm anvertrauten Kindern nehmen, um Wissen geben zu können? Wo schlägt bei dem Zwang die Disziplinierung in bloßes Ritual um, wo wird lediglich ein pädagogisches Exempel statuiert, um eine fragwürdige Ordnung zu erhalten?

Arbeiten lernen

Während Jojo auf die Frage seines Lehrers nach dem Grund seines Schulbesuchs zunächst nur antwortet, dass er in die Schule geht, weil seine Mutter es so will, gelingt es Monsieur Lopez durch behutsames Nachfragen, ihm die Einsicht zu entlocken, dass das Malen von Kringeln an die Tafel dazu beiträgt, die Zahlen kennen zu lernen, die er späterhin fürs Rechnen braucht. Aus dieser Einsicht heraus kann Jojo dann auch zeigen, dass er das Prinzip der Zahlenreihenfolge verstanden hat und dass er eine Zahlenreihe auseinander nehmen und wieder zusammensetzen kann. Er kann so – wenn auch mit einiger Mühe – über das bisher Gelernte hinaus bis acht zählen. Denken lernen heißt, bearbeiten lernen. Der Erkenntnisgewinn, dass vor der Zahl sechs die fünf und nach ihr die sieben und dann die acht kommt, mutet vielleicht demjenigen trivial an, der das alles längst weiß, aber Monsieur Lopez ist zu Recht stolz auf seinen vierjährigen Schüler, der aus eigener Kraft diesen anstrengenden Erkenntnisschritt vollzogen hat. Wie kann Schule dazu beitragen, dass diese auf den ersten Blick winzigen, aber für den Erkenntnisprozess wichtigen Denkschritte in ihrer vollen Tragweite anerkannt und geschätzt werden?

Still sein lernen

Alizé mag gelernt haben, dass es durchaus richtig sein kann, ihre Empörung zu äußern, sie hat aber auch gelernt, dass diese Empörung in den schulischen Kontext passen muss. Sie lernt also einerseits, Rücksicht zu nehmen auf den Klassenverband, kann dadurch aber andererseits ihrer Empörung nur gedämpft Luft verschaffen, da sie die anderen Schüler in deren Lernprozess nicht stören will. Alizé lernt Lesen, Schreiben, Rechnen und ihre eigenen kleinen Kunstwerke zu verfertigen also nicht im luftleeren Raum; ihre Lernprozesse sind eingebunden in eine soziale Situation, in der Routinen und Rituale wesentliche Teile des schulischen Alltags bestimmen und unmissverständliche Gebote und Verbote vermitteln, dass es unangemessen sein könnte, ihrer Empörung lautstark Geltung zu verschaffen. Wie lässt sich theoretisch fassen, dass Alizé gelernt hat, sich den Regeln der Schule gemäß zu verhalten?

Die Grenzen außerschulischen Lernens

Während Julien in seiner Lebenspraxis durchaus gelernt hat, wie ein Stall auszumisten ist, wie man Traktor fährt oder mit Kühen umgehen hat, weiß nicht nur er, sondern seine ganze Familie, nicht mehr oder noch nicht genau, wie bestimmte Rechenoperationen durchzuführen sind. Er hat sich also durchaus schon Erfahrungen angeeignet, die ihm helfen, seine Handlungsmöglichkeiten für das Leben auf dem Bauernhof zu erweitern. Dies müssen nicht unbedingt eigene Erfahrungen sein; er hat dieses Wissen durch die gesammelten Erfahrungen seiner Eltern und seines Onkels übermittelt bekommen. Er kann sich deren Erfahrungen zu Eigen machen und auf die eigene Lebenspraxis anwenden. Historisch ist aber die Kluft zwischen dem ebenso individuell Erfahrbaren wie familiär Weitergegebenen und dem Wissen, das in der Welt insgesamt verfügbar ist, so angewachsen, dass das Lernen in der situativen Praxis des eigenen Lebensvollzugs oft nicht mehr ausreicht, um das sozialkulturell vorhandene Wissen sich so vollständig wie möglich anzueignen. Lernen kann man nur für sich, müsste man aber das gesamte Wissen selbst erzeugen, würde die eigene Lebenszeit kaum ausreichen, um in einer sich ständig wandelnden Welt handlungsfähig zu werden. Müsste dann nicht die Schule den Raum für dieses den eigenen familiären Lebenskreis überschreitende Lernen bieten, ohne es an die Familien zurück zu überweisen?

Die Schülerinnen und Schüler des Monsieur Lopez stellen mit ihrem Blick auf die Tätigkeit des Lehrens erstaunliche Expertise zur Schau. Sie können, obwohl sich alle Kinder im gleichen Klassenraum befinden, schon unterscheiden, dass die unterschiedlichen Altersgruppen von Herrn Lopez unterschiedliche Aufgaben verschiedenen Schwierigkeitsgrades gestellt bekommen. Sie wissen aber auch, dass es der Lehrer ist, der entscheidet, was im Unterricht gemacht wird, und nicht sie. Ihre realistische Einsicht in die weithin gängige Unterrichtspraxis lässt ihnen den Lehrberuf durchaus attraktiv erscheinen, sie lässt zugleich aber gegenüber durchaus sympathischen pädagogischen Vorstellungen skeptisch werden, die Schülerinnen und Schülern mehr Mitwirkungs- und Mitgestaltungsmöglichkeiten in der Schule einräumen möchten, wie es etwa Arno Combe und Werner Helper als entscheidende Leistung der Lehrkräfte formulieren.

Verständnis des Lehrerberufs

„Die entscheidende kommunikative Leistung von PädagogInnen scheint demnach gegenwärtig zu sein, ihre (vermeintliche) Überlegenheitsposition preiszugeben und mit ihren jeweiligen Adressaten in Verhandlungen über den Sinn und die Geltung kultureller Sachverhalte einzutreten." (COMBE und HELSPER 2002, S. 43)

Wenn das eine wünschenswerte Position ist, wie müsste dann Schule gestaltet werden, um allen an Schule Beteiligten diese Gestaltungsspielräume zu eröffnen?

Monsieur Lopez hat sich bei der Einführung der Zahl sieben alle erdenkliche Mühe gegeben und jedes didaktische Mittel genutzt, das ihm zur Verfügung steht. Er ist folglich ziemlich fassungslos, dass Létitia weder seinen Erklärungen noch den Einflüsterungen ihrer Mitschülerinnen und Mitschüler die richtige Lösung abzulauschen vermag. Obwohl sie, genauso wie ihre Mitschüler, selbst Siebener gemalt hat, kann sie aus Müdigkeit oder anderen Gründen und trotz „Einsagens" der anderen Kinder die Zahlenreihenfolge nicht weiterführen. Aller noch so guten Didaktik zum Trotz bleibt der individuelle Lernprozess unverfügbar. Ein Erkenntniszuwachs lässt sich weder durch noch so ausgefeilte didaktische Rezepte noch durch Unterrichtstechniken herstellen. Den Denkschritt von der einzelnen Zahl zur Zahlenfolge muss Létitia allein gehen. Er ist durch nichts zu erzwingen und kann nur durch unterschiedliche Darstellungs- und Vorgehensweisen, die mal der einen, mal dem anderen hilfreich sind, erleichtert werden. Wie kann nun aber Schule so eingerichtet werden, dass allen oder zumindest möglichst vielen Schülerinnen und Schülern die Gelegenheit gegeben werden kann, diese Denkschritte mitzuvollziehen?

Grenzen des Lernens

Obwohl Johann das Prinzip verstanden hat, wie das grammatikalische Geschlecht zu bilden ist, hat er noch nicht gelernt, dass sich die Schul- und Unterrichtssprache von der in seiner Familie gesprochenen Sprache unter-

Die eigene Sprache und die Schulsprache

scheiden kann. In der zunehmend gereizten Reaktion von Monsieur Lopez auf den eigenwilligen Sprachgebrauch Johanns wird deutlich, dass er selbst sich die Unterrichtssprache so sehr zu eigen gemacht hat, als sei sie eine natürliche Sprache, ohne zu bemerken, dass auch die Schulsprache erst noch zu erlernen ist (vgl. BOURDIEU 2001). Die in der Schule gesprochene Sprache scheint mehr oder minder unbemerkt dazu beizutragen, dass diejenigen, die von ihrem sozialen Milieu her der Unterrichtssprache näher stehen, bevorzugt werden und nicht alle mit den sprachlichen Mitteln ausgestattet werden, die es ihnen erlauben, mit den schulischen Anforderungen zu Rande zukommen. Ist es dann Aufgabe der Schule, der Vielfalt der Sprache und der Sprachen gerecht zu werden und in Rücksicht des unterschiedlichen Sprachgebrauchs zu unterrichten?

Der unendliche Zahlenraum und die Enge der Schule

Während Jojo lernen kann, dass es in der Welt der Mathematik möglich ist, immer weiter zu zählen und dass sich damit ein schier unendlicher Raum eröffnet, dessen Weite ebenso zu faszinieren vermag, wie er Bestürzung hervorrufen kann, zeigt sich auch, dass es in der Welt der Menschen oft nicht möglich ist, unendlich weiterzuzählen, weil sich jemand streitet oder die Nase stößt. Wichtig ist dann nicht mehr das Zählen; was dann wirklich zählt, ist, einen Streit zu schlichten oder jemanden zu trösten, dem die Nase weh tut. Das alles findet aber im Rahmen und unter den Rahmenbedingungen von Schule statt. Auch die weltweisen Schildkröten, die emblematisch am Beginn des Filmes stehen, haben nur einen begrenzten Auslauf. Selbst wenn ihnen auf ihrer Erkundungsreise der Raum des Klassenzimmers unendlich groß erscheinen mag, ihr Leben ist auf das Klassenzimmer beschränkt und am Ende des Tages kommen sie zurück in ihr Aquarium. Der Widerstreit von Lernen und Leben weist über das Klassenzimmer hinaus. Muss sich dann Schule der Welt nicht soweit öffnen, dass die Offenheit der Welt den Schülerinnen und Schülern vor Augen steht?

Nachdenken über Schule

Jeder, der über Schule nachdenken will, braucht solche wahrnehmbaren Erinnerungsspuren, wie sie der Film *Être et avoir* in uns wecken kann, um sie wiederum in fragendes Nachdenken zu verwandeln. Zugleich muss er aber auch Distanz gewinnen, um sich weder von positiven noch negativen Erinnerungen an Schule überwältigen zu lassen. Wir können das in der universitären Distanz zum Betrieb der Schule handlungsentlastet tun, dürfen aber nicht vergessen, dass uns auch bei der Aufarbeitung der Theorien der Schule unsere Erinnerungen an und Erfahrungen mit Schule beeinflussen.

„Und schließlich", schreibt Stephen King, wenn er über das Leben und das Schreiben reflektiert, „sind wir hier nicht in der Schule. Da Sie sich nun keine Gedanken mehr machen müssen, ob a) Ihr Rock zu kurz oder zu lang ist und die anderen Sie auslachen, ob b) Sie es in die Schulmannschaft im Schwimmen schaffen, ob c) Sie bei Ihrem Schulabschluß noch immer eine verpickelte Jungfrau sein werden (in dem Fall wahrscheinlich bis zu Ihrem Tod), ob d) der Physiklehrer Ihre Abschlußarbeit mit einer Kurve benoten wird oder e) Sie überhaupt jemand leiden kann, DENN DAS KONNTE JA NOCH NIE EINER, da diese ganze unwesentliche Scheiße nun endlich hinter Ihnen liegt, können Sie sich bestimmten wissenschaftlichen Fragen so konzentriert widmen, wie es auf dem Planet Schule nie möglich war." (KING 2000, S. 133 f.)

Da auf diesem „Planet Schule" die Luft zum Nachdenken bisweilen sehr stickig ist, fühlen sich manche Theoretiker der Schule zu einem derart wei-

ten Abstand genötigt, dass in den schwindelerregenden Höhen schultheoretischer Abstraktion die Luft zum Atmen wiederum zu dünn wird und die ge-
dankenschweren Überlegungen über die Schule für die Schule selbst reich-
lich folgenlos bleiben. Der Impuls, die Schule besser zu machen, steht dabei aber immer an Anfang, auch wenn er im Zuge der Auseinandersetzung
mit dem Phänomen Schule oft ins Hintertreffen gerät. Es ist die Aufgabe jeder Theorie der Schule, mit den Mitteln theoretischer Reflexion und Selbstreflexion Schule in ihren komplexen Zusammenhängen zu rekonstruieren
und mit dem intellektuellen Anspruch der Aufklärung sich ein klares und
bestimmtes Bewusstsein dieses Zusammenhangs zu verschaffen. Auch
wenn uns vieles aus eigener Erfahrung heraus ganz selbstverständlich erscheint, sind es gerade diese Selbstverständlichkeiten, die immer wieder
neu befragt werden müssen, um nicht kritiklos hingenommen oder noch
nicht einmal bemerkt zu werden. Denn ebenso wie die Schülerinnen und
Schüler des Monsieur Lopez das Wunder der Erkenntnis je für sich neu finden und – ganz gleich wie weit die Menschheit insgesamt gelangt ist – von
vorne, beim ABC und beim kleinem Einmaleins, anfangen müssen, beschäftigen sich auch die Theoretiker der Schule immer wieder mit den
Grundfragen von schulischer Bildung und Erziehung.

Was Sie wissen sollten, wenn Sie Kapitel 1 gelesen haben:

– Sie sollten trotz aller positiven wie auch negativen Erfahrungen, die
  Sie mit Schule gemacht haben, Distanz zum Phänomen Schule gewinnen können, um, ohne Ihre Erfahrungen zu vergessen, noch einmal
  neu über Schule nachzudenken.

Weiterführende Literatur

PHILIBERT, NICOLAS (2002): Être et avoir (Sein und haben). 104 min. 35 mm. Frankreich.
Der sehenswerte Dokumentarfilm von Nicolas Philibert zeigt das Schuljahr in einer
Zwergschule des Dorfes Saint-Etienne-sur-Usson in der entlegenen französischen
Region Auvergne.

2 Dynamik und Statik im Bildungswesen

2.1 Der Begriff Schule

Das Wort Schule – sagen die Lexika – kommt aus der griechischen Sprache, *Schule und Muße*
in der das Wort „σχωλή" soviel wie „Muße" bedeutet. Muße, also die freie
Zeit, die man sich leisten können muss, um sie an die schönen und geistigen Dinge verschwenden zu können, ohne sich Gedanken über den Nutzen machen zu müssen. Diese Muße ist nun heute kaum das Wort, das
einem beim Nachdenken über schulische Einrichtungen als erstes in den
Sinn kommt. Gegenwärtig sind es eher Gedanken über mangelnde Qualität
und fehlende Effizienz des Schulwesens, über Schulversagen und Versagen

der Schule, über fehlende Pflege des Humankapitals und gewalttätige Schüler und – zumindest in den Sonntagsreden – auch über die Bildungsaufgabe der Schule, die längst dem Leistungsdenken und dem Begabungsmythos hat weichen müssen. Während es sich seit der großen Bildungsexpansion der 70er Jahre außer für die Experten kaum verlohnte, über die Schule nachzudenken, weil alle ja im Guten wie im Schlechten wissen, dass die Schule nun mal so ist, wie sie ist, und alle aus erster Hand erfahren haben, wie Schule funktioniert, ohne dass sie je darüber nachzudenken brauchten, hat mit Beginn des 21. Jahrhunderts ein erneutes Nachdenken über Schule eingesetzt (vgl. Hentig 1993).

Spektrum von Schule   Dabei geht die Erziehungswissenschaft weiterhin davon aus, dass eine allgemein anerkannte Theorie der Schule bis heute aussteht. Zwar gibt es eine große Zahl mehr oder minder systematischer Darstellungen der Aufgaben des Schulwesens in modernen Gesellschaftsformen, aber diese decken bestenfalls einen schmalen Bereich dessen ab, was Schule ausmacht. Wer wissen will, welcher Sinn der Schule zugeschrieben wird, welche Leistungen sie erbringt und wo sich ihr Unvermögen erweist, muss sich erst einmal über die Gemeinsamkeiten und Unterschiede in der Vielfalt schulischer Einrichtungen klar werden, denn das öffentliche und staatlich kontrollierte Pflichtschulsystem ist wiederum nur ein Ausschnitt aus den mit dem Wort Schule verbundenen Einrichtungen: Es gibt Tanzschulen ebenso wie Fahrschulen, Abendschulen genauso wie Sprachschulen und Hochschulen. Für fast jede Tätigkeit, die gelernt und geübt werden kann, gibt es ein schulisches Angebot. In manche dieser Schulen müssen alle gehen, sie sind obligatorisch, einige wiederum können freiwillig besucht werden, andere Schulen sind kostenlos, wieder andere müssen teuer bezahlt werden. All diese Schulformen lassen sich nach ihren Inhalten und den mit ihnen zusammenhängenden Kenntnissen, nach den Prüfungen und den Zeugnissen, nach der Ausbildung der Lehrer, oder nach der in ihnen zu verbringenden Zeit unterscheiden. Es ist schwierig, mit Rücksicht auf diese Palette verschiedener Formen von Schulen überhaupt noch eine Übereinstimmung zu finden. Kaum scheint es möglich, einen Begriff von Schule zu finden, der offen für Unterschiede ist und dennoch das allen gemeinsame Typische einfängt, der für verschiedene geschichtliche Zeiten ebenso gehaltvoll ist wie für die gegenwärtige Zeit. Beim Blick auf die gesammelten Informationen aus den unterschiedlichsten wissenschaftlichen Disziplinen fällt auf, dass je nach Fokus sehr verschiedene, oft widerstreitende Denkbilder der Schule entworfen werden. Schule kann so etwa als staatlich kontrollierte Veranstaltung (vgl. Deutscher Juristentag 1981), als Institution der Qualifizierung für das spätere Berufsleben (vgl. Fend 1980b), als Lebensort und Lebensweg des Kindes (vgl. Hentig 2003), aber auch als Apparat zur Reproduktion von Gesellschaften (vgl. Huisken 2002), als Aufbewahranstalt für Kinder und Jugendliche (Plake 1977), als professionelle Organisation von Lernprozessen (vgl. Dewe u.a. 1992) oder gar als Ort der Erzeugung pathologischen Versagens (vgl. Rutschky 1977) verstanden werden. Zwar kann es angesichts dieser unterschiedlichen Herangehensweisen an das Phänomen Schule selbstverständlicherweise keinen allgemeingültigen Begriff geben, aber zumindest lässt sich vielleicht ein kleinster gemeinsamer Nenner finden:

Schulen können dann als Organisationen verstanden werden, deren Zweck das thematisch eingeschränkte, kollektiv oder individuell arrangierte, meist pädagogisch angeleitete und an einem speziellen Ort veranstaltete Lernen ist (vgl. TENORTH 1994). Diese bescheidene Bestimmung trifft sowohl auf Fahr- und Tanzschulen als auch auf Hochschulen und Sprachschulen, nicht zuletzt aber auch auf die staatlich kontrollierte Pflichtschule zu.

Minimaldefinition von Schule

Diese Minimaldefinition ermöglicht zu sagen, wann von schulischen Einrichtungen zu sprechen ist. Sie klärt aber noch nicht die Detailfragen, wann das Schulwesen aus welchen Gründen entstanden ist, wie und warum es sich zu der Gestalt entwickelt hat, die heute als Regelschulwesen gilt, welche Leistungen es auf welche Art und Weise für die Gesellschaft erbringt, welche Charakteristika sich typischerweise erkennen lassen, welche Wirkungen und Ergebnisse der Schule sich zeigen, und warum das gegenwärtige deutsche Schulsystem weiterhin so stabil ist, wo doch in anderen Ländern sich alternative Schulsysteme entwickelt haben, die mehr Vorteile und mehr Erfolge versprechen. Auch wenn diese Minimaldefinition schulischer Einrichtungen weit mehr umfasst, als die Schule, die wir alle besucht haben, werden wir uns im Folgenden weitgehend auf die staatlich kontrollierte Pflichtschule beschränken. Denn diese Fragen können nun insbesondere auf das öffentliche Schulwesen angewendet werden, da dort all die Möglichkeiten und Schwierigkeiten pädagogisch verantworteten Lernens am deutlichsten zu Tage treten.

2.2 Das im Sturz sich stabilisierende moderne Schulsystem

Vor der Etablierung eines flächendeckenden Schulwesens im 19. Jahrhundert war schulförmig organisierter Unterricht weitgehend ein Privileg der gesellschaftlichen Eliten, die für bestimmte Aufgaben ausgebildet wurden. Solche Schulungen gibt es schon in allen frühen Hochkulturen, sobald ein gesellschaftlicher Bedarf für die grundlegenden Kulturtechniken wie Lesen, Schreiben und Rechnen entstand. Im antiken Griechenland gab es ab dem fünften vorchristlichen Jahrhundert auch schon Schulungen für die politische Praxis oder für gymnastische Übungen (vgl. MARROU 1957). Dieser Unterricht wurde von bezahlten Lehrern veranstaltet, deren Status meist allerdings gering geachtet wurde. Die Mehrzahl der Menschen erhält freilich keine schulische Bildung, sondern geht, sofern sie es überhaupt brauchte, noch bis in die frühe Neuzeit zu Schreibern, die ihnen die mühevolle Arbeit des Lesens und Schreibens abnehmen. Die Schule als stabile Institution, die mit berufsmäßigen Lehrern und einem festgelegten Lehrgang arbeitet, entwickelte sich in Europa zunächst im Umfeld der christlichen Klöster, da die Kleriker die lateinische Sprache beherrschen und die Bibel gewissenhaft lesen müssen, oder in China im Umfeld der bürokratischen Organisation, da die chinesischen Mandarine für ihre Verwaltungstätigkeit die Schriftzeichen beherrschen müssen. Erst mit der Entfaltung einer städtischen Kultur und der Entwicklung länderüberschreitenden Handels im Oberitalien des 14.

Anfänge von Schulen

Jahrhunderts entstehen Schulen auch für das Verwaltungspersonal in den Städten und für die kaufmännische Ausbildung. Mit der Renaissance – der großen gemeineuropäischen Kulturepoche, welche die Wende vom Mittelalter zur Neuzeit umfasst – und dem Humanismus, dessen bekanntester Vertreter Erasmus von Rotterdam (1469–1536) war, erhält die europäische gelehrte Kultur eine eigene Dynamik, die sich in der Gründung von Lateinschulen und Universitäten niederschlägt, welche aber kaum am Erwerb neuen Wissens durch Forschung interessiert sind, sondern eher überliefertes Wissen weitergeben. Von einer allgemeinen Bildung des gesamten Volkes kann noch immer keine Rede sein. Der Anschub dazu geht erst von der Reformation aus, die von den Gläubigen die selbständige Lektüre der Bibel verlangt, die 1545 durch Luthers Übersetzung der Bibel in die deutsche Volkssprache erst möglich wurde. Die protestantischen Fürsten forcieren aus religiösen, aber auch politischen Gründen die damit verbundene Bildungsambition und legen im 16. Jahrhundert den Grundstein für schulische Eliteanstalten wie etwa die Fürstenschulen von Meißen, Grimma oder Schulpforta in Sachsen, diktieren aber auch die ersten Schulordnungen für die Bildung des Volkes (vgl. LUNDGREEN 1980). Im Katholizismus entstehen im Zuge der Gegenreformation im 16. und 17. Jahrhundert mit den Jesuitenschulen ebenfalls pädagogische Neuerungen, die den neuen Ansprüchen gerecht zu werden versuchen.

Schulen als öffentliche Angelegenheit
Gleichwohl bleiben das schulische Lernen und die Beherrschung der Kulturtechniken für alle zunächst noch ein leeres Versprechen, da der Wissenserwerb in der Realität weitgehend immer noch das Privileg einer schmalen gesellschaftlichen Gruppe ist. Erst mit Beginn des 19. Jahrhunderts entwickelte sich ein folgenschwerer Einschnitt in der Bildungsgeschichte, der zur Folge hatte, dass fast die gesamte Bevölkerung in langwierigen schulischen Alphabetisierungsprozessen lesen und schreiben lernte. Dabei gab es in den verschiedenen Ländern, aus denen sich Deutschland zusammensetzte, durchaus unterschiedliche Entwicklungsprozesse, die zu den sehr verschiedenen Gestaltungen von Schule in den einzelnen Ländern beitrugen. Meist wird sich in der pädagogischen Geschichtsschreibung zwar auf die gut dokumentierte preußische Schulgeschichte beschränkt, aber auch in den anderen Ländern wurde die Schulentwicklung mit andersartigen Formen und Ergebnissen vorangetrieben. Gemein ist dabei allen, dass erst vor etwa 200 Jahren sich das schulische Lernen von ständischen Privilegien so ablöste, dass es zu einer öffentlichen, allen zugänglichen und zugleich verpflichtenden Aufgabe wurde. Für diese Errungenschaft sind mehrere Ursachen verantwortlich:

– Auf der politischen Ebene verlangt der moderne Nationalstaat die Loyalität der Bürger, die nicht mehr durch Gewalt erzwungen, sondern durch Bildung hergestellt werden soll,
– auf der ökonomischen Ebene erfordert der beginnende Kapitalismus eine über das bisherige Maß weit hinausgehende Qualifizierung und
– auf der kulturellen Ebene wird den Menschen eine säkularisierte Lebenshaltung abverlangt, die einen radikalen und schmerzhaften Bruch mit den eingelebten Traditionen voraussetzt.

Schule soll die Menschen durch allgemeine Bildung auf das Leben in Freiheit, Gleichheit und Brüderlichkeit so vorbereiten, dass sich die Individuen vernünftig selbst bestimmen und durch ihre eigene Perfektionierung zur allgemeinen Verbesserung der Welt beitragen können.

Auch wenn mit den großen Plänen der Verbesserung der öffentlichen Bildung um das Jahr 1800, das eine Epochenschwelle darstellt (s. Kapitel 3 und 4), die entscheidenden Weichen gestellt worden sind, um ein allgemein bildendes Schulwesen für alle aufzubauen, ist nicht zu übersehen, dass die hochfliegenden Pläne der pädagogischen Reformer zu Beginn des 19. Jahrhunderts – den Menschen zu wahrer Menschlichkeit zu bilden – in den Folgejahren kaum der Realität in den Schulen entsprach (vgl. PETRAT 1979). Dennoch kann von einer Bildungsrevolution gesprochen werden, da das Schulwesen zu einer öffentlichen, meist staatlichen Angelegenheit wurde, die im Prinzip allen offen stand – ein Vorgang, der in der Vorgeschichte ohnegleichen ist. Die Abschlussprüfungen werden etwa durch die Einführung des Abiturs 1788 und 1812 als Voraussetzung des Zugangs zur Universität in Preußen vereinheitlicht und staatlich reglementiert, der Beruf des Lehrers wird vom Pfarramt abgetrennt und selbst für den Unterricht in Elementarschulen gibt es eine eigene Lehrerausbildung. Das elterliche Erziehungsmonopol wird durch die Unterrichtspflicht und ab der Weimarer Republik (1919–1933) sogar durch die Schulpflicht soweit gebrochen, dass Kindern prinzipiell andere Wege des gesellschaftlichen Aufstiegs eröffnet werden als die durch die familiäre Erziehung vorgegebenen. Das Schulwesen entwickelt dazu verschiedene Schularten und Prüfungen. Die Vergabe von Zertifikaten wird schulintern durchgeführt und mit einer nicht mehr nur am sozialen Status, sondern auch an der individuellen Leistungsfähigkeit orientierten Ordnung des gesellschaftlichen Aufstiegs verbunden (vgl. DIEDERICH/TENORTH 1997, S. 45 ff.). Pointiert gesagt beginnt die Schule erst mit der Epochenschwelle um 1800 an Fahrt zu gewinnen.

Allerdings ist dies auch eine Fahrt mit Hindernissen, denn trotz der einmal in Gang gesetzten Dynamik des Schulwesens, unterliegt es auch der politischen Kontrolle und erleidet im gesellschaftlichen Widerstreit Rückschläge, die es zwar nicht aus der Bahn bringen, die aber immer wieder zu Verzögerungen in seiner Entwicklung führen. Gewissermaßen ist das gesamte lange 19. Jahrhundert eine Phase der Verzögerung des Aufbaus des Schulwesens. Denn in dieser Zeit gibt es zwei von einander getrennte Schulsysteme: das höhere und das niedere Schulwesen.

Beide haben eine unterschiedliche Klientel, unterschiedlich ausgebildete Lehrer, unterschiedliche Formen des Unterrichts, unterschiedliche Lernziele, unterschiedliche Verwaltungsapparate und vergeben unterschiedliche Berechtigungen. Im niederen Schulwesen dauert die Volksschule, mit der nach der Reichsgründung 1870 die Beschulung des gemeinen Volkes durchgesetzt ist, je nach Land zwischen sechs und acht Jahren, vermittelt die Kulturtechniken des Schreibens, Lesens und des einfachen Rechnens, dient hauptsächlich der nationalstaatlichen Gesinnungsbildung durch Religion und Geschichte, endet aber ohne eine Berechtigung, sich schulisch weiterzubilden. Das höhere Schulwesen wird von den Sprösslingen des Bildungs- und Besitzbürgertums besucht, die etwa 8% eines Altersjahrgangs ausmachen. In diesen privilegierten Anstalten werden weitgehend leistungsunabhängig die Vorrechte vererbt wie etwa das Einjährig-Freiwilligen-Zeugnis, mit dem ein verkürzter Militärdienst ermöglicht wird; zudem

Große Gedanken, verhaltene Praxis

Das lange 19. Jahrhundert

Niederes und höheres Schulwesen

bieten sie mit dem Reifezeugnis den Weg in die Hochschulen und in die akademischen Berufe. Das höhere Schulwesen konserviert damit die enge Verzahnung von Schule und sozialer Struktur, welche die Klassentrennung in der Gesellschaft des 19. Jahrhunderts zementiert. Die unterschiedlichen Bildungsmöglichkeiten der verschiedenen Klassen geben so weiterhin überwiegend die Lebensläufe vor. Möglichkeiten des sozialen Aufstiegs durch schulische Bildung sind durch die strikte Trennung in niederes und höheres Schulwesen kaum vorgesehen, obwohl dies der Dynamik moderner Gesellschaften entgegensteht. Während in den Volksschulen die Mehrheit der Bevölkerung indoktriniert wird, dient das humanistische Gymnasium als Anstalt elitärer Bildung und Kaderschmiede der aufstrebenden (bildungs-)bürgerlichen Eliten. Neben der sozialen Differenz gilt bis 1908 auch die geschlechtsspezifische Differenz, da Mädchen zwar die Volksschulen besuchen müssen, jedoch von der höheren Bildung und damit auch vom Studium ausgeschlossen bleiben.

Von der Weimarer Republik ...

Erst 1918, nach dem ersten Weltkrieg und mit dem Ende der Monarchie, endet diese erste Phase. Die zweite Phase beginnt mit der Weimarer Reichsverfassung, die am 11. August 1919 verabschiedet wurde. Mit ihr wird der erneute Versuch gestartet, den Klassencharakter des Schulwesens so abzuschaffen, dass tatsächlich von einer demokratischen Schule in einer Demokratie gesprochen werden kann, die nicht mehr nach ständischen, sondern nach pädagogischen Kriterien gestaltet wird. Freilich ist auch der Weimarer Schulkompromiss aus dem Jahr 1919/1920 Ausdruck der politischen Machtverhältnisse, so dass nach zähen Auseinandersetzungen nur ein Minimalkonsens gefunden werden konnte, der gleichwohl als schulisches Pendant zu den demokratischen Grundrechten verstanden werden kann (vgl. ZYMEK 1989). So wird statt der bisher geltenden Unterrichtspflicht die Schulpflicht verwirklicht. Die Vorschulen der Gymnasien werden abgeschafft, so dass alle Kinder eines Wohnbezirks für vier Jahre gemeinsam die neu gegründete Grundschule besuchen. Eine längere gemeinsame Schulzeit war politisch nicht durchzusetzen, so dass mit dem vierten Schuljahr das gemeinschaftliche Lernen endet und die Schularten mit unterschiedlichen Lehrplänen und unterschiedlichen Abschlüssen weitgehend getrennt blieben. Ebenso blieben die Ausbildungsgänge der Lehrer an den Volksschulen, die jetzt allerdings zu einer Abiturientenkarriere wurden, und den höheren Schulen weiterhin unterschiedlich.

... bis zur Gegenwart

Trotz aller sozialegalitären Symbolik des Nationalsozialismus wurde ab 1933 diese schon angelegte, aber durch ein weit verzweigtes Privatschulsystem aufgelockerte, rigide Trennung der Schulformen nicht nur übernommen, sondern zum alternativlosen Modell der Schulung der Volksgemeinschaft gemacht. Dieses mit staatlicher Willkür durchgesetzte Modell hat das Ende des Nationalsozialismus nach 1945 trotz aller Demokratisierungsbemühungen durch die Alliierten überlebt (vgl. DEPARTMENT OF STATE 1946). Denn während sich die Lehrerausbildungsgänge heute auf universitärem Niveau angeglichen haben, mit Ausnahme des Bundeslandes Baden-Württemberg, in dem weiterhin die Lehrer der Grund-, Haupt- und Realschulen an Pädagogischen Hochschulen und die Gymnasiallehrer an den Universitäten ausgebildet werden, bestätigt und erzeugt das dreigliedrige Schulsystem bis heute eine hierarchische Ordnung zwischen den unterschiedlichen

Schularten (vgl. MUÑOZ 2007). Erst in der Mitte des 20. Jahrhunderts wurde mit dem Versuch, in der Bundesrepublik Deutschland flächendeckend Gesamtschulen einzuführen, auf die Überlegungen der Schulreformer um 1800 über eine gemeinsame einheitliche Schule zurückgegriffen (vgl. OELKERS 2006). Während jedoch in der BRD Gesamtschulen lediglich als vierte Säule des dreigliedrigen Schulsystems ausgebaut und in die vorhandene Struktur integriert wurden, hatte die Deutsche Demokratische Republik auf ihrem Staatsgebiet zu dieser Zeit schon die Einheitsschule verwirklicht, was dieses Schulmodell ideologisch entschlackt zum Vorbild der skandinavischen Schulreformen der 60er Jahre machte. Die zunächst acht-, dann zehnjährige allgemeinbildende polytechnische Oberschule hatte teilweise auch andere Fächer wie etwa Polytechnik und Russisch. Die ideologische Ausrichtung des Schulwesens in der DDR konterkarierte aber letztlich auch hier das prinzipiell fortschrittliche schulische Strukturmuster, da der Zugang zur studienvorbereitenden erweiterten Oberschule streng reglementiert und die Zugangschancen ungleich verteilt waren.

Zur gegenwärtigen Struktur des Bildungswesens sei auf die Übersicht der Kultusministerkonferenz verwiesen (vgl. KMK 2006).

Das Grundmodell des gegliederten, allgemeinbildenden Schulwesens blieb also im Westen Deutschlands trotz des Ausbaus durch Gesamtschulen einigermaßen stabil, jedoch ging innerhalb dieses Rahmens in den letzten 50 Jahren eine erstaunliche Dynamik vonstatten. So ist die Hauptschule nicht mehr die Volksschule. Denn während 1950 noch über 80% eines Altersjahrgangs nach der gemeinsamen Grundschulzeit die Volksschuloberstufe, die spätere Hauptschule, besuchten, sind es heute durchschnittlich nicht einmal mehr 30%. Weiterführende Schulen wie Gymnasien (35–50%) und Realschulen (20–25%) werden dagegen von der Mehrheit der Schüler und Schülerinnen besucht (s. Kapitel 13). Die Hauptschule wird von Lehrern, Eltern und Schülern realistischerweise als aussichtslose Restschule betrachtet. Diese Veränderung der Schülerzahlen an weiterführenden Schulen hat auch die schwerwiegendsten Unterschiede der Bildungsbeteiligung zumindest abgeschwächt, wenn auch nicht zum Verschwinden gebracht. Die pädagogische Symbolfigur des katholischen Arbeitmädchens vom Land, die in den 60er Jahren die traditionellen Bildungsdefizite kennzeichnete, hat an Sinngehalt verloren. Das katholische Bildungsdefizit ist ebenso verschwunden wie der Bildungsrückstand von Mädchen, die heute öfter das Abitur erwerben als gleichaltrige Jungen. Die regionalen Unterschiede der Bildungsbeteiligung sind zwar abhängig vom jeweiligen Schulangebot, das von Bundesland zu Bundesland variiert, aber bei weitem nicht mehr so gravierend wie in den 50er Jahren. Selbst bei der Gleichheit der Bildungschancen von Kindern mit unterschiedlichem sozialem Hintergrund hat sich die Verteilung auf Schularten zumindest insofern verbessert, als heute ein Arbeiterkind bei gleicher Intelligenz zwar immer noch eine vielfach geringere Chance hat, ein Gymnasium zu besuchen als ein Kind aus der Mittel- und Oberschicht, aber im Vergleich zu den Gründerjahren der Bundesrepublik Deutschland, in denen allenfalls eines von hundert Arbeiterkindern die Reifeprüfung ablegte, ist auch hier ein – wenn auch geringer – Fortschritt zu verzeichnen. Die soziale Herkunft bestimmt also nach wie vor die schulischen Chancen und damit den späteren Lebensweg, aber nicht mehr in

Bildungsexpansion

dem Ausmaß, wie vor der Bildungsexpansion der 60er und 70er Jahre. Gleichwohl kann immer noch nicht von Chancengleichheit gesprochen werden, da die Problemlagen dann kumulieren, wenn zur sozialen Herkunft etwa hinzukommt, dass besonders (männliche) Kinder und Jugendliche mit Migrationshintergrund unter der sozialen Selektivität der Schule zu leiden haben.

2.3 Aufbau und Wirkung schulischer Tätigkeiten

Auseinandersetzung um Schule

Mit der äußeren Struktur des Schulaufbaus und der Schularten ist eine wichtige Dimension der Wirklichkeit von Schule erkannt, aber noch nicht die innere Struktur der Schule. Schon der Kontrast von weiterhin selektiver Struktur und dennoch zunehmender Bildungsbeteiligung macht deutlich, dass politisch gewollte Organisationsmuster durch die aktive Schulwahl der Schüler und ihrer Eltern dynamisch so überformt werden, dass sie ihren exklusiven Charakter verlieren. Die Wirklichkeit der Schule wird also nicht nur allein durch politische Vorgaben und schon gar nicht durch pädagogische Absichten bestimmt, sondern ebenso durch das interessenbestimmte Handeln der einzelnen sozialen Akteure, welche die Gestalt der Schule formen (vgl. FEND 2006a; DIEDERICH/TENORTH 1997, S. 180ff.). Die gesellschaftlichen Auseinandersetzungen um die Ordnung der Schule werden schon bei grundlegenden Fragen offenkundig:

– Warum ist die Schule etwa nach Jahrgangsklassen gegliedert und nicht nach Lernausgangslagen und Lernfortschritt?
– Warum hat sich ein bestimmter traditioneller Fächerkanon in der Schule durchgesetzt und nicht ein interdisziplinäres Lernen entlang der Lösung von Problemen?
– Warum dauert die gemeinsame Schule in manchen Ländern acht Jahre und in Deutschland meist nur vier?
– Warum gibt es in Deutschland die Schulpflicht, wo doch in einer modernen Gesellschaft alle um die Wichtigkeit des Lernens wissen und es frei- und bereitwillig tun könnten, um keine Nachteile erleiden zu müssen?
– Warum sind Schulen in Deutschland Sache der Länder und nicht, wie in Frankreich, Sache des Zentralstaats oder fallen gar in die Kompetenz der einzelnen Gemeinden wie in der Schweiz?

Obwohl einerseits weltweit also die Parameter schulischer Organisationen gelten, deren Zwecksetzung das thematisch beschränkte, pädagogisch arrangierte Lernen ist, überwiegt andererseits, von Land zu Land, von Schule zu Schule verschieden, kulturelle Mannigfaltigkeit (vgl. ADICK 1992).

Die innere Ordnung der Schule

Diese Vielseitigkeit zeigt sich noch ausgeprägter im alltäglichen Umgang von Lehrern und Schülern, Schülern und Schülern, Lehrern und Lehrern in der Schule. Denn Schule wird auch jenseits der Ebene des offiziellen Lehrplans von den Lernenden und Lehrenden derart gestaltet, dass sie Rituale, Stile, Taktiken und Strategien entwickeln, mit denen sie ihr schulisches Lernen organisieren. Diese Formen reichen vom Aufbau von Klassenhierarchien und der Cliquenbildung bis zur Sitzordnung, vom Spickzettel bis zu routinisierten Methoden der Arbeitsentlastung, von den ritualisierten Entschuldigungsschreiben bis zu den kanonischen Formen der Schulfeste. Es ist dieses fein justierte Räderwerk, das dazu dient, die schulische Ordnung durchzusetzen, zugleich aber das Leben in der Schule erträglicher zu machen. Schüler wie Lehrer lernen in der Schule, auch damit mehr oder weniger souverän umzugehen. Pädagogen haben für diesen inoffiziellen Lehrplan den Begriff „heimlicher" Lehrplan erfunden, auch wenn das Lernen nach diesem Lehrplan nicht gar zu heimlich ist, sondern ziemlich offen dazu dient, die Zumutungen der Schule auszubalancieren (s. Kapitel 8). Ohne diese Balance – wenn also Schule einfach nur eine Lernfabrik wäre, die ihre Ziele durch direkte Instruktion durchsetzen würde – könnten es wohl weder Lehrerinnen und Lehrer noch Schülerinnen und Schüler lange in ihr aushalten. Das jeweilige „Betriebsklima" einer Schule macht dann auch den Unterschied zwischen guten und schlechten Schulen aus, wobei diese „atmosphärischen" Differenzen teilweise mehr zu Buche schlagen als Unterschiede zwischen den jeweiligen Schulsystemen (vgl. FEND 1996). Es sind also trotz aller organisatorischen Hindernisse und bürokratischer Reglementierung immer noch die Lehrer und Schüler, die Schulleitung und die Eltern, die im Guten wie im Schlechten das Klima an einer Schule für förderliches Lernen gestalten.

Die großen pädagogischen Erwartungen hat Schule nicht erfüllt. Ob mit der Ausbreitung von Schulen ein allzu großer Fortschritt in der Zivilisierung und Moralisierung der Menschen einherging und ob Vorurteile durch umfassende Beschulung aufgeklärten Urteilen gewichen sind, ist wohl zumindest fraglich. Selbst die einfachsten Lektionen der Schule, also das Lehren von Lesen, Schreiben und Rechnen, dürfen angesichts der Ergebnisse der PISA-Untersuchungen in Zweifel gezogen werden (s. Kapitel 13).

Wirkungen von schulischen Lernprozessen

Trotz aller Skepsis über die Leistungsfähigkeit von Schule: Ein Nachdenken über die Art und Weise, wie sie auf die Individuen und die Gesellschaft wirkt, lohnt sich. So lautet die auf Seneca zurückgehende Sentenz, „non scholae, sed vitae discimus", dass wir für das Leben und nicht für die Schule lernen. Diese Ansicht wird, seitdem es Schulen gibt, immer wieder in Zweifel gezogen. Denn dass schulisch erworbene Kenntnisse und Fähigkeiten unmittelbar ins Leben außerhalb der Schule übersetzt werden können, ist mehr als fraglich, und tatsächlich hatte Seneca diesen Satz genau umgekehrt formuliert, als Kritik an einer lebensfernen Bildungsbeflissenheit. Weder sind gute Schulleistungen ein Garant für späteren Berufserfolg, noch lässt sich aus einem guten Abitur der Studienerfolg prognostizieren. Das Wissen, das wir in der Schule lernen, ist Schulwissen. Lernen wir also doch nur für die Schule? Womöglich aber ist die Frage nach dem Wissen zu eng gefasst. Schule scheint zwar nicht sonderlich erfolgreich zu sein bei der Vermittlung von konkretem Wissen, aber sie ist immerhin folgenreich für den Umgang mit Lernen selbst. Dass Menschen, die vor einem Problem stehen, sich hinsetzen und versuchen, dieses Problem durch Lernen zu lösen, kann durchaus als Auswirkung der Schule verstanden werden. Die Schule vermittelt also nicht spezifisches Wissen, sondern erzeugt bestimmte Verhaltensweisen, die gesellschaftlich folgenreich sind.

Folgenreich scheint die Schule auch bei der Konstruktion von Selbstwahrnehmungen zu sein, wenn etwa zwischen Erfolg und Misserfolg anhand von schulischen Kriterien zu unterscheiden gelernt wird (vgl. FEND 1997; TSCHIRA 2003). Wobei sicherlich zu beachten ist, dass die familiäre Sozialisation die Persönlichkeit mehr formt als die Schule. Schule kann gegenüber den Neigungen und Erwartungen, welche die Kinder mitbringen, lediglich verstärkend wirken, aber sie kaum allein bewirken. Die Schule ist daher keine pädagogische Provinz, sondern bleibt verflochten in die Gesellschaft, in der die Schülerinnen und Schüler leben und gebunden an die Kultur, die in der Schule selbst vorherrscht. Damit werden in der Schule aber weiterhin überwiegend Attitüden prämiert, die mit einem bildungsbürgerlichen Standard konform gehen. Schule ist so immer die Schule in einer bestimmten Gesellschaft und bleibt abhängig von der tonangebenden Kultur.

2.4 Konflikte, Widersprüche und Alternativen

Schulalternativen Charakteristisch für das Schulsystem ist also, dass es der vielleicht wichtigste Apparat für die Tradierung der Kultur ist, und ebenso charakteristisch, dass es weitgehend auch ein Instrument dafür ist, die jeweils herrschende Kultur aufrechtzuerhalten. Diese Diagnose wird erst dann schwierig, wenn wir über Alternativen nachzudenken beginnen.

– Kann der Unterricht tatsächlich allein von den Interessen und Neigungen der Kinder aus organisiert werden, also „vom Kind aus", wie es manche reformpädagogische Strömungen postulierten, oder sollte der herrschende Fächerkanon – von den sprachlichen und mathematisch-naturwissenschaftlichen Fächern bis zu den historischen, sozialwissenschaftlichen und musischen Fächern – verbindlich beibehalten werden?

– Sollte das Lernen von Lesen und Schreiben zugunsten von ikonischen Praktiken fallengelassen werden, da die modernen Computerhieroglyphen eher ein Bildverstehen erfordern als Buchstabenkenntnis?

– Muss jede Thematik, die gerade gesellschaftlich en vogue ist, in der Schule verhandelt werden oder sollte Schule sich darauf beschränken, den tradierten Lehrplan zu exekutieren?

Autonomisierung der Schule? Ähnlich ambivalent liest sich die Diskussion um die Autonomisierung der Schule, was ja sehr schön klingt, zugleich aber die Arbeit in der Schule stärker formalisieren und damit den Organisationsgrad von Schule erhöhen wird (vgl. TENORTH 2004). Auch wenn Schule nicht dem typischen Modell bürokratischer Organisation entspricht, da sie zwar von außen normiert, aber immer noch durch die Beteiligten realisiert wird, verändert allein schon die Einführung von Ganztagsschulen, die mehr sein sollen als Verwahranstalten mit pädagogischer Betreuung, massiv die bisherige Zeitautonomie von Lehrerinnen und Lehrern, die nicht nur nachmittags unterrichten, sondern die Organisation ihrer Schule selbst in die Hand nehmen müssen. Selbst reformwillige Pädagogen zweifeln, ob allein durch mehr Schule sich bessere Schulen entwickeln. Die Geschichte der Pädagogik kennt jedenfalls neben den schulreformerischen Programmen zahllose reformpädagogische Versuche, Schule konkret zu verbessern, wobei diese Erfahrungen denjenigen mit der sogenannten Regelschule ähneln, da auch hier Scheitern und Gelingen näher beieinander liegen als die pädagogischen Hoffnungen erwarten lassen. Auch wenn also die alltägliche Arbeit in der Schule bisweilen wie das absurde Geschäft eines pädagogischen Sisyphos anmutet, der Tag für Tag unermüdlich den Stein hügelaufwärts wälzt, ohne jemals den

Gipfel zu erreichen, gibt es keinen Grund zur Resignation. Die pädagogische Arbeit in der Schule bleibt, ebenso wie das Nachdenken über die Schule, zwar anstrengend, es ist aber unhintergehbar.

Was Sie wissen sollten, wenn Sie Kapitel 2 gelesen haben:

- Sie sollten die Minimaldefinition von „Schule" kennen.
- Sie sollten einen Einblick in die Geschichte der Schule und ihre historische Entwicklung gewonnen haben, insbesondere die Gründe für den epochalen Wandel zu Beginn des 19. Jahrhunderts nachvollziehen und die Erfolge und Grenzen der Bildungsexpansion der 70er Jahre benennen können.
- Sie sollten den Unterschied zwischen äußerer und innerer Struktur der Schule erklären und mit Beispielen füllen können.
- Sie sollten zwischen geplanten und nicht geplanten Folgen von Schule unterscheiden können und beginnen, über mögliche Alternativen nachzudenken.

Weiterführende Literatur

FRIEDEBURG, LUDWIG V. (1992): **Bildungsreform in Deutschland. Geschichte und gesellschaftlicher Widerspruch**. Frankfurt a.M. Friedeburg betrachtet das Bildungswesen von zwei Seiten, wie es wenig anderen möglich war: als renommierter Sozialwissenschaftler einerseits, als engagierter Bildungspolitiker andererseits. Das Buch stellt pointiert die Entwicklung des deutschen Bildungswesens ab dem Mittelalter bis in die 90er Jahre dar, nicht ohne immer wieder die jeweils reklamierten Ansprüche an der Wirklichkeit zu messen. Eines der besten Bücher zu diesem Thema.

TENORTH, HEINZ-ELMAR: (2000): **Geschichte der Erziehung. Einführung in die Grundzüge ihrer neuzeitlichen Entwicklung**. Weinheim. Tenorth, einer der renommiertesten Erziehungs- und Schulhistoriker in Deutschland, bietet einen umfassenden Überblick über die Geschichte von Erziehung und Schule. Er vermeidet dabei die Beschränkung auf schulische Verhältnisse und ordnet sie in die Ideen über Erziehung, die prägenden Lebensformen und pädagogischen Institutionen ein, die das gesamte neuzeitliche Erziehungssystem ausmachen.

B Theorien und Vorstellungen von Schule

3 Ein eigener pädagogischer Kosmos – Stationen pädagogischer Vorstellungskraft

3.1 Die Geburt der modernen Schule aus dem Geist visionärer Reform – Johann Amos Comenius

Wie wir im zweiten Kapitel gesehen haben, war die Schule, wie wir sie kennen, bis vor zweihundert Jahren nahezu unbekannt und allenfalls auf die gesellschaftliche Elite beschränkt. Machen wir uns zudem klar, dass Erziehung und Schule bis zum 18. Jahrhundert kaum als eigene Lebensbereiche angesehen wurden, so ist es mehr als verständlich, warum das 18. Jahrhundert zu dem Pädagogischen Jahrhundert überhaupt wurde. Dass die Schule zu einem entscheidenden Element moderner Gesellschaften wurde, liegt dabei an den sozialen, ökonomischen und kulturellen Veränderungen, die eine lange Inkubationszeit hatten und in der amerikanischen und französischen Revolution des 18. Jahrhunderts kulminierten. Allerdings gab es geistige Vorläufer, die sich der zunehmenden Bedeutung einer allgemeinen Schule bewusst geworden waren. Johann Amos Comenius (1592–1670) war einer dieser ersten Theoretiker, die schulische Erziehung als ein sinnvolles und notwendiges Unterfangen in das Bewusstsein einer breiteren Öffentlichkeit rückten. Er war beseelt davon, seine ihm labyrinthisch gewordene und aus den Fugen geratene Welt wieder in eine gottgewollte Ordnung zu bringen – eine Welt, in der er als Bischof der böhmischen Herrenhuter Brüderunität im 30-jährigen Krieg durch halb Europa flüchtete und in der seine Frau und seine Kinder an der Pest starben. Das vorzügliche Mittel, die Welt von Grund auf neu zu ordnen, ist ihm die schulische Erziehung. Diese soll dazu dienen, dass allen Menschen (omnes) alles (omnia) gelehrt werde. Ob reich, ob arm, Mann oder Frau, allen Menschen sollte in einem erneuerten Schulwesen alles so wohl geordnet, wie es aus der Hand des Schöpfers kam, zugänglich gemacht werden. Die von ihm vorgeschlagene vierstufige Schulorganisation von der Mutterschule über die Muttersprachschule zur Lateinschule und schließlich zur Universität, deren Dauer er jeweils auf sechs Jahre veranschlagte, sollte allen Menschen alles Nützliche beibringen, das sie für ihr Leben brauchen. Diese vier Stufen wurden von ihm in seinem Buch „Pampaedia – Allerziehung" zu einem Programm für ein Einheitsschulwesen verbunden (vgl. COMENIUS 1991). Der Fluchtpunkt seines Denkens war dabei jedoch nicht der Mensch mit seinen Bedürfnissen, sondern Gott, dessen Ordnung der Welt durch Menschenhand verstört war, aber durch vernünftige Gestaltung der Welt restituiert werden kann. Deswegen ist das – die Prinzipien omnes und omnia umfassende – omnino im Ganzen oder allumfassend, der krönende Schlussstein seiner Pädagogik, denn nur in Rücksicht auf das Ganze kann Allen Alles gründlich gelehrt werden (vgl. SCHALLER 1990; 2000).

Der ebenso großartige, wie vermessene Beginn neuzeitlicher Pädagogik kommt wohl kaum deutlicher zum Ausdruck als im Titelkupfer der von Comenius verfassten Grossen Didaktik, die auf Deutsch zuerst 1657 erschien.

Omnes, Omnia, Omnino

> „DIE VOLLSTÄNDIGE KUNST, ALLE MENSCHEN ALLES ZU LEHREN
> oder
> Sichere und vorzügliche Art und Weise, in allen Gemeinden, Städten und Dörfern eines jeden christlichen Landes Schulen zu errichten, in denen die gesamte Jugend beiderlei Geschlechts ohne jede Ausnahme
> RASCH, ANGENEHM UND GRÜNDLICH
> In den Wissenschaften gebildet, zu guten Sitten geführt, mit Frömmigkeit erfüllt und auf diese Weise in den Jugendjahren zu allem, was für dieses und das künftige Leben nötig ist, angeleitet werden kann;
> …
> ERSTES UND LETZTES ZIEL UNSERER DIDAKTIK SOLL ES SEIN,
> die Unterrichtsweise aufzuspüren und zu erkunden, bei welcher die Lehrer weniger zu lehren brauchen, die Schüler dennoch mehr lernen; in den Schulen weniger Lärm, Überdruß, und unnütze Mühe herrsche, dafür mehr Freiheit, Vergnügen und wahrhafter Fortschritt; in der Christenheit weniger Finsternis, Verwirrung und Streit, dafür mehr Licht, Ordnung, Friede und Ruhe." (COMENIUS 1954, S. 9)

Der für seine Zeit revolutionäre Anspruch, allen alles gründlich zu lehren, bedeutete auch eine Umwälzung in der Methode des Lehrens. Während der Unterrichtsgang vor Comenius von einzelnen Elementen ausging, die logisch aufeinander folgten und am Ende den Zusammenhang preisgeben sollten, bedeutete Unterricht für Comenius nun, dass Alles im Zusammenhang schon von dem kleinsten Kind im Vorschulalter gemäß seiner individuellen Fassungskraft gelernt werden soll und sich nur der Schwierigkeitsgrad mit zunehmenden Alter erhöht (vgl. BLANKERTZ 1982, S. 35). Die erste Sache des Lernens ist daher für Comenius die sinnliche Welt, „denn weil mit dem Intellekt nichts erkannt wird, was nicht vorher mit den Sinnen aufgefaßt worden wäre, bekommt der Verstand den Stoff zu allen seinen Gedanken nur von den Sinnen" (COMENIUS 1954, S. 83). Die Sinnenwelt bliebe aber unbegreifliche, diffuse Vielfalt, wie sie es für einen Säugling ist, wenn sie nicht so geordnet wäre, dass sich der Intellekt an ihr bilden könnte. Nur als ein Ensemble von Ursache und Wirkung, Einheit und Vielfalt, Gattungen und Arten, Teilen und Ganzem läßt sie sich begreifen.

All dies kommt der sinnlichen Welt zeitgleich zu, begriffen werden kann es jedoch nur nach und nach. Für Comenius kommt es daher in seiner Didaktik darauf an, die Komplexität der Sinnenwelt in einer zeitlichen Reihenfolge so auseinanderzulegen, dass der Intellekt in seiner Entwicklung die Vielfalt der Sinnenwelt immer klarer sehen kann, ohne davon verwirrt zu werden. Durch diese methodische Vorgehensweise wurde auch erst der Gedanke möglich, große Gruppen von Kindern gemeinsam im Klassenunterricht beschulen zu können, da die Schüler gemeinsam mit dem Lehrer gleichzeitig eine Gedankenbewegung vollziehen und gemeinsam in der Sacherkenntnis vorankommen. Das ist der Grundgedanke des heute in Verruf geratenen Frontalunterrichts, der als pädagogisch ausgezeichnetes Mittel seinen Anfang nahm, aber im Sinne von Comenius nur dann gelingen kann,

Alles auf einmal entwicklungsgemäß lernen

wenn die lernenden Individuen in ihrer eigenen subjektiven Entwicklung begriffen und sich selbst zwanglos zum Zweck werden. Die große Vision des Comenius, dass alles menschliche Wissen methodisch so geordnet dargestellt werden kann, dass sich jeder dieses ohne große Mühe aneignen kann, blieb Programm, da das zentrierende Ganze des Omnino, auf das sich alle und alles hinordnen ließ, schon für die Zeitgenossen von Comenius an verbindlicher Kraft verlor. Wahrgenommen wurde er daher nicht als ein Mensch, der versuchte, aus der wunderlichen Mischung von diesseitigem Realismus, theologischer Sinnsuche und Heilserwartung die Vision einer versöhnten Welt didaktisch herbeizuzwingen, sondern als rühmenswerter Sprachlehrer, großer Didaktiker und Verfasser von Kinderlehrbüchern wie dem 1658 in Nürnberg erschienenen „Orbis sensualium pictus", der gemalten Welt.

Methode als Königsweg der Schule? Im Überschwang seiner pädagogischen und didaktischen Neuerungen glaubte Comenius optimistisch, den Königsweg gefunden zu haben, wonach die richtige Darstellungsweise der Lerninhalte den Lernerfolg von selbst hervorbringt, um alles durch die Dinge zu lehren.

> „Wie ein sachverständiger Schreiber auf eine leere Tafel schreiben oder ein Maler darauf malen kann, was er will, so kann der, welcher die Kunst des Lehrens beherrscht, mit Leichtigkeit dem menschlichen Geist alles einprägen. Gelingt das nicht, so ist es nur zu gewiß, daß nicht die Tafel schuld ist, die allenfalls etwas rauh sein mag, sondern allein die Unfähigkeit des Schreibers oder Malers." (COMENIUS 1954, S. 39)

Mit dieser ungeheuren Prätention überschreitet Comenius aber auch die Grenzen jeglicher Pädagogik, denn es ist durch die Methode keineswegs verbürgt, dass der Lernende die geistigen Schritte des Lehrers nachvollzieht, die „leere Tafel" hat ein Eigenleben, das jeden Lernprozess auch methodisch zu etwas Unerzwingbaren macht (vgl. GRUSCHKA 2002). Sobald aber die von Comenius gedachte Verbindung zwischen Rationalisierung der Pädagogik und Versöhnungsgedanken zerrissen ist, wird die Pädagogik zu einem bloßen mechanischen Uhrwerk. Das abgespulte Lehren kann dann durchaus effizient sein, wenn große Schülermengen beschult werden müssen, so wie es Bell und Lancaster in England in der Nachfolge von Comenius für den Massenunterricht bei der Alphabetisierung der niederen Volksgruppen durchführten (vgl. ALT 1965 f.). Ohne den Comenianischen Versöhnungsgedanken aber wird diese Form des Unterrichts zu einer erbarmungslosen pädagogischen Maschine, in der alle Räder ineinander greifen müssen, um den reibungslosen Fortgang des Unterrichts zu sichern, ohne dass das einzelne Individuum dabei zu Selbstbewusstsein zu kommen braucht (vgl. DRESSEN 1982).

3.2 Jean-Jacques Rousseau oder die Erfindung des Kindes

Ein Paukenschlag der pädagogischen Epoche Während für Comenius der Zweck der Erziehung – und damit auch der Schule – in der Wiederherstellung der Ordnung Gottes lag, vor dem alle gleich sind, beginnt etwa hundert Jahre später mit dem Erziehungsroman Émile von Jean Jacques Rousseau (1712–1778) eine neue Epoche, in der alle vor dem Gesetz gleich sein sollen. Rousseau war der erste pädagogische Autor, der nach dem eigenen Ziel der Erziehung fragte und Erziehung nicht als Mittel für vor- und außerpädagogische Ziele verstand. Er vollzieht den radikalen Perspektivenwechsel von der Beeinflussung der Kinder und Jugendlichen durch die Erwachsenenwelt, die diese nach ihrem Bild formen will, hin zu einer Konzeption der Erziehung, die das Recht des Kindes und Jugendlichen auf eine ihnen gemäße Entwicklung betonte und auf Selbständigkeit, Urteilsfähigkeit und Autonomie der Zöglinge pocht. Die Frage, die sich Rousseau zur Beantwortung vorlegt, lautet daher: Wie ist eine Erziehung, die zum Besseren führen soll, unter den gesellschaftlichen Verhältnissen der korrumpierten Monarchie des Ancien Régime überhaupt denkbar? Mit einem Paukenschlag gegen die herkömmlichen Erziehungspraktiken lässt Rousseau, der seine Bücher stolz mit „Jean Jacques Rousseau, Citoyen de Genève" unterzeichnet, seinen Émile beginnen:

„Tout est bien sortant des mains de l'Auteur des choses, tout dégénère entre les mains de l'homme. Alles ist gut, wie es aus den Händen des Schöpfers der Dinge hervorgeht; alles entartet unter den Händen des Menschen." (Rousseau 1958, S. 11)

Rousseaus Émile kann als ein radikales Gedankenexperiment in Sachen Erziehung verstanden werden. Seine Prämisse lautet: wenn alles unter den Händen des Menschen verdirbt, hat der Mensch auch die Möglichkeit, das Leben zum Besseren zu wenden, wenn er bestimmte pädagogische Prinzipien beherzigt. *Émile: ein radikales Gedankenexperiment*

Da die aufgeklärte bürgerliche Pädagogik des 18. Jahrhunderts meistenteils im Status einer Berufs- und Standeserziehung verblieb, sich auf diese Weise mit der politischen Fremdbestimmung arrangierte und nicht der republikanischen Erziehung eines politischen Bürgers diente, suchte Rousseau die bürgerliche Erziehung zur allgemeinen Menschenerziehung zu adeln.

„In der natürlichen Ordnung sind die Menschen alle einander gleich. Ihr gemeinsamer Beruf ist: Mensch zu sein. Wer auch immer für diesen Beruf erzogen ist, der wird auch jeden andern, der damit in Beziehung steht, gut ausfüllen." (ebd., S. 17)

Deswegen kann für Rousseau das Kind auch nicht als ein kleiner, unvollkommener Erwachsener gelten, sondern es wird für ihn zu einem Wesen, das vor der Erwachsenenwelt geschützt werden muss und mit einem eigenen Recht auf die Zeit der Kindheit ausgestattet ist.

„Was soll man also von jener barbarischen Erziehung halten, die die Gegenwart einer ungewissen Zukunft opfert, die also das Kind mit allerlei Fesseln belastet und von vornherein unglücklich macht, um es auf irgend ein weit in der Ferne liegendes Glück vorzubereiten, das es vielleicht nie erreicht?" (ebd., S. 61)

Da in der bisherigen Erziehung nur im Blick war, welches Wissen einem Erwachsenen nutzt und nicht, „was Kinder davon zu lernen imstande sind", ist es eine der obersten Aufgaben der Erzieher, die Kinder zu beobachten und zu studieren, um zu lernen, wie zu erziehen sei. „Fanget also damit an, eure Schüler besser zu studieren, denn das ist ganz sicher: ihr kennt sie nicht" (ebd., S. 8). *Studium der Kinder*

„Zeit verlieren" – negative Erziehung

Seine Beobachtungen führen Rousseau dazu, für eine negative Erziehung zu plädieren, die darauf gerichtet ist, „zu verhindern, daß etwas geschieht" (ebd., S. 16). Verhindern, dass etwas geschieht, bedeutet vor allem, von der Absicht Abstand zu nehmen, durch Erziehung könnte man den gewünschten Menschen in der gewünschten Zeit fabrizieren. Die oberste und wichtigste Regel ist daher für Rousseau nicht, Zeit zu gewinnen, sondern Zeit zu verlieren.

„Betrachtet jede Verzögerung als einen Vorteil, denn man gewinnt viel, wenn man sich dem Ziel nähert, ohne vom rechten Wege abzukommen. Laß die Kindheit im Kinde reifen! Und welche Belehrung es auch immer nötig hat, hütet euch, sie heute zu geben, wenn ihr sie ohne Gefahr bis morgen verschieben könnt." (ebd., S. 81)

Die Kunst des Erziehers sei es dabei, zu verhindern, dass die drei „Lehrmeister" des Menschen, die Natur, die Dinge und die Menschen in Widerspruch zueinander geraten. Solange die Vernunft Émiles noch nicht ausgeprägt ist, lässt der Erzieher die stumme Autorität der Dinge sprechen und spricht selbst nur, um Émile an die Sachen heranzuführen.

„Erteilt eurem Zögling keinerlei verbale Lehren, er muß solche nur von der Erfahrung empfangen." (ebd., S. 86)

Die Inszenierung negativer Erziehung

Die negative Erziehung Rousseaus ist allerdings eher eine indirekte, denn der Erzieher greift sehr wohl in den Erziehungsprozess ein und verlässt sich nicht darauf, die Natur und Dinge machen zu lassen, was sie „wollen". Die Mittel der negativen Erziehung sind so gestaltet, dass Kompetenzen nicht begrifflich gelehrt werden sollen, sondern die Kinder die Folgen ihres Handelns am eigenen Leib spüren. Die didaktischen Mittel des Erziehers Jean Jacques finden sich unter vielen anderen mehr in einem Beispiel verdichtet, das Rousseau gibt, um zu zeigen, wie der Erzieher Jean Jacques seinem Zögling Émile den Begriff des Eigentums nahebringt. Émile hat mit seinem Erzieher im Garten mit großem Eifer Bohnen angepflanzt und freut sich am Wachstum seiner Pflanzen. Eines Tages kommen die beiden mit der Gießkanne zum Beet und müssen feststellen, dass alle Bohnen herausgerissen sind und das Beet verwüstet daliegt. Émile weint bittere Tränen darüber und „erfüllt die Luft mit Seufzen und Wehklagen". Es stellt sich heraus, dass der Gärtner Robert auf insgeheime Anweisung des Erziehers die neuen Pflanzungen herausgerissen hat. Deswegen zur Rede gestellt reklamiert der Gärtner ein älteres Anrecht auf das Beet, da er es vorher urbar gemacht hatte. Émile wurde durch diese pädagogische Inszenierung eines Lernprozesses getäuscht, ohne jedoch dessen Infamie begreifen zu können.

„An dieser Probe über die Art und Weise, den Kindern die ersten Begriffe zu vermitteln, sieht man, wie sich der Begriff des Eigentums natürlicherweise auf das Recht der ersten Inbesitznahme durch Arbeit zurückführt. Das ist klar, deutlich, einfach und dem Fassungsvermögen des Kindes angepaßt." (ebd. S. 88)

Selon son âge

Der Gedanke, dass das Lernen dem Fassungsvermögen und Alter der Kinder angepasst sein muss, ist der Kerngedanke des Erziehungskonzepts von Rousseau. Er unterteilt dazu die Kindheit und das Jugendalter in vier Phasen: die Kindheit (von der Geburt bis zum dritten Lebensjahr), das Knabenalter (bis zum zwölften Lebensjahr), die Vorpubertät (bis 15) und das Jünglingsalter (bis zum zwanzigsten Lebensjahr). Alle Phasen enthalten die körperliche, emotionale, soziale und kognitive Entwicklung des Kindes. Rousseau vertritt in allen Phasen der Erziehung ein gleichsam homöostatisches Prinzip. Ein Wesen, dessen Kräfte nicht ausreichen, um seine Bedürfnisse zu erfüllen, ist schwach. In der ersten Phase des Kleinkindalters ist das Kind deswegen auf die Unterstützung der Erwachsenen angewiesen und kann ohne deren Hilfe nicht überleben. Da es aber stark und selbständig werden soll, darf die Hilfe der Erwachsenen sich lediglich auf die Befriedigung der elementarsten Bedürfnisse beschränken. Wenn ihm zuviel abgenommen wird, vergrößert sich seine Schwäche, da es seine eigenen Kräfte nicht zu entfalten braucht, obwohl es sie seinen Möglichkeiten nach schon nutzen kann.

In der zweiten Phase, an der „Grenzscheide" zum Knabenalter, ist es daher vor allem die Phantasie, die vom Erzieher eingeschränkt werden muss, damit der Kräftehaushalt gewahrt bleibt. *Grenzen der Welt und grenzenlose Phantasie*

„Die wirkliche Welt hat ihre Grenzen, die Welt der Einbildung ist grenzenlos. Da wir die eine nicht erweitern können, laßt uns die andere einschränken; denn der Abstand der beiden voneinander ruft die Leiden hervor, die uns wirklich unglücklich machen." (ebd., S. 64)

In der dritten Phase, Émile ist jetzt etwa zwölf Jahre alt, übersteigen die körperlichen Kräfte des Kindes seine Bedürfnisse und Vorstellungen, „es entwickeln sich die Kräfte des Kindes viel schneller als seine Bedürfnisse" (ebd., S. 171). Damit beginnt für Émile die Zeit des Unterrichts und der Studien, da er im relativen Überschuss seiner Kräfte und Fähigkeiten vieles leichter erwirbt als im späteren Alter.

„Das starke Kind trage Vorsorge für den schwachen Mann; aber es soll seinen Vorrat nicht aufstapeln in Koffern, die man ihm stehlen kann, noch in Speichern, die ihm nicht gehören, sondern sich das Erworbene wahrhaft zu eigen machen in seinen Armen und im Kopf, also in sich selbst." (ebd., S. 172)

In die vierte Phase, die Reifezeit, fällt die zweite Geburt Émiles, da die Menschen „sozusagen zweimal geboren werden, einmal, um zu existieren, das zweite Mal, um zu leben" (ebd., S. 229). Émile gerät in einen pubertären Wirbel der Gefühle, in dem ihm Jean Jacques als Freund beisteht und ihm hilft, von einem „natürlichen" zu einem sozialen Wesen zu werden. Um dem Verlust des Gleichgewichts, der nun dabei nicht mehr von außen durch die verkommene Welt droht, sondern durch die pubertäre Gefühlslage von innen andrängt, entgegenzuwirken, wechselt der Erzieher das methodische Register und leitet die „natürliche" Erziehung über in eine soziale. *Soziale Geburt*

Da Émile ja nicht zu einem „homme sauvage", einem wilden Menschen erzogen, sondern zu einem sozialen Wesen kultiviert werden soll, bleibt die „natürliche" Erziehung Émiles in allen Phasen durch und durch pädagogisch inszeniert und kunstvoll arrangiert, so dass er trotz aller Beteuerungen von Autonomie und Selbständigkeit eher wie eine Marionette im pädagogischen Theater seines Erziehers Jean Jacques wirkt. *Der „natürliche" Mensch in der Gesellschaft*

„Er (der Zögling) möge stets glauben, er sei der Herr, aber ihr müßt es trotzdem sein. Keine Unterwerfung ist so vollkommen, als die scheinbar freiwillige, denn man nimmt den Willen selbst gefangen. Ist denn das arme Kind, das nichts weiß, nichts kann und nichts kennt, nicht völlig in euren Händen? ... Ohne Zweifel soll es nur das tun, was es selber will, aber es soll nichts wollen, was ihr nicht von ihm wollt. Es darf nicht einen Schritt tun, den ihr nicht hättet vorausgesehen, es darf nicht den Mund öffnen, ohne daß ihr wißt, was es sagen wird." (ebd., S. 115)

Ausstrahlung Rousseaus Die Idee, über die natürliche Entwicklung, das Wachsenlassen des Kindes jenseits des sozialen und politischen Zusammenhangs einen politischen und solidarischen Bürger zu erziehen, zeitigt bis in unsere Gegenwart hinein Folgen. Rousseaus eigene Überprüfung der Folgen der Erziehung Émiles „Émile et Sophie, ou les Solitaires" ist Fragment geblieben. Er setzt ihn darin den härtesten Bewährungsproben aus – vom Verlust der geliebten Frau bis hin zu Sklaverei in Algerien –, denen er sich dank seiner natürlichen Erziehung gewachsen zeigt und gelernt hat sich allen widrigen Situationen anzupassen. Eine Ideologie der Menschenbildung, die allerdings diese widrigen Situationen ausblendet und den politischen Kontext Rousseaus nicht bedenkt, tendiert dazu, ein allzu romantisches Bild des Émile zu zeichnen. Die Ideen Rousseaus über die Kindererziehung legten gleichwohl den Grundstein für eine veränderte Auffassung der Kinder und ihrer Entwicklung, die bis heute ausstrahlt. Seine unmittelbaren Zeitgenossen sogen seine Ideen begierig auf und versuchten, diese in praktisches pädagogisches Handeln umzumünzen. Johann Heinrich Pestalozzi (1746–1827) bezieht sich in seinen Lehranstalten in Stans, in Burgdorf und in Yverdon ebenso auf die neue Erziehungslehre Rousseaus wie die Philanthropen im feudalen Deutschland. Diese aufgeklärten Pädagogen wie Johann Bernhard Basedow (1724–1790), Friedrich Eberhard von Rochow (1734–1805), Christian Gotthilf Salzmann (1744–1811) und Joachim Heinrich Campe (1746–1818) nannten sich Menschenfreunde und propagierten am Ende des 18. Jahrhunderts eine Abkehr von der bloßen Buchschule, indem sie versuchten, das Gedankenexperiment Rousseaus in die Tat umzusetzen, ohne allerdings weder die gesellschaftskritische Radikalität des Experiments sehen zu können, noch die von Rousseau beschriebenen Schwierigkeiten einer republikanischen Erziehung wahrhaben zu wollen. Auch wenn sein Konzept der negativen Erziehung außerinstitutionell argumentiert, kann es ex negativo zumindest deutlich machen, dass schulische Reformbemühungen für eine allgemeine Bildung nur dann „funktionieren", wenn sowohl der Mensch als auch der politische Bürger in allen schulischen Bemühungen um die Émiles dieser Welt beachtet und nicht auseinandergerissen werden. Es brauchte allerdings wohl erst Immanuel Kant, um die Ideen Rousseaus zu denken (STAROBINSKI 1988, S. 173).

3.3 Die philosophische Pädagogik Immanuel Kants

Aufklärung als Mündigkeit Es war vor allem die Philosophie Immanuel Kants (1724–1804), in der Aufklärung im Sinne Rousseaus als eine Aufgabe der Vernunft und der Erkenntnis angesehen wurde; Kant bestimmte Freiheit als eine Idee der Erkenntnis und Autonomie als Ergebnis der richtigen Idee der eigenen Erkenntnis. Während die frühe Aufklärung ohne größere Skrupel definierte, was eine gute politische Ordnung ist, kritisiert Kant diese naive Vorstellungen und sieht sich veranlasst, die Aufklärung selbst kritisch zu befragen. In seinen drei Kritiken (Kritik der reinen Vernunft [1781], Kritik der praktischen Vernunft [1788], Kritik der Urteilskraft [1790]) versuchte Kant, rationale Antworten auf die Möglichkeiten und Grenzen der Erkenntnis, der Moral und des Geschmacksurteils zu geben, und prägte damit wesentlich die Vorstellung der aufgeklärten Moderne, was einen vernünftigen Menschen ausmacht (vgl. DÖRPINGHAUS u. a. 2006, S. 54ff.).

Kant und die Pädagogik

Auch wenn Kant keine Kritik der pädagogischen Vernunft schrieb, zeigte er sich sowohl an den pädagogischen Neuerungen seiner Zeit interessiert – etwa durch seine Unterstützung des Dessauer Philanthropins von Johann Bernhard Basedow, das er freilich nur aus der Königsberger Ferne kannte – als auch durch seine Vorlesungen über Pädagogik, die er als Professor der Philosophie an der Königsberger Universität hielt und die 1803 von seinem Schüler Friedrich Theodor Rink veröffentlicht wurden. So finden sich in den Vorlesungen die Grundgedanken einer Theorie der Erziehung und Schule versammelt, die auch in der Pädagogik die Grenzen absteckt, hinter die im Prozess der Moderne nur um den Preis der Barbarei zurückgefallen werden kann (vgl. KAUDER/FISCHER 1999).

Anthropologische Begründung

Schon in der Einleitung zu seiner Vorlesung über Pädagogik findet sich die anthropologische Begründung, warum überhaupt über den Erziehungsprozess nachgedacht werden muss.

„Der Mensch kann nur Mensch werden durch Erziehung. Er ist nichts, als was die Erziehung aus ihm macht." (KANT 1977, Bd. XII, S. 699)

Im Unterschied zum instinktgesteuerten Tier ist der Mensch also darauf angewiesen, dass er erzogen wird, um zur eigenen Vernunft zu gelangen. Da das Menschenkind aber gewissermaßen roh auf die Welt kommt und seine Vernunft noch nicht voll ausgebildet ist, „müssen es andere für ihn tun" (ebd., S. 697). Die Erziehung hat dabei zum Ziel, die natürlichen Anlagen der Menschengattung zweckmäßig und planvoll so zu entwickeln, dass in der Abfolge der Generationen nach und nach „jede folgende Generation einen Schritt näher tun wird zur Vervollkommnung der Menschheit; denn hinter der Edukation steckt das große Geheimnis der Vollkommenheit der menschlichen Natur" (ebd., S. 700).

Kants skeptischer Optimismus

Der Gedanke der Perfektionierung des Menschen zeugt von Kants vorsichtigem pädagogischen Optimismus, den er als unverzichtbare Bedingung für eine vollkommene Gesellschaft gleich einem „süßen Traum" erachtet (Bd. XI, S. 366). Denn für Kant ist dieser süße Traum denknotwendig, um beurteilen zu können, was zu einer guten Erziehung gehört.

„Es ist entzückend, sich vorzustellen, daß die menschliche Natur immer besser durch Erziehung werde entwickelt werden und daß man diese in eine Form bringen kann, die der Menschheit angemessen ist. Dies eröffnet uns den Prospekt zu einem künftigen glücklichem Menschengeschlechte. – Ein Entwurf zu einer Theorie der Erziehung ist ein herrliches Ideal, und es schadet nichts, wenn wir auch nicht gleich imstande sind, es zu realisieren. Man muß nur nicht gleich die Idee für chimärisch halten und sie als einen schönen Traum verrufen, wenn auch Hindernisse bei ihrer Ausführung eintreten." (Bd. XII, S. 700)

Von der Kunst der Erziehung zur Erziehungs-wissenschaft

Um diesem Ideal näher zu kommen, darf die Erziehungskunst nicht mechanisch vonstatten gehen, sondern muss den wissenschaftlichen Ansprüchen der Aufklärung nach gesetzmäßig werden.

„Der Ursprung sowohl als der Fortgang dieser Kunst ist entweder mechanisch, ohne Plan nach gegebenen Umständen geordnet, oder judiziös. Mechanisch entspringt die Erziehungskunst bloß bei vorkommenden Gelegenheiten, wo wir erfahren, ob etwas dem Menschen schädlich, oder nützlich sei. Alle Erziehungskunst, die bloß mechanisch entspringt, muß sehr viele Fehler und Mängel an sich tragen, weil sie keinen Plan zum Grunde hat. Die Erziehungskunst oder Pädagogik muß also judiziös werden, wenn sie die menschliche Natur so entwickeln soll, daß sie ihre Bestimmung erreiche. … Der Mechanismus in der Erziehungskunst muß in Wissenschaft verwandelt werden, sonst wird sie nie ein zusammenhängendes Bestreben werden, und eine Generation möchte niederreißen, was die andere schon aufgebaut hätte." (ebd., S. 703)

Erst wenn die Erziehungskunst zur Wissenschaft erhoben ist, wird es nach Kant möglich sein, die Kinder nicht für die verderbte gegenwärtige Welt zu erziehen, sondern die

„Kinder sollen nicht dem gegenwärtigen, sondern dem zukünftig möglich bessern Zustande des menschlichen Geschlechts, das ist: der Idee der Menschheit, und deren ganzer Bestimmung angemessen, erzogen werden". (ebd., S. 704)

Etappen der Erziehung

Auf dem Weg zur Verwirklichung dieser Idee einer zukünftigen Menschheit durch Erziehung mag sich Kant weder auf die Eltern verlassen, die nur dafür sorgen, dass ihr eigenes Kind in der Welt vorankommt, noch auf den Fürstenstaat, der seine Untertanen nur als Instrumente zur Erreichung der eigenen politischen und ökonomischen Absichten betrachtet, aber nicht der Idee eines zukünftig bessern Zustandes des Menschengeschlechts fähig ist. Den Weg dazu sieht Kant in einer öffentlichen Erziehung, deren Etappen er durch folgende Begriffe bestimmt:
- Disziplinierung, die Kinder sollen in ihrer naturgegebenen Wildheit bezähmt werden,
- Kultivierung, die Kinder sollen die Geschicklichkeit erwerben, sich in der gegebenen sozialen Welt orientieren zu können,
- Zivilisierung, die Kinder sollen klug werden, damit sie in die vorhandene Gesellschaft passen, beliebt sind und Einfluss gewinnen,
- Moralisierung, die Kinder sollen nicht nur kultiviert und zivilisiert sein zu beliebigen Zwecken, die die Gesellschaft vorgibt, sondern die Gesinnung bekommen, nur lauter gute Zwecke zu wählen (vgl. DÖRPINGHAUS u. a. 2006, S. 61 ff.).

Aufklärung statt Dressur

Kant weiß selbstverständlich, dass es zur Umsetzung der ersten drei Etappen ausreicht, wenn Kinder bloß dressiert und mechanisch unterwiesen werden, er möchte aber, dass sie „würklich aufgeklärt werden", und bestimmt, dass es zur Verwirklichung der Idee der Menschheit darauf ankommt, „daß Kinder denken lernen" (ebd., S. 707). Da dies für sein Zeitalter – und wohl auch bis in unsere Gegenwart hinein – nicht gilt, stellt er fest: „Wir leben im Zeitpunkte der Disziplinierung, Kultur und Zivilisierung, aber noch lange nicht in dem Zeitpunkte der Moralisierung" (Bd. XII, S. 708).

Die vernünftige Begründung schulischer Erziehung braucht jedoch den Beistand empirischen Wissens, um die neben der Politik schwerste Erfindung der Menschheit, die Erziehungskunst, erfolgreich werden zu lassen. Kant plädiert deswegen dafür, zunächst Versuchsschulen einzurichten, um explorativ Schule zu entwickeln, bevor blind mechanische Regelschulen eingeführt werden.

Empirie der Erziehung

„Erst muß man Experimentalschulen errichten, ehe man Normalschulen errichten kann. Die Erziehung und Unterweisung muß nicht bloß mechanisch sein, sondern auf Prinzipien beruhen. … Man bildet sich zwar insgemein ein, daß Experimente bei der Erziehung nicht nötig wären und daß man schon aus der Vernunft urteilen könne, ob etwas gut oder nicht gut sein werde. Man irret hierin aber sehr, und die Erfahrung lehrt, daß sich oft bei unsern Versuchen ganz entgegengesetzte Wirkungen zeigen von denen, die man erwartete. Man sieht also, daß, da es auf Experimente ankommt, kein Menschenalter einen völligen Erziehungsplan darstellen kann." (ebd., S. 708)

Die Pädagogik des Idealismus, wie Kant sie in seinen Pädagogikvorlesungen vortrug, nimmt in ihren höchsten Momenten gedanklich einen freien Menschen in einer freien Gesellschaft vorweg. Kants Schüler und Biograph Reinhold Bernhard Jachmann (1767–1843) macht zwischen 1801 und 1813 als Direktor des „Provinzial-Schul- und Erziehungsinstituts" Conradinum in Jenkau bei Danzig die Probe aufs Exempel. Das Conradinum wird zu einem Schulexperiment in Menschenbildung, das den skeptischen Optimismus Kants in Sachen Pädagogik zukunftsgläubig überschreitet. Während es in den ersten Jahren seines Bestehens noch an den philanthropischen Modellen orientiert war, brach 1811 das „Erste Programm des Conradinum bei dem Oster-Examen" unter dem Titel „Über das Verhältnis der Schule zur Welt" radikal mit der Vorstellung, dass die Schule im Dienst der Welt steht, da sich die Welt auf Sinnenzwecke, die Schule aber auf die Erreichung der höchsten Vernunftzwecke bezieht. Die Schule muss sich nach Jachmann davon befreien, für die Welt, wie sie ist, zu erziehen, und stattdessen eine bessere Welt vorwegnehmen.

Ein radikales Modell einer Experimentalschule

„Die Schule, im Gegensatz von Welt, ist eine Geistesverbindung; die in ihr lebenden Menschen sind, als solche, Vernunftwesen; die Zwecke, die sie in ihr erreichen wollen, sind die höchsten Vernunftzwecke, sie gehen darauf hin, ein Vernunftleben, ein Leben und Wirken in den Ideen des Wahren, Schönen und Guten, als die vollkommenste und höchste Kraftäußerung der Vernunft zu erzeugen. Der Verein von Menschen also, die als Vernunftwesen zur Erreichung der höchsten Vernunftzwecke tätig sind, macht eine Schule aus." (JACHMANN 1811, S. 344)

Die Schule kann sich daher auch nicht mit einzelnen Weltzwecken, also nicht mit Dingen, die für das Leben in dieser Welt bloß nützlich sind, beschäftigen, da sie sonst in ein subordiniertes Verhältnis zur Welt gerät, so dass sie nur auf Brauchbarkeit abzielt, „sich sklavisch an die allgemeinen Bedürfnisse des Orts und der Zeit" schmiegt und nur das treibt, „was in der sie jetzt umgebenden Welt gilt" (ebd., S. 345). Solche Schulen, die nur dem Weltzweck willfahren, sind ihm eine groteske Veranstaltung.

Eine Schule für eine bessere Welt

„Sie nehmen nach ihrem veränderlichen Zeitcharakter, oder nach ihrer Charakterlosigkeit bald dieses, bald jenes und oft das bunteste Gemisch von aufeinander widerstreitenden Lehrobjekten in ihren Unterrichtsplan auf. … Solche Schulen gleichen einem Kramladen, der Modeartikel aus allen Weltgegenden für beliebige Nachfrage in Bereitschaft hält und zur Schau legt, um Käufer aller Art an sich zu locken." (ebd. S. 345 f.)

Die Schule als Schirmstätte vor den Gefahren der Welt

Eine Schule und deren Lehrkräfte, welche ihre Schüler nur für den jeweiligen Bedarf der Welt zurichten, verfehlen nach Jachmanns Ansicht ihren Zweck, die Welt vernünftiger einzurichten, als sie bisher war. Ihren „wahren" Zweck fasst Jachmann in seiner Beschreibung des Conradinum, in der sich auch eine detaillierte Stundentafel und der Lehrplan der Schule finden, mit einem einzigen Satz zusammen:

„Die Schul soll weder eine Copie der gemeinen Welt seyn, noch überhaupt im Dienste der Welt stehen und ihre Schüler für den gemeinen Weltdienst abrichten, sondern sie soll eine heilige Schirmstätte seyn, in welcher die aufblühende Generation, vor den Zerstreuungen und Gefahren der Welt gesichert, an der Wissenschaft, Kunst und Natur ihre noch bildsame Geistes- und Körperkraft entwickelt, nährt und vervollkommnet, und sich zu einem selbstständigen und selbstthätigen Vernunftleben ausbildet, damit sie, nach vollendeter Schulzeit, reich an Kenntnissen und Geschicklichkeiten, vertraut mit den höheren Zwecken des menschlichen Lebens, aufgelegt zu edlen und großen Thaten, auf dem Schauplatze der öffentlichen Welt, in einem nach Vernunft und Neigung gewählten Wirkungskreise, zum Wohl des Vaterlandes und der Menschheit selbstständig und mit sich selbst übereinstimmend zu handeln im Stande sey." (JACHMANN 1812a, S. 273 f.)

Kritik der bürgerlichen Aufklärungspädagogik

Die Forderung nach einer Autonomie befördernden Schule führt Jachmann zu einer ebenso scharfen wie scharfsinnigen Kritik an der bürgerlichen Aufklärungspädagogik, die seiner Ansicht nach das Individuum den Marktgesetzlichkeiten ausgeliefert, seine einzelnen Neigungen und Anlagen verabsolutiert und dadurch seine Individualität an gesellschaftliche Interessen preisgegeben habe. Zwar klinge es verteufelt human, das Kind nach seinen natürlichen Neigungen erziehen zu wollen, und der Pädagoge habe bei der Erziehung nur den Winken der Natur zu folgen, um für das Glück seines Zöglings zu sorgen, aber der verwendete Naturbegriff sei ambivalent und begünstige die einseitige Virtuosität derer, „die dazu geboren waren" (JACHMANN 1812b, S. 205). Dies laufe letzten Endes auf eine Standesschule hinaus, die sich sozialökonomischen Direktiven unterwirft und die individuelle Differenz in den Begabungen zu ihrem Gestaltungsprinzip überhöht. Eine solche Schule kommt für Jachmann nur den schon über eine familiäre Vorbildung verfügenden Kindern zugute; Talent hat also nur der, welcher es sich fördern lassen kann, talentlos, weil ungefördert, bleiben aber die Kinder der arbeitenden Bevölkerung. Auch wenn Jachmann mit seiner Kritik an der Aufklärungspädagogik der Philanthropen, deren Vorstellungen von Schule den Bedingungen ihrer Zeit gerecht zu werden versuchten, über das Ziel hinausschießt, kann er mit seinem Lehrer Kant aber sagen, dass die Menschenrechte und damit auch das Recht auf Bildung selbst dem Tagelöhner zustehen.

Ende eines Traums

Der neue Weg, den Jachmann 1812 mit dem Conradinum im Bewusstsein beschreiten wollte, „daß eine Schule, welche die Jugend und durch sie die Menschheit bilden will, nie aufhören muß, sich selbst zu bilden", fand ein abruptes Ende, als in den Befreiungskriegen 1813 dem Conradinum durch Verwüstung der Stiftsgüter die materielle Grundlage entzogen wurde. Jachmann selbst wechselte in den Staatsdienst über und hat bis zu seinem Tod 1843, nachdem er seinen Traum, die Welt über die Schule zu verändern, begraben musste, kein Wort mehr veröffentlicht. Jachmann versuchte, dem Auftrag seines Lehrers Kant, dass die Kinder nicht dem gegenwärtigen, sondern dem zukünftig besseren Zustand des menschlichen Geschlechts erzogen werden sollen, die Treue zu halten. Aber seine auf die Zukunft einer vernünftigeren Welt gerichtete Schule musste an den Zeitläuften scheitern. Der Jachmannschen Vorstellung von Schule geradezu entgegengesetzt waren die Folgen. In der wirklichen Welt, die sich nicht allzu sehr um die pädagogisch-idealen Wunschwelten schert, hat sich die individuelle Bildung, die Jachmann gegen diese Welt konzipierte, im humanistischen Gymnasium so gestählt, dass sie zur exklusiven Berechtigung der aufstrebenden bürgerlichen Eliten wurde, andere Gruppen von allgemeiner Bildung hingegen ausgeschlossen wurden.

Was Sie wissen sollten, wenn Sie Kapitel 3 gelesen haben:

– Sie sollten erklären können, was die Comenianische Formel des „omnes, omnia, omnino" bedeutet und was geschieht, wenn sie auseinandergerissen wird.
– Sie sollten den Perspektivenwechsel, den Rousseau in seinem „Émile" vornimmt, seine pädagogischen Prinzipien, den Inszenierungscharakter der negativen Erziehung und die Entwicklungsstufen darlegen können.
– Sie sollten Kants Plädoyer gegen eine mechanische Erziehungskunst und für eine wissenschaftliche Erkenntnis der Erziehungstatsache für sich klären können.
– Sie sollten die Etappen einer öffentlichen Erziehung, die Kant nennt, kennen.
– Sie sollten die Grundgedanken des Jachmannschen Schulmodells benennen können.

Weiterführende Literatur

COMENIUS. JOHANN AMOS (1991): **Pampaedia – Allerziehung**. Hg. von Klaus Schaller. Sankt Augustin. Neben der Grossen Didaktik aus dem Jahr 1657 ist die Pampaedia eines der grundlegenden Werke des Comenius, um seine Erziehungslehre verstehen und einordnen zu können. Die erst 1935 entdeckte Handschrift zeigt, dass Comenius nicht nur einer der größten Didaktiker des 17. Jahrhnderts war, sondern einer der ersten, der eine Pädagogik entwickelte. Als Einführung in die Pädagogik Comenius kann immer noch mit Gewinn das Buch von Klaus Schaller (1967) „Die Pädagogik des J.A. Comenius und die Anfänge des pädagogischen Realismus im 17. Jahrhundert" gelesen werden.
ROUSSEAU, JEAN-JACQUES (1762): **Émile, ou de l' Éducation**. Amsterdam. Rousseaus Erziehungsroman kann als Gründungsschrift einer Pädagogik betrachtet werden, welche die Entwicklung des Kindes in den Vordergrund rückt. Johann Wolfgang Goethe nannte den Émile das „Naturevangelium der Erziehung", was deutlich macht, dass der Einfluss dieses Buches auf das moderne Erziehungsdenken kaum

überschätzt werden kann. Da Rousseau auch – im Gegensatz zur heute üblichen Wissenschaftssprache – ein Sprachvirtuose ist, lohnt sich ein Blick in eine französische Ausgabe. Als konzise Einführung in das Werk Rousseaus kann das Buch von Hartmut von Hentig „Rousseau oder die wohlgeordnete Freiheit" betrachtet werden.

KANT, IMMANUEL (1803): **Über Pädagogik**. In: Immanuel Kant: Schriften zur Anthropologie, Geschichtsphilosophie, Politik und Pädagogik 2. Werkausgabe Band XII. Frankfurt a.M. 1977. Der von dem Herausgeber Friedrich Rink nicht immer glücklich aus den pädagogischen Vorlesungen Kants kompilierte Text kann dennoch als ein Grundlagenwerk moderner Pädagogik gelesen werden. Licht in den Aufbau und die grundlegende Struktur bringt der Band von Peter Kauder und Wolfgang Fischer „Immanuel Kant über Pädagogik. 7 Studien".

4 Die Geburt der Schule aus dem Geist der Aufklärung

4.1 Wilhelm von Humboldts Versuch der Neuorganisation des Schulwesens

Der Einfluss Kants auf Wilhelm von Humboldt

Ebenso wie für Jachmann ist auch für den Schulreformer und Sprachforscher Wilhelm von Humboldt (1767–1835) die Philosophie Kants Ausgangspunkt für sein eigenes Nachdenken und besitzt unbestrittene Autorität. In seinem Schiller-Essay von 1830 schreibt er:

„Wieviel oder wenig sich von der Kantischen Philosophie bis heute erhalten hat, und künftig erhalten wird, masse ich mir nicht an zu entscheiden; allein dreierlei bleibt, wenn man den Ruhm, den Kant seiner Nation, den Nutzen, den er dem speculativen Denken verliehen hat, bestimmen will, unverkennbar gewiss. Einiges, was er zertrümmert hat, wird sich nie wieder erheben; Einiges, was er begründet hat, wird nie wieder untergehen; und was das Wichtigste ist, so hat er eine Reform gestiftet, wie die gesamte Geschichte der Philosophie wenig ähnliche aufweist." (Humboldt 1996, Band II, S. 376f.)

Idee und praktische Reform

Die Transformation dieser philosophischen Reform in eine gesellschaftliche erhielt ihre Bewährungschance, als zu Beginn des 19. Jahrhunderts als Reaktion auf den verlorenen Krieg gegen die französischen Revolutionsarmeen Napoleons eine grundlegende Reform des preußischen Gesellschaftssystems in Angriff genommen wurde. Preußen war dabei in vielen gesellschaftlichen Bereichen das Muster für die Entwicklung anderer Länder in Deutschland. Zu einem der wichtigsten Bereiche dieser Reformen gehörte, dass unter staatlicher Kontrolle Schulen für alle Teile der Bevölkerung eingerichtet wurden. Nur für kurze Zeit allerdings gewann bei der Umgestaltung des preußischen Staates eine Allianz liberaler Staatsmänner die Oberhand, die unter dem Eindruck der Ideen der Aufklärung, der französischen Revolution und neuer ökonomischer Prozesse die Niederlage Preußens als Ausdruck einer abgründigen Krise des überkommenen feudalen, ständisch geordneten Gesellschaftssystem deuteten. Diese preußischen Reformer um Freiherr von Stein und Hardenberg setzten sich eine Verwaltungs- und Rechtsreform im Sinn einer sozialen, ökonomischen und politischen Liberalisierung zum Ziel. Individuelle Leistung und Initiative sollten durch die Aufhebung der Leibeigenschaft, die Rechtsgleichheit aller Individuen, durch

Freizügigkeit und den Ausbau der wirtschaftlichen Selbständigkeit des Einzelnen gegen die beschränkenden Regelungen der Zünfte betont werden.

Diese sozialpolitischen Reformen sollten durch eine Reform des noch sehr uneinheitlichen Bildungswesens unterstützt und ergänzt werden, denn die als frei und gleich gedachten Individuen müssen erst noch für diese liberale Wettbewerbsgesellschaft unterwiesen werden. Eine modernisierte Schule sollte ihnen zur Grundausstattung für die kommende Gesellschaft, also zu grundlegenden Kenntnissen, Fertigkeiten und normativen Verhaltensmustern verhelfen, um ihre neue Rolle in einer liberalen Marktgesellschaft ausfüllen zu können (vgl. Baumgart 1990, S. 86). Die individuelle Leistung sollte in Gesellschaft wie Schule wichtiger werden als die soziale Herkunft.

Reform der Gesellschaft durch Reform des Schulwesens

Der preußische Justizminister Karl Abraham Freiherr von Zedlitz vertrat 1787 in seinen „Vorschlägen zur Verbesserung des Schulwesens in den Königlichen Landen" etwa die Vorstellung, es sei genauso töricht, „den künftigen Schneider, Tischler, Krämer … Latinisch, Griechisch, Hebräisch zu lehren", nicht aber die Kenntnisse, die er für seinen zukünftigen Beruf brauche, wie es ungerecht sei, dem Bauern jede Schulbildung vorzuenthalten und ihn damit „wie ein Tier aufwachsen" zu lassen (Zedlitz 1787, zit. Baumgart 1990, S. 70). Jeder gesellschaftliche Stand soll also beschult werden – und das ist durchaus neu –, aber jeweils in seiner eigenen Schule. Deshalb plädierte er für eine Einteilung in „1) Bauern- 2) Bürger- und 3) Gelehrte Schulen". Genau gegen diese Vorstellung von Schule wendeten sich die preußischen Schulreformer.

Humboldts Schulprogramm

Auch Wilhelm von Humboldt findet dieses Schulwesen noch vor, wenn er beginnt, institutionalisierte Erziehung systematisch zu analysieren und zu reflektieren. Die Gegenposition der Schulreformer formuliert er geradezu klassisch in seinen Gedanken zum Litauischen Schulplan von 1809.

Standesschulwesen versus modernes Schulwesen

„Denn der gemeinste Tagelöhner, und der am feinsten Ausgebildete muss in seinem Gemüth ursprünglich gleich gestimmt werden, wenn jener nicht unter der Menschenwürde roh, und dieser nicht unter der Menschenkraft sentimental, chimärisch, und verschroben werden soll … Auch Griechisch gelernt zu haben könnte auf diesem Weise dem Tischler ebenso wenig unnütz seyn, als Tische zu machen dem Gelehrten." (Band IV, S. 189)

Zumindest über längere Phasen hinweg müssen also für Humboldt alle Teile der Gesellschaft die gleiche Ausbildung erhalten. Humboldts Überlegungen zum Schulwesen gehen nicht mehr von der Vorstellung einer statischen Gesellschaft, in welcher der soziale Stand, in den man hineingeboren wurde, die zukünftige soziale Position vorherbestimmt, und einer ihr korrespondierenden Schule aus, sondern von der dynamischen Entwicklung moderner bürgerlicher Gesellschaften. Die Frage, mit der er sich auf seiner Inspektionsreise zu den Schulen in Königsberg und Litauen im Jahr 1809 beschäftigte, war das schul- und sozialpolitische Problem, wie ein solches Schulwesen konkret aussehen kann, ob es mittlere Schulen wie die Bürgerschulen geben soll oder eine Schule für alle Schüler. Er gibt im Sinne der angestrebten Reformen folgerichtig die lakonische Antwort: „Ich bin dagegen" (Humboldt 1996, Band IV, S. 168). Denn „philosophisch genommen", und das heißt theoretisch, und nicht politisch, pragmatisch oder ständisch, gibt es für ihn nur drei Stadien des Unterrichts: Elementarunterricht, Schulunterricht, Universitätsunterricht (ebd. S. 169).

Theorie der Bildung des Menschen als Fundierung schultheoretischer Überlegungen

Humboldts philosophischer Ausgangspunkt für den Aufbau eines modernen Schulwesens ist dabei eine Theorie der Bildung des Menschen (vgl. DÖRPINGHAUS u.a. 2006, S. 67ff.). In seinem schon um 1793 formulierten Fragment zu einer „Theorie der Bildung" heißt es:

„Der wahre Zwek des Menschen – nicht der, welchen die wechselnde Neigung, sondern welchen die ewig unveränderliche Vernunft ihm vorschreibt – ist die höchste und proportionierlichste Bildung seiner Kräfte zu einem Ganzen. In dieser Bildung ist Freiheit die erste, und unerlassliche Bedingung. Allein ausser der Freiheit erfordert die Entwikkelung der menschlichen Kräfte noch etwas andres, obgleich mit der Freiheit eng verbundenes, Mannigfaltigkeit der Situationen. Auch der freieste und unabhängigste Mensch, in einförmige Lagen versetzt, bildet sich minder aus." (Band I, S. 64)

Aus den Bedingungen der Bildung, Autonomie und Mannigfaltigkeit der Situationen, folgt für Humboldt, dass der Mensch sich individualisieren soll. Auch wenn in dieser Selbstbildung zur Individualität die anvisierte Gleichheit zunächst nur formal ist, wird in der politischen Praxis Humboldts der vermeintlich exklusive Anspruch inklusive emanzipatorische Realität. „Bildung ist ein Menschenrecht, das Recht auf die objektiven Bedingungen, sich selbst zu bilden", bestimmt Hans-Ernst Schiller diesen Grundgedanken Humboldts (SCHILLER 1998, S. 132).

Entäußerung an die Welt

Humboldt hält dabei ebenso die kantische Idee „der Menschheit in unserer Person" fest, wie er das aufnimmt, was bei seinen Zeitgenossen Goethe und Hegel im Zentrum der Lehre vom Individuum steht. Sie alle gehen davon aus, dass das Subjekt zu sich selbst nicht durch ein Verweilen bei sich kommt, sondern durch Entäußerung, durch Hingabe an das, was es nicht selbst ist. In Humboldts Bruchstück ‚Theorie der Bildung des Menschen' heißt es:

„Bloß weil beides, sein Denken und sein Handeln nicht anders als nur vermöge eines Dritten, nur vermöge des Vorstellens und des Bearbeitens von etwas möglich ist, dessen eigentlich unterscheidendes Merkmal es ist, Nichtmensch, d.i. Welt zu seyn, sucht er, soviel Welt als möglich zu ergreifen und so eng, als er nur kann, mit sich zu verbinden." (Band I, S. 235)

Schule und Unterricht sind für Humboldt deshalb bildungstheoretisch legitimiert, da Schule als Teil der Welt diese zugleich repräsentiert.

Die Gliederung des Schulwesens

Diese Welt der Schule wird nun von Individuen besucht, deren „Verschiedenheit der Talente und Lagen" einem einheitlichen Bildungsangebot für alle Grenzen setzt. Dessen waren sich selbstverständlich auch die Bildungsreformer um Humboldt bewusst. Darüber aber, was der Einzelne für sein zukünftiges Leben braucht, darf nicht zu früh entschieden werden,

da „sich der künftige Beruf oft nur sehr spät richtig bei einem Kinde oder jungen Menschen bestimmen lässt und … sein natürliches Talent, das ihn vielleicht einem andern widmen würde, bald nicht erkannt, bald erstickt wird." (Band IV, S. 218f.)

Um eine größtmögliche Einheitlichkeit des Schulwesens und des Unterrichts zu erreichen, entwarfen die preußischen Schulreformer ein gestuftes

Schulsystem mit einheitlichen Anforderungen auf jeder Stufe, gepaart mit dem Prinzip der Durchlässigkeit. So kristallisierte sich für Humboldt und Friedrich Schleiermacher (1768–1834) ein System von Bildungsangeboten heraus, das nicht mehr auf – in moderner Terminologie – vertikal nebeneinander stehenden Schultypen beruhte, wie die bisherige Form der Standesschulen. Vielmehr legten die Schulreformer ein waagerecht gegliedertes Schulmodell vor, das in Form horizontaler Schulstufen, als aufeinander aufbauende Teile eines Gesamtsystems organisiert werden und prinzipiell allen Schülern den Übergang von der niederen zur höheren Stufe ermöglichen sollte.

Vor dem Hintergrund der Modernisierungsschübe, die den Beginn des 19. Jahrhunderts auch in der Schulentwicklung prägen, soll „allgemeine Menschenbildung" nicht mehr ein soziales Privileg sein, sondern allen zugute kommen. *Gleiche Bildung für alle*

„Jeder, auch der Aermste, erhielte eine vollständige Menschenbildung, jeder überhaupt eine vollständige, nur da, wo sie noch zu weiterer Entwicklung fortschreiten könnte, verschieden begränzte Bildung, jede intellectuelle Individualität fände ihr Recht und ihren Platz, keiner brauchte seine Bestimmung früher als in seiner allmäligen Entwicklung selbst zu suchen, die meisten endlich hätten, auch indem sie die Schule früher verliessen, noch einen Uebergang vom blossen Unterricht zu der Ausführung in den SpecialAnstalten." (Bd. IV, S. 175 f.)

Denn ein guter Handwerker, Kaufmann, Soldat oder Geschäftsmann könne man nur aufgrund einer gewissen Bildung sein, die über das unmittelbar Nützliche hinausgehe:

„Es giebt schlechterdings gewisse Kenntnisse, die allgemein sein müssen, und noch mehr ein gewisse Bildung der Gesinnungen und des Charakters, die keinem fehlen darf. Jeder ist offenbar nur dann ein guter Handwerker, Kaufmann, Soldat und Geschäftsmann, wenn er an sich und ohne Hinsicht auf seinen besonderen Beruf ein guter, anständiger, seinem Stand nach aufgeklärter Mensch und Bürger ist. Giebt ihm der Schulunterricht, was hiezu erforderlich ist, so erwirbt er die besondere Fähigkeit seines Berufs nachher sehr leicht und behält immer die Freiheit, wie im Leben so oft geschieht, von einem zum andern überzugehen." (Bd. IV, S. 218)

Im Schulunterricht selbst folgt Humboldts Auswahl der Lehrgegenstände den von ihm vorgeschlagenen Stadien. Der Elementarunterricht „hat es also eigentlich nur mit Sprach-, Zahl- und Mass-Verhältnissen zu thun, und bleibt, da ihm die Art des Bezeichneten gleichgültig ist, bei der Muttersprache stehen" (Bd. IV, S. 169). Humboldt denkt aber auch an diejenigen, deren Schulbesuch unter den herrschenden Umständen nur von kurzer Dauer sein kann, und erweitert dieses grundlegende Wissen, damit die Schüler nicht auf der Stufe des Elementarunterrichts stehen bleiben. *Bereiche des Lernens*

„Wenn man, und mit Recht, noch andern Unterricht, geographischen, geschichtlichen, naturhistorischen hinzufügt, so geschieht es theils um die durch den Elementarunterricht entwickelten, und zu ihm selbst nöthigen Kräfte durch mannigfaltigere Anwendung mehr zu üben, theils weil man für diejenigen, welche aus diesen Schulen unmittelbar ins Leben übergehen, den blossen Elementarunterricht überschreiten muss." (ebd.)

Mit dem Schulunterricht erweitert sich der Umfang, der sich in den drei zentralen Lernbereichen des linguistischen, historischen und mathematischen Schulunterrichts ausdrückt.

„Der Schulunterricht theilt sich in linguistischen, historischen und mathematischen; der Lehrer muss immer beobachten, bei welchem von diesen dreien der Schüler mit vorzüglicher Aufmerksamkeit verweilt, allein auch streng darauf sehen, dass der Kopf für alle drei zugleich gebildet werde. Denn die Schule soll eng verbinden, damit die Universität zu besserer Verfolgung des Einzelnen, ohne Schaden eilen könne." (ebd., S. 170)

Der linguistische Lernbereich deckt die Sprachen ab, vor allem die deutsche, griechische und lateinische Sprache, der historische Bereich bezieht sich auf Geschichte, Geografie und Naturkunde und der mathematische Bereich richtet sich neben der Mathematik auch auf die empirischen Erkenntnisse der Naturwissenschaften. Diese im Königsberger Schulplan genannten Bereiche werden im Litauischen Schulplan um Gymnastik, Ästhetik und Philosophie erweitert. Der Schüler kann nach dem Schulunterricht auf die Universität oder in die speziellen Schulen der Berufsausbildung wechseln, denn „der Schüler ist reif, wenn er so viel bei andern gelernt hat, dass er nun für sich selbst zu lernen im Stande ist" (ebd., S. 170).

Spezialschulen für die Berufsausbildung Für die spätere Berufsausbildung nach der allgemeinen Bildung in den Schulen, die er trotz der oft wiederholten, aber ungerechtfertigten Kritik an seinem Modell des Schulaufbaus und an den später daran anschließenden Schulgesetzentwürfen seines Mitarbeiters Süvern nicht vergessen hat, sieht Humboldt vor, „dass es viele SpecialSchulen gebe und kein bedeutendes Gewerbe des bürgerlichen Lebens eine entbehre", in denen für den künftigen Beruf die notwendigen Kompetenzen erworben werden sollen (Bd. IV, S. 175).

„Alle Schulen aber, deren sich nicht ein einzelner Stand, sondern die ganze Nation, oder der Staat für diese annimmt, müssen nur allgemeine Menschenbildung bezwecken. – Was das Bedürfniss des Lebens oder eines einzelnen seiner Gewerbe erheischt, muss abgesondert, und nach vollendetem allgemeinen Unterricht erworben werden. Wird beides vermischt, so wird die Bildung unrein, und man erhält weder vollständige Menschen, noch vollständige Bürger einzelner Klassen." (ebd., S. 188)

Die Grenze des schulischen Unterrichts ist daher für Humboldt nicht die Herkunft oder der zukünftige Beruf der Schüler, sondern er sieht die Grenze dort, wo subjektive Lernprozesse enden, da sie „durch die zu allem Unterricht nöthigen Bedingungen Kraft und Zeit" eingeschränkt sind.

„Soweit der Schüler das eine hergiebt, und zum anderen Mittel hat, so weit kann der Lehrer ihn führen, und soweit muss der Staat dafür sorgen, dass er gebracht werden könne." (ebd., S. 190)

Eine neue Denkungsart von Schule Als Voraussetzung für ein solches Schulsystem wurden einheitliche Lehrpläne und Prüfungen angesehen, die sicherstellen, dass überall das gleiche gelehrt wurde. Ferner wurden vergleichbare Standards für die Lehrerbildung – die 1810 durch das „examen pro facultate docendi" eingeführt wurde, um die Lehrbefähigung auch überprüfen zu können – für die Schulaufsicht und nicht zuletzt für die Finanzierung der Schulen als notwendig erachtet. Zudem war die Humboldtsche Schulreform um einen neuen Geist bemüht, der diese Schulen erfüllen sollte. Lernen sollte eine neue Bedeutung erhalten, sollte zur prägenden Begegnung mit der kulturellen Überlieferung werden und zur Auseinandersetzung mit ihr führen, um die eigene Persönlichkeit daran zu entwickeln. In seinem „Bericht der Sektion des Kultus und Unterrichts an den König, Dezember 1809" beschreibt Wilhelm von Humboldt den Unterricht einer neu gegründeten staatlichen Versuchsschule, die nach dem Vorbild Pestalozzis in einem Berliner Waisenhaus entstanden war.

Schon 200 Jahre vor den Autoren von TIMSS und PISA weist Humboldt in seinem Bericht darauf hin, dass der herkömmliche Mathematik-Unterricht lediglich Rechenroutinen vorgibt, ohne das Verständnis für mathematisches Modellieren zu fördern: *PISA avant la lettre*

„Dies macht den Unterschied, dass man bei der bisherigen Methode nur kurz und oft ohne Anführung selbst der unmittelbarsten Gründe die Art angiebt, wie z.B. diese oder jene Rechnung gemacht werden soll, bei der neuen hingegen das Kind übt, die Zahlenverhältnisse überhaupt, durch welche hernach fast alle Rechnungen möglich sind, schnell und sicher aufzusuchen. Bei jener Methode hat also der Schüler nur die wirklich erlernte Rechnung inne, kann sich, wenn ein etwas veränderter Fall kommt, nicht mehr helfen und vergisst ohne Uebung auch das Erlernte ... Der Schüler der neuen Lehrart hingegen weiss sich überall zu helfen und kann nie vergessen, weil er nichts auswendig gelernt, sondern die Kraft erlangt hat, die wirklichen Zahlenverhältnisse einzusehen." (Bd., S. 223f.)

Unterstützt wird dieser Unterricht ferner durch Lernpartner- oder besser -patenschaften unter den Schülern. *Soziales Lernen*

„Dadurch endlich, dass ... die weiter vorgerückten Kinder die schwächern selbst unterrichten, werden sie jedes Lehrgegenstandes mächtiger, da sie, um sich ihren kleinen Lehrlingen verständlich zu machen, oft das auf verschiedene Art selbst Gelernte anders und anders herumdrehen müssen." (ebd.)

Alle Kinder übernehmen dabei in der Schule verschiedene Ämter und erziehen sich so untereinander selbst.

„Die Kinder erziehen sich unter einander selbst und führen gegenseitig die Aufsicht eins über das andere. Es giebt mehrere von ihnen besorgte Aemter; sie wechseln darin miteinander ab und wählen sich selbst dazu, und dies ist so wenig ein Spielwerk, dass es ohne diese Einrichtung wohl schwer sein dürfte, 30 Kinder von zwei Lehrern unterrichten und in Aufsicht halten zu lassen. Durch die Rechte und Pflichten eines Amtes gewöhnen sich die Kinder an Ordnung, Strenge und Gerechtigkeit." (ebd., S. 222f.)

Die Kinder lernen also in der von Humboldt beschriebenen Reformschule Schule und Unterricht als etwas zu begreifen, das sie mitgestalten und mitbestimmen und für das es sich lohnt, Verantwortung zu übernehmen.

Im Königsberger Schulplan hat Humboldt zudem daraufhin gewiesen, dass in Schulen nicht nur gelernt werden soll, sondern zu einem ebenso wichtigen Aspekt schulischen Unterrichts wird ihm das Lernen des Lernens selbst; Schüler sollen lernen, wie sie sich aus eigener Kraft neue und fremde Wissensinhalte aneignen können. *Lernen des Lernens*

„Der Zweck des Schulunterrichts ist die Uebung der Fähigkeiten, und die Erwerbung der Kenntnisse ohne welche wissenschaftliche Einsicht und Kunstfertigkeit unmöglich ist; der junge Mensch soll in den Stand gesetzt werden, den Stoff, an welchen sich alles eigne Schaffen immer anschliessen muss, theils schon jetzt wirklich zu sammeln, theils künftig nach Gefallen sammeln zu können, und die intellectuell-mechanischen Kräfte auszubilden. Er ist also auf doppelte Weise, einmal mit dem Lernen selbst, dann mit dem Lernen des Lernens beschäftigt." (Bd. IV, S. 169f.)

Der kurze Sommer der Schulreform

Obwohl der Aufbau, die Etablierung und die inhaltliche Ausgestaltung eines staatlichen Schulwesens zu Beginn des 19. Jahrhunderts – so wie sie von Humboldt und seinen Mitstreitern vorgestellt werden – als sehr modern gelten kann, blieb diese Orientierung für die Einrichtung des öffentlichen Schulwesens lediglich eine kurze Episode; letzten Endes gewann ein eher restriktives Verständnis von schulischem Lernen die Oberhand, was zur Folge hatte, dass während des gesamten 19. Jahrhunderts nie ganz die Kritik an dem neu entstandenen Schulwesen verstummte: an seinem vor allem auf Unterwerfung zielenden Drill und der sinnentleerten Auswendiglernerei.

Verwaltungsreform ohne Reform der Schule?

Die Umsetzung dieses Reformvorhabens bedeutete zudem erhebliche Anstrengungen auf der Ebene der Transformation von Schulverwaltung und -finanzierung. Lehrerseminare entstanden, um einheitliche Ausbildungsstandards der Lehrkräfte zu gewährleisten, Prüfungskommissionen sorgten für die Gleichheit der Anforderungen, Schuldeputationen überwachten die Umsetzung der ministeriellen Vorgaben. Es entstand in ersten Ansätzen das bürokratische System von Über- und Unterordnung, das bis heute der Schule auf Systemebene eher das Gepräge einer Behörde als einer Bildungsstätte gibt.

Widerstand gegen die Reform

Besonders der Widerstand des gutsherrlichen preußischen Junkertums wirkte sich einschneidend auf die Umsetzung der Schulreformpläne aus, denn dieses sollte in erster Linie die finanziellen Mittel im Zuge einer Steuerreform aufbringen, profitierte aber zugleich am wenigsten davon. Weder wollte es seine eigenen Kinder in die dürftig ausgestatteten Elementarschulen schicken, noch war es an einem höheren Bildungsniveau seiner Bauern und Landarbeiter interessiert (vgl. HERRLITZ u. a. 1993, S. 39). Als Humboldt schon 1810 die ersten Anzeichen obrigkeitlicher Beschränkung seiner Bildungspolitik verspürte, zog er sich konsequenterweise aus dem Amt zurück.

4.2 Hegels Theorie von Schule in seinen Gymnasialreden

Georg Wilhelm Friedrich Hegel (1770–1831) setzt sich, insbesonders in seinen Gymnasialreden aus seiner Zeit als Rektor eines Nürnberger Gymnasiums, damit auseinander, wie organisierte Lernprozesse im öffentlichen Schulwesen institutionalisiert werden und gibt damit zugleich eine Rechtfertigung der Institution Schule, die bis in die Gegenwart weiterwirkt. Er bestimmt die Stellung der Schule in der modernen bürgerlichen Gesellschaft, wobei er allerdings eher den Stellenwert der Schule für diese im Entstehen begriffene bürgerliche Gesellschaft vorwegnimmt, denn als Realität beschreibt. Und gerade das macht die große prophetische Kraft Hegels theoretischer Bestimmungen von Schule umso deutlicher. Schultheorie ist für ihn der Versuch, Schule vernünftig so zu begreifen und herauszuarbeiten, wie sie tatsächlich ist. Seine Theorie kann deswegen nicht sagen, wie Schule möglicherweise sein soll, sondern zeigt allein die Notwendigkeit der Schule in der sich konstituierenden bürgerlichen Gesellschaft.

Im Übergang von der feudalistischen zur bürgerlichen Gesellschaft verändern sich sowohl die Stellung der Familie als auch die Aufgaben der Erziehung und Ausbildung der nachfolgenden Generation. Während in der feudalistischen Ständegesellschaft Stand und Beruf der Kinder durch den Stand des Elternhauses vorbestimmt waren und Erziehungs- und Ausbildungsprozesse weitgehend im Rahmen der Familie stattfanden, kann in der bürgerlichen Gesellschaft nicht mehr davon ausgegangen werden, dass die Kinder umstandslos so in die Gesellschaft eingegliedert werden, dass sie einen ihren Leistungen gemäßen Platz erwerben. Die Familie, die bisher den Stand garantierte, kann diese Aufgabe nicht mehr leisten, weil die Kinder der bürgerlichen Gesellschaft zwar weiterhin in der Familie geboren, ernährt und erzogen werden, aber mit Erreichung der Volljährigkeit nur mehr für sich selbst sorgen sollen. Damit aber die nachwachsende Generation dieser von ihr abverlangten Verantwortung überhaupt nachkommen kann, muss sie in einer speziellen Institution geschult werden, die dafür Sorge trägt, dass die Kinder sukzessiv der Familiensphäre entzogen und auf eine autonome Existenz in den wirklichen Verhältnissen der bürgerlichen Leistungsgesellschaft vorbereitet werden. Diese spezielle Institution ist für Hegel die Schule, die den Übergang aus der Familie in die Gesellschaft gewährleistet.

Bürgerliche Familie und bürgerliche Gesellschaft

Die Schule „ist eine Sphäre, die ihren eigenen Stoff und Gegenstand, ihr eigenes Recht und Gesetz, ihre Strafen und Belohnungen hat, und zwar eine Sphäre, welche eine wesentliche Stufe in der Ausbildung des ganzen sittlichen Charakters ausmacht. Die Schule steht nämlich zwischen der Familie und der wirklichen Welt, und macht das verbindende Mittelglied des Uebergangs von jener in diese aus." (HEGEL 1949, S. 268f.)

Schule als mittlere Sphäre

Um diese Bestimmung der Schule als mittlere Sphäre zu klären, stellt Hegel zunächst den Wandel der Familie in der wirklichen Welt vor, beschreibt dann die Aufgabe der Schule hinsichtlich der Familie und bestimmt schließlich ihr Verhältnis zur wirklichen Welt. Durch die Veränderung der ökonomischen Grundlage der Familie hat sich auch ihr Charakter verändert. Der Kern der Familie war bisher durch die Ökonomie des ganzen Hauses bestimmt, durch das also, was im bäuerlichen oder handwerklichen Haushalt produziert wurde und den Lebensunterhalt sicherte. Mit der Trennung der Bereiche des beruflichen Lebens und der privaten Lebensführung können sich in der Familie jetzt andere als ökonomische Bindungen, nämlich emotionale Bindungen herauskristallisieren.

Der Kern der bürgerlichen Familie ist im Sinne Hegels kein ökonomischer mehr, sondern besteht in der emotionalen Beziehung zwischen den Ehegatten und zu ihren Kindern. Dem Kind werden Gefühle auch dann entgegengebracht, wenn es „ohne Verdienst" bleibt, also nichts zum familiären Lebensunterhalt beiträgt. Damit schlägt Hegel den Bogen zur gesellschaftlichen Seite des bürgerlichen Lebens, da dort der Mensch nur nach seiner Leistung bewertet wird.

Emotionale Bindung ...

… statt Leistung „Dagegen in der Welt gilt der Mensch durch das, was er leistet: er hat den Werth nur, insofern er ihn verdient. Es wird ihm wenig aus Liebe und um der Liebe willen; hier gilt die Sache, nicht die Empfindung und die besondere Person." (ebd., S. 269)

Der Mensch gewinnt in der bürgerlichen Gesellschaft seine Autonomie also dadurch, dass er sich geschickt und brauchbar für die arbeitsteilige Gesellschaft zeigt und sich den dort verlangten neuen Arbeitsweisen – sei es in der Industrie, in den handwerklichen Berufen oder im Staatsdienst – anpasst. Bürgerliche Gesellschaft und bürgerliche Familie stehen damit in einem eigentümlichen Spannungsverhältnis zueinander. Die für ein autonomes Leben in der bürgerlichen Welt erforderlichen Kenntnisse und Fertigkeiten kann das Kind in der bürgerlichen Familie nicht mehr erwerben, aber es kann sie auch nicht in der bürgerlichen Industrie oder den Berufen erwerben, da dort der Betrieb auf Leistung und Produktivität ausgerichtet ist und nicht auf, wie auch immer geartete, Lernprozesse. Dies ist für Hegel der sachhaltige Grund, warum es einer mittleren Sphäre notwendigerweise bedarf: Die Schule soll die Lücke zwischen Familie und Gesellschaft schließen, indem die Schüler vor allem im Gymnasium durch wissenschaftliche Bildung und sittliche Bildung auf den Ernst des Lebens vorbereitet werden (vgl. DÖRPINGHAUS u. a. 2006, S. 85 ff.).

Die „zweifache Sobald das Kind in die Schule kommt, gehört es nicht mehr ganz der Familie, aber auch noch nicht ganz der Welt an; es tritt, wie Hegel es nennt, *Existenz"* in die „zweifache Existenz". Die erste Totalität seines Lebensverhältnis, die Familie, wird verlassen, aber das Kind wird noch nicht dem getrennten Dasein der beiden Lebensformen, privates Familienleben und öffentliches Bürgerleben, ausgesetzt, sondern der Charakter der Schule liegt darin begründet, dass sie als ein besonderer Schonraum gilt, in dem die Anforderungen der bürgerlichen Gesellschaft erlernt werden können. Die Schule negiert die emphatische Familienbeziehung und hebt das „Band der Liebe" durch Bindung an die Sache auf, ohne allerdings schon vollständig den Gesetzen der bürgerlich-industriellen Welt ausgeliefert zu sein.

Schulzeugnisse Die in der Schule erworbenen Kenntnisse sind also vorläufig und finden ihr vollständiges Ende erst außerhalb der Schule. Deswegen sind auch die Urteile und Zeugnisse, die Schule fällt und stellt, nur vorläufig.

„Das Urteil, das die Schule fällt, kann daher so wenig etwas Fertiges seyn, als der Mensch in ihr fertig ist. … Denn wie die Arbeit der Schule Vorübung und Vorbereitung ist, so ist auch ihr Urtheil ein Vorurtheil, eine so wichtige Präsumtion es giebt, so ist es nicht schon etwas Letztes." (ebd., S. 274)

Schule und Staat Mit seiner logischen Analyse der Schule als Ort des institutionalisierten Übergangs von der Familie in die Gesellschaft hat Hegel eine bis in die Gegenwart hineinwirkende realitätsnahe Bestimmung der Schule dargelegt, die den Zusammenhang von bürgerlicher Gesellschaft und der Einrichtung der modernen Schule zu Beginn ihrer Entstehung aufzeigt und die gesellschaftliche Notwendigkeit der allgemeinen Etablierung von schulischen Einrichtungen auf den Begriff bringt (s. auch Kapitel 7). Die Schule, wie sie Hegel aus seiner begrifflichen Apparatur herleitet, kann daher auch nur dann ihrem Begriff gerecht werden, wenn sie sowohl unabhängig von den Privatinteressen, der Willkür und den Neigungen der Eltern, als auch unabhängig von direkten ökonomischen Verwertungsinteressen der bürgerlichen Gesellschaft ist. Die Schule in der bürgerlichen Gesellschaft kann deshalb für Hegel nur eine staatliche Einrichtung sein. Er nimmt damit geistig vorweg, was in den modernen Gesellschaften seither zunehmend Wirklichkeit geworden ist und was zu seiner Zeit allenfalls als Tendenz abzusehen war, dass nämlich der Staat die ehemals kirchlichen Hoheits- und Aufsichtsrechte über das Schulwesen zunehmend selbst übernimmt.

Der Staat, der Hegel dabei vorschwebte, sollte dabei jedoch keine despotische, die Subjektivität knechtende Macht sein, sondern eine, die von den Subjekten selbst bewusst und frei hervorgebracht wird; ein Gefüge der Liberalität, das den Egoismus der bürgerlichen Gesellschaft zähmt. Im Staat sollen sich die egoistischen Privatinteressen der bürgerlichen Gesellschaft dadurch versöhnen, dass sich die Subjekte freiwillig selbst preisgeben und sich das selbst antun, was ihnen der Staat als fremder Wille nicht antun darf. Dadurch verschwindet zwar der unmittelbare, äußerliche Despotismus, wie er im Feudalismus vorherrschte, aber nur um den Preis, dass die Subjekte ihn in sich selbst wieder errichten.

Diese Verinnerlichung erklärt Hegel für den entscheidenden Schritt der Versöhnung von privatem Interesse und bürgerlicher Gesellschaft. Für die Schule heißt das, dass die eigentlichen Subjekte der Schule – Lehrer, Eltern, Schüler – sich aufgeben und ihre Bedürfnisse der Staatsschule überlassen. Praktische Probleme, auftauchende Konflikte, dilemmatische Situationen, die es in jeder Schulwirklichkeit zuhauf gibt, brauchen für diese Theorie der Schule keine Rolle mehr zu spielen, denn sie sind schon im Vorhinein in der Idee der Schule versöhnt. *Selbstpreisgabe der Subjekte*

Aber anders als in der Theorie musste Hegel als Gymnasialrektor auch mit den praktischen Problemen der Schulwirklichkeit zu Rande kommen. In seinen Gymnasialreden sind es insbesondere immer wieder Disziplinar- und Leistungsprobleme, auf die er zu sprechen kommt. Die Schule fordert ruhiges Verhalten, Aufmerksamkeit und Respekt gegenüber Lehrern und Mitschülern. Wenn Kinder diese Bedingungen von zu Hause aus nicht mitbringen, kann die Schule zwar versuchen, die „Schulzucht" zu bewirken, die Roheit zu bändigen und die Zerstreuungssucht zu fixieren, falls dies aber nicht gelingt, sollen sie den Eltern zurückgeben werden. *Hegel als Schulrektor*

„Zugleich aber ist es wesentlich, zu erinnern, daß … die Uebernahme jener ersten Zucht, wo sie versäumt worden, nur als ein Versuch anzusehen ist, und wenn bei Subjekten, welche jene Bedingungen nicht erfüllen, das Besserwerden nicht bald eintritt, und Rohheit, Unbotmäßigkeit, Unordentlichkeit nicht bei Zeiten weicht, sie den Eltern zurückgegeben werden müssen, um ihre Pflichten erst an denselben zu vollenden, und daß sie aus einer Anstalt zu entfernen sind, deren Unterricht auf einem ungeschlachten Boden nicht gedeihen kann." (ebd., S. 254)

Wenn Kinder hinter den erwarteten Leistungen zurückbleiben und den Anforderungen in der Klasse nicht genügen, sollen sie freiwillig von der Schule gehen, denn

„im Fortrücken durch die verschiedenen Klassen reinigt sich der Bestand nach und nach durch das Uebergehen zum Gewerbe oder in andere Anstalten." (ebd., S. 275)

Antipodische Sphären

Die Probleme, die Hegel in seinen Gymnasialreden anspricht, sind nun die Probleme der wirklichen Schule mit den beiden antipodischen Sphären Familie und bürgerliche Gesellschaft. Ebenso wie seine Empfehlung, die unbotmäßigen Kinder den Familien zurückzugeben, deutlich macht, dass die harmonischen Voraussetzungen, die er begrifflich setzt, sich in der Wirklichkeit nicht ohne Weiteres wiederfinden, macht der Selektionsprozess, den Hegel euphemistisch als einen Reinigungsprozess darstellt, klar, dass der Übergang der Schüler in eine weiterhin nach Schichten organisierte bürgerliche Gesellschaft nicht immer funktioniert.

Selektion durch Bildung

Hegel wusste also aus seiner eigenen schulpraktischen Erfahrung als Rektor einer gymnasialen Lehranstalt, dass sein begriffliches System in der Bewährung in der Praxis erheblich klappert. Denn im Selektionsprozess vermittelt die Schule zwischen der bürgerlichen Gesellschaft und der Familie durch ihre „Vorurtheile" derart, dass die Schule selbst die Reproduktion der berufsständischen Struktur übernimmt, die in der feudalistischen Gesellschaft über die Herkunft geregelt war.

Von der ständischen Selektion zur Bildungsselektion

Was Hegel damit zu Beginn der bürgerlichen Gesellschaft unvergleichlich präzise bestimmt, ist der Übergang von einer ständischen Selektion zur Selektion über Bildung durch Schule. Das heißt aber auch, dass gerade dort, wo Schule ihre Vermittlungsleistung erbringen müsste, nämlich allen Kindern den Übergang aus der Familie in die bürgerliche Gesellschaft auch unter schwierigen Bedingungen zu ermöglichen, dessen Notwendigkeit Hegel in seiner Analyse auf den Begriff bringt und in seiner realen Praxis als Schulleiter ebenso notwendig unterbietet, die Schule hinter ihre eigene Idee zurückfällt.

Da die Schule nicht so verwirklicht werden konnte, wie es ihre liberalen Reformer sich dachten, sie aber als Faktum dennoch in der Welt war, musste ihre Stellung in der Welt auch anders gedacht werden.

Was Sie wissen sollten, wenn Sie Kapitel 4 gelesen haben:

- Sie sollten die Reform des Schulwesens in die sozialpolitischen Reformen in Preußen um 1800 einordnen können.
- Sie sollten die Unterrichtsstadien, die bildungstheoretische Fundierung der Bildungsreform Wilhelm von Humboldts und seiner Mitarbeiter sowie die Begründung für ein einheitliches Schulwesen kennen.
- Sie sollten einen Überblick über die Lernbereiche, die Humboldt vorschlägt, erworben haben und die Stellung der Spezialschulen der Berufsausbildung und die reformpädagogischen Neuerungen erklären können.
- Sie sollten Hegels Bestimmung der Schule als „mittlere Sphäre" und die „zweifache Existenz" des Schülers zwischen Familie und Gesellschaft nachvollziehen können.
- Sie sollten die Lösungsversuche Hegels für schulische Dilemmata beurteilen können.
- Sie sollten den von Hegel begrifflich gefassten Übergang von ständischer zur Bildungsselektion wiedergeben können.

Weiterführende Literatur

HUMBOLDT, W. V.: **Werke in fünf Bänden.**

HEGEL, G. W. F.: **Gymnasialreden**.

SCHILLER, H.-E. (1998): **Die Sprache der realen Freiheit. Sprache und Sozialphilosophie bei Wilhelm von Humboldt**. Würzburg. Eine sehr gute Einführung in das
nicht nur sprachphilosophische Denken Humboldts.

MENZE, C. (1975): **Die Bildungsreform Wilhelm von Humboldts.** Hannover
Der Band informiert über die Bildungsreform Humboldts.

SCHNÄDELBACH, H. (1999): **Hegel zur Einführung**. Hamburg. Eine der wenigen verständlichen und guten Einführungen in die Hegelsche Philosophie.

DÖRPINGHAUS, ANDREAS/POENITSCH, ANDREAS/WIGGER, LOTHAR (2006): **Einführung in
die Theorie der Bildung**. Darmstadt. Kapitel 7 stellt eine prägnante Einführung
in die Hegelsche Bildungskonzeption dar.

5 Die programmierte Schule – Schultheorie zwischen
   Reform und Restauration

5.1 Erziehung unter öffentlicher Mitwirkung

Auf die philosophische Professur an der Universität Königsberg, die Kant bis
1796 innehatte, auch wenn er formell erst 1801 ausschied, wurde 1808 Johann Friedrich Herbart (1776–1841) berufen. Die damaligen preußischen
Schulreformer verbanden vermutlich mit dieser Berufung die Hoffnung, mit
Herbart einen Philosophen und Pädagogen zu gewinnen, der sie in ihrem
schulpädagogischen Reformkurs unterstützen und sich wegen seines pädagogischen Interesses, das er 1806 in seinem pädagogischen Hauptwerk, die
„Allgemeine Pädagogik, aus dem Zwecke der Erziehung abgeleitet", dargelegt hatte, an den pädagogischen Reformbestrebungen:
– Aufbau eines umfassenden, qualifizierten Volksschulwesens,
– Neugestaltung des Gymnasiums,
– Umwandlung der Universitäten zu Stätten freier Forschung und Lehre
   stark beteiligen würde. Herbart hat nun zwar in diversen Beratungsgre-
mien im Rahmen dieser Reformbemühungen, die allerdings nach den Befreiungskriegen 1815 schnell durch die erstarkende Restauration zurückge-
drängt wurden, mitgewirkt und durch die Gründung eines pädagogischen
Seminars an der Universität Königsberg die Weichen für die Weiterentwicklung der Lehrerbildung gestellt, aber anders als die Theoretiker der Reform
geht Johann Friedrich Herbart nicht davon aus, dass der forcierte Aufbau
und die Reform des öffentlichen Schulwesens seiner Vorstellung von Erziehung gerecht wird.

Wenn er Erziehung als öffentliche Angelegenheit betrachtet, dann kann
sie für ihn nicht das Mittel zur Durchsetzung gesellschaftspolitischer Reformen sein, sondern muss ihren Zweck in sich selbst finden.

*Öffentliche
Erziehung als
Zweck*

„Denn niemals lernt derjenige eine Sache recht kennen, der damit anfängt, sie als
Mittel zu etwas anderem zu betrachten; und eben so wenig verstehn diejenigen sich
auf Erziehung, die, nachdem sie lange vorher mit staatskünstlerischen Theorien und
frommen Wünschen sich getragen hatten, und endlich aus Verzweiflung die Pädago-

gik – nicht etwan zur Hilfe rufen, – nein! eine neue Pädagogik erfinden wollen, so wie sie seyn müßte, und müßte seyn können, um für jene politischen Theorieen einen Strebepfeiler abzugeben." (Herbart 1888, S. 75)

Selbst wenn das staatliche Schulwesen gesellschaftlich notwendig ist, wie es Hegel aufzuweisen versuchte, ist es für Herbart dadurch noch nicht pädagogisch legitimiert. Seine schultheoretischen Gedanken dazu mitsamt ihren schulkritischen Konsequenzen entwickelt er in einer Rede aus dem Jahr 1810 mit dem Titel „Über Erziehung unter öffentlicher Mitwirkung", die allerdings erst nach seinem Tod 1841 veröffentlicht wurde.

Trennung von Politik und Pädagogik Mit der These, dass weder die Pädagogik zum Mittel der Politik, noch die Politik zum Mittel der Pädagogik gemacht werden darf, wendet sich Herbart dagegen, die je eigene Praxis der beiden eigensinnigen Handlungssphären politisch normieren oder pädagogisch reglementieren zu wollen.

Fertige und mögliche Vernunftwesen Aus dieser Differenz der politischen und pädagogischen Praxis gewinnt Herbart einen weiteren Einwand gegen eine politische Bestimmung der Aufgaben der Pädagogik, denn während die Idee des Staates „fertige Vernunftwesen" voraussetzt, die autonom handeln können, hat es die Pädagogik mit erst „möglichen Vernunftwesen" zu tun, die „nur allmählich heranwachsen" und „der Erziehung bedürfen, um vernünftige Menschen zu werden" (ebd., S. 78). Für Herbart folgt aus diesem Gedanken, dass, sobald die Politik in die Pädagogik hineinregiert, diese ihre Aufgabe, aus möglichen Vernunftwesen, wirkliche Vernunftwesen zu machen, nur noch so erfüllen kann, dass die Erziehung der Heranwachsenden fremden Zwecken untergeordnet wird. Der Weg von der Politik in die Pädagogik ist deshalb für Herbart verkehrt.

Entpolitisierung Herbart verkennt dabei, dass seine Entscheidung, Politik und Pädagogik zu trennen, die durchaus wissenschaftlich begründet sein mag, eine eminent politische Entscheidung ist, die dazu führt, dass Schule in ihrem Entstehungsprozess von den jeweils herrschenden gesellschaftlichen Mächten für ihre eigenen egoistischen Zwecke beansprucht werden kann.

Die staatliche Schule als Nothülfe Herbart arbeitet sich gleichwohl am gleichen Problem ab, das wir schon bei Hegel kennengelernt haben – nur jetzt nicht aus staatsphilosophischer, sondern aus pädagogischer Perspektive. Das Versprechen der bürgerlichen Gesellschaft war es ja, dass alle zu vernünftigen Menschen erzogen werden und sich gemäß eigener Leistung einen Platz in der Gesellschaft sichern können. Diese verbürgte Freiheit wird ihnen nun aber zugleich beschnitten, da es nur darum geht, im bürgerlichen Konkurrenzkampf „das Erlernte zu Markte" zu bringen und so teuer als möglich zu verkaufen. Wenn Schule unter öffentlicher Mitwirkung zum politischen Mittel wird, um die Heranwachsenden für einen begrenzten und zudem hierarchisch gegliederten Arbeitsmarkt zuzurichten, der trotz gleicher Leistung nicht allen offen steht, dann gerät sie in die Gefahr, statt der Erziehung des möglichen zum wirklichen Vernunftwesen die Heranwachsenden zu bloßen Qualifikationsbündeln auszubilden, über deren Wert oder Unwert allein der Markt und nicht ihr Leistungsvermögen entscheidet. Herbart geht so weit zu sagen, dass die Schule sonst zur Fabrik würde:

„und darum kann die Erziehung nicht wie in einer Fabrik arbeiten; sie muß jeden einzelnen vornehmen. Oder, wenn gleichwohl die Schulen bleiben, so bleiben sie als das, was sie sind, nehmlich als Nothhülfen, weil es soviele Zöglinge giebt, und so wenig Erzieher. Bleibt nun aber auch das Uebel, daß nicht einmal diese wenigen Erzieher zugleich Schullehrer sind, daß vielmehr die Schullehrer bloß nach Kenntnissen und nach derjenigen Art von Lehrgeschicklichkeit geschätzt und ausgesucht werden, die das einzelne mittheilt, ohne sich um seine pädagogische Zusammenwirkung mit dem Uebrigen zu bekümmern – alsdann freylich sind die Schulen nicht einmal Nothhülfen, sondern sie treten in völligen Gegensatz gegen die Erziehung, und sinken eben dadurch völlig zur alltäglichen Gemeinheit herab." (ebd., S. 77)

Auf den zu seiner Zeit gerade beginnenden Aufbau staatlicher Schulen reagiert also Herbart – dessen Konzeption erziehenden Unterrichts späterhin Heerscharen von Schülern erdulden und abertausende von angehenden Lehrern nachbeten mussten – nicht nur mit einer vehementen Kritik an der Verschulung von Erziehung und Unterricht, sondern auch mit einer Kritik an der Personalauswahl der Schulen, welche die wahren Virtuosen des Unterrichts durch nichts als Schulmänner ersetzt. *Kritik der Schule*

„Aber die Schule erweitert nicht, sie verengt vielmehr die pädagogische Thätigkeit; sie versagt die Anschließung an Individuen; denn die Schüler erscheinen massenweise in gewissen Stunden; sie versagt den Gebrauch mannigfaltiger Kenntnisse, denn der Lectionsplan schreibt dem einzelnen Lehrer ein paar Fächer vor, worin er zu unterrichten hat; sie macht die feinere Führung unmöglich, denn sie erfordert Wachsamkeit und Strenge gegen so viele, die auf allen Fall in Ordnung gehalten werden müssen." (ebd., S. 81)

Zwar wird in diesem Passus deutlich, dass Herbart nur wenig Einblick in den schulförmigen Unterricht hatte und auch nicht vorausahnte, welche Wirkungen ein flächendeckendes Schulwesen entfalten kann, zugleich kann er aber auch klarmachen, dass das Fatale des öffentlichen Schulwesens in der Vernachlässigung der Individuen liegt, die nur noch unter Gesichtspunkten der Nützlichkeit und der Verwertbarkeit der im Unterricht vermittelten Kenntnisse erzogen werden (vgl. BENNER 1995, S. 73). Herbart stellt stattdessen den bildsamen und zu erziehenden jungen Menschen in das Zentrum seiner Theoriebildung und nicht die Erfordernisse der bürgerlichen Gesellschaft, wie Hegel diese bestimmte. Herbart muss damit aber auch die Frage beantworten, wie die kognitive und moralische Entwicklung der Heranwachsenden so gewährleistet werden kann, dass deren Individualität nicht gefährdet wird und sie dennoch zu selbständig denkenden, selbstverantwortlich urteilenden und selbsttätig handelnden Menschen werden können. Dazu entwickelt er in seiner Hauptschrift „Allgemeine Pädagogik aus dem Zweck der Erziehung abgeleitet" aus dem Jahr 1806 seine Lehre vom erziehenden Unterricht und deren didaktische Umsetzung in der Formalstufentheorie.

Für Herbart ist Unterricht mehr als bloße Wissensvermittlung und Schulung kognitiver Fähigkeiten. Unterricht wird erst dann erziehend, wenn es gelingt, den Willen der Heranwachsenden so zu entwickeln, dass sie auf der Grundlage der erworbenen Kenntnisse zu handeln befähigt werden. Sie sollen also nicht nur das Richtige erkennen, sondern ebenso die Einsicht entwickeln, auch das zu wollen, was sie als richtig erkannt haben, und somit gleichermaßen kognitive und moralische Strukturen aufbauen. *Der erziehende Unterricht*

Formalstufentheorie   Diese Prätention, im Unterricht kognitive und moralische Entwicklung zusammenzubringen, ist die Grundlage für die Herbartsche Methodenlehre des Unterrichts, die ebenso berühmte, wie berüchtigte Formalstufentheorie. Herbart ging dabei davon aus, dass jedes Kind schon bestimmte kognitive Strukturen in den Unterricht mitbringt, die mit den neu im Unterricht zu lernenden Strukturen verknüpft werden müssen. Damit diese Verknüpfung vorhandener mit neuen Strukturen gelingt, soll der Unterricht in der Abfolge bestimmter Formalstufen erfolgen, im Wechsel von Vertiefung (Stufen der Klarheit und der Assoziation) und Besinnung (Stufen des Systems und der Methode).

Erziehender   Der Unterricht an den staatlichen Schulen kann für Herbart deswegen
Unterricht   kein auf die Individuen bezogener erziehender Unterricht sein, da durch die anstaltsförmige Organisationsform von Schulen der Unterricht auf bloße Wissensvermittlung zusammenschrumpft und die Schuldisziplin in den Vordergrund rückt. Erziehender Unterricht im Sinne Herbarts soll nicht an den organisatorischen Bedingungen von Schule ausgerichtet sein, sondern an den biografischen Erfahrungen und den Umgang der individuellen Schüler.

„Was für eine Lage, in welcher die feine Behandlung der Individuen nicht durch große Haufen von Knaben erdrückt, die Benutzung eines mannigfaltigen Wissens nicht durch vorgeschriebene Lehrpläne beschränkt, aber die Vielwisserey, welche man den Hauslehrern anzumuthen pflegt, erlassen, um für gründliches Studium einzelner Fächer, durch gelehrte Kenner dieser Fächer gehörig gesorgt würde." (ebd., S. 81)

Auch Herbart ist bei dieser Lagebestimmung – ähnlich wie Hegel – auf der Suche nach einem mittleren Verhältnis zwischen Familie und Staat. Er findet es aber nicht wie dieser im abstrakten Staat, sondern in den Städten und Kommunen als erster Vereinigung der Familien.

Der „freiberufliche"   Dort könnten sich Familien zusammenschließen, um einen erziehenden
Lehrer   Lehrer zu beschäftigen, der wie ein praktischer Arzt bei Gesundheitsfragen als freiberuflicher Lehrer bei Erziehungsfragen der Familien tätig wird.

„Mehrere Familien könnten sich vereinigen, einem solchen Erzieher den größten Theil seiner Einnahmen zu sichern, ohne ihn darum ganz an sich zu binden. Noch besser würde der Erzieher selbst die Familien verbinden, die sammt ihren Kindern für eine gemeinsame Besorgung der Jugendbildung sich paßten. Bey weitem nicht alles würde der Erzieher selbst lehren; er würde Gesprächsstunden halten und die schriftlichen Uebungen leiten, von den Wissenschaften aber das Meiste den öffentlichen Schulen, indem er nur bestimmte, welche Schulstunden seine Anvertrauten zu besuchen hätten. Die Schulen würden alsdann Verzicht darauf thun, an einen streng zusammenhängenden Lehr-Cursus jeden ihrer Schüler zu binden." (ebd., S. 82)

Zwischen privatem Hauslehrer und beamteten Staatslehrer angesiedelt und „so als Communal-Angelegenheit betrieben, würde die Erziehung zugleich öffentlich und häuslich sein, und die vielbesprochenen Vortheile der einen und der andern Art vereinigen" (ebd.). Freilich war schon 1810, als Herbart seine Gedanken über Erziehung unter öffentlicher Mitwirkung vortrug und die Verschulung aller Lebens- und Lernbereiche erst ihren Anfang nahm, abzusehen, dass wegen der sozialen und ökonomischen Entwicklungen in Preußen und Deutschland der Alternativvorschlag Herbarts nicht zu realisieren war. Aber solange Schule nur aus den Zwecken der Gesellschaft und der Ökonomie gedacht wird und nicht aus dem Zweck der Erziehung selbst, „muss fraglich bleiben, ob eine pädagogische Theorie der Schule überhaupt möglich ist" (BENNER 1995, S. 79).

5.2 Die politische und pädagogische Restaurationszeit

Die liberalen Ideen, wie sie in aller Unterschiedlichkeit Humboldt, Hegel und Herbart zu Beginn des 19. Jahrhunderts formulierten, wurden nach und nach durch konservatives Gedankengut ersetzt, das eine Frontstellung sowohl gegen die Ideen der Aufklärung als auch den bürgerlichen Liberalismus verband.

„Den gesellschaftlichen Forderungen nach individueller und gesellschaftlicher Freiheit setzte der Konservatismus der Restaurationszeit programmatisch die Begriffe Ordnung und Autorität entgegen. Auf der Grundlage einer pessimistischen Anthropologie, … galt die liberale Entfesselung des einzelnen wie der Gesellschaft nicht als Voraussetzung historischen Fortschritts, sondern als Bedrohung menschlichen Zusammenlebens." (BAUMGART 1990, S. 90)

Dem liberalen Gedanken, dass die Schule jedem Schüler die Gelegenheit eröffnen sollte, durch eigene Leistung seine soziale Stellung in einer offenen Wettbewerbsgesellschaft zu erwerben, wurde mit dem Rückgriff auf vormoderne ständische Gesellschaftsstrukturen, eine diesen entsprechende Schule und die Wiederbelebung traditionaler moralischer Wertorientierungen wie Gehorsam, Pflichterfüllung, Selbstgenügsamkeit begegnet. Die Schule soll diese traditionelle feudale agrarisch-handwerkliche Ständegesellschaft in das Bewusstsein der beschulten Generation indoktrinieren und durch religiöse Unterweisung, zumindest in der Volksschule, mit der Erfahrung realer Ungleichheit aussöhnen. Auch wenn es zwar schon während der Reformära zu einer Auseinanderentwicklung der „höheren" und „niederen" Schulen gekommen war, so wurde diese „institutionelle Absonderung" nun bewusst betrieben und auf alle Aspekte des Schulehaltens ausgedehnt (HERRLITZ u.a. 1993, S. 37).

Die auf Reform des Schulwesens drängenden Denkansätze, wie sie etwa von Adolph Diesterweg (1790–1866), einem der eloquentesten Vertreter des Volkschullehrerstandes, vertreten wurden, waren bald verpönt. Diesterweg teilte mit den „Klassikern" pädagogischer Theoriebildung die Auffassung, dass der Mensch zu eigenständigem Denken und zur Urteilsbildung zu erziehen sei. Dazu müssten allerdings auch die Erzieher selbst denkende und handelnde Menschen sein. Seine bildungspolitische Intention war es daher, die Stellung des Lehrers zu verbessern und die kirchliche Aufsicht über Schule und Unterricht zu lockern, was für ihn nur über eine Demokratisierung der Gesellschaft insgesamt zu bewerkstelligen war. Er sah die Volksschule deshalb durch den Konflikt zwischen der „alten" und der „neuen" Schule gekennzeichnet (vgl. HERRMANN 1990, S. 4).

Adolph Diesterweg

Da Diesterweg diese Positionen vehement auch politisch vertrat, wurde er 1847 aus dem Schuldienst entlassen. Drei Jahre später wurde er ohne Bezüge pensioniert.

*Scheitern der
Revolution von 1848
und monarchische
Reaktion*
Somit war nach dem Scheitern der bürgerlichen Revolution von 1848 an einen aufgeklärten Volksschulunterricht in Deutschland für mehr als ein halbes Jahrhundert nicht mehr zu denken. Die Rede, die Wilhelm IV. von Preußen vor den als liberal verschrieenen und aufgeklärten Gedanken nicht abgeneigten Seminardirektoren und -lehrern im Februar 1849 hielt, lässt an Verbalradikalismus nichts zu wünschen übrig und macht deutlich, dass der feudale Monarchismus weiß, wem er die aufrührerischen Gedanken zu verdanken hat, und dass er kompromisslos dagegen vorgehen wird.

„All' das Elend, das im verflossenen Jahr über Preußen hereingebrochen, ist Ihre, einzig Ihre Schuld, die Schuld der Afterbildung, der irreligiösen Menschenweisheit, die Sie als echte Weisheit verbreiten, mit der Sie den Glauben und die Treue in dem Gemüthe Meiner Unterthanen ausgerottet und deren Herzen von Mir abgewandt haben. Diese pfauenhaft aufgestutzte Scheinbildung habe ich schon als Kronprinz aus innerster Seele gehaßt und als Regent Alles aufgeboten, um sie zu unterdrücken. Ich werde auf dem betretenen Wege fortgehen, ohne Mich irren zu lassen; keine Macht der Erde soll Mich davon abwendig machen. Zunächst müssen die Seminarien sämmtlich aus den großen Städten nach kleinen Orten verlegt werden, um den unheilvollen Einflüssen eines verpesteten Zeitgeistes entzogen zu werden. Sodann muß das ganze Treiben in diesen Anstalten unter die strengste Aufsicht kommen. Nicht den Pöbel fürchte Ich, aber die unheiligen Lehren einer modernen frivolen Weltweisheit vergiften und untergraben Mir Meine Bureaukratie, auf die bisher Ich stolz zu sein glauben konnte. Doch so lange Ich noch das Heft in Händen führe, werde Ich solchem Unwesen zu steuern wissen." (Wilhelm IV. zitiert nach SCHEPP/HEIN-HERMANN 1973, S. 313 f.)

Ihre klarste Umsetzung fand diese Vorstellung in den sogenannten Stiehlschen Regulativen des Ministerialbeamten Ferdinand Stiehl aus dem Jahr 1854, die dem „Prinzip einer strikten Bildungsbegrenzung" das Wort redeten (HERRLITZ u.a. 1993, S. 60). Für die Volksschule nahm dies geradezu den Charakter von Lernverboten an:

„Die ‚sogenannte klassische Literatur' soll selbst von der Privatlektüre der Zöglinge ausgeschlossen bleiben; dagegen findet Aufnahme, was nach Inhalt und Tendenz kirchliches Leben, christliche Sitte, Patriotismus und sinnige Betrachtung der Natur zu fördern, und nach seiner volkstümlich anschaulichen Darstellung in Kopf und Herz des Volkes überzugehen geeignet ist." (1. Regulativ, S. 30, zit. n. HERRLITZ u.a. 1993, S. 62).

Für die Lehrer erübrigt sich insofern „alles, was bisher unter der Bezeichnung ‚Pädagogik, Didaktik, Katechetik, Anthropologie, Psychologie u.s.w.' gelehrt worden ist, überhaupt keine ‚Abstraktionen', kein ‚System', keine ‚Kritik', sondern eine praktische ‚Schulkunde', deren allgemeine Grundsätze am besten der Bibel zu entnehmen sind" (1. Regulativ, S. 12/13, ebd.). Gleichzeitig wird der staatliche Einfluss zugunsten des kirchlichen Einflusses auf die Schule zurückgenommen.

5.3 Die Schulpädagogik der Herbartianer

Herbartianismus
Während Herbarts Schultheorie und -kritik – ebenso wie seine Vorstellung des Unterrichts – während seiner Lebenszeit weitgehend im Schatten der Hegelschen Philosophie unbeachtet blieben, gewinnt die entpolitisierte Päd-

agogik Herbarts genau in der nachrevolutionären schulpolitischen Situation an Einfluss. Während der klärende Schein der Hegelschen Systemtheorie verblasste, begann die Wirkung der Herbartschen Pädagogik somit erst zwei Jahrzehnte nach seinem Tod. Die sogenannten Herbartianer wie etwa Karl Volkmar Stoy (1815–1885), Tuiscon Ziller (1817–1882), Otto Willmann (1839–1920) oder Wilhelm Rein (1847–1929) errangen in der zweiten Hälfte des 19. Jahrhunderts als Begründer einer wissenschaftlich fundierten Theorie des Unterrichts und seiner Vorbereitung internationale Reputation. Wenngleich sie in der neueren pädagogischen Geschichtsschreibung weitgehend als unrühmliche Epigonen des Klassikers Herbart und ihre Pädagogik gar als „Sündenfall" einer bloßen „Technik des Lektionenhaltens" gelten, reicht der Einfluss des Herbartianismus teilweise bis in die Gegenwart hinein (vgl. Meyer 1987, S. 170). Die Pädagogik des Herbartianismus war aber

„die Pädagogik des frühen und mittleren Kaiserreichs, protestantisch, national und wissenschaftlich eigenständig. Sie legitimierte unter diesem Vorzeichen die pädagogische Notwendigkeit ‚sittlicher' Erziehung … unter Einbeziehung der schulischen Ordnung." (Oelkers 1989b, S. 83)

Kontrolle im Unterricht

Mit ihrer Weise der Aneignung der Pädagogik Herbarts reagierten die Herbartianer auf eine Frage, die jede Organisationsform von Lehren und Lernen betrifft, nämlich: Wie kann das Wissen über einen Sachverhalt unter den Bedingungen eines nicht teilweisen, sondern flächendeckend durchgesetzten schulförmigen Unterrichts so vermittelt werden, dass seine Darstellung durch die Lehrkraft für Schüler optimal fasslich und verständlich wird? Sie favorisierten dabei den lehrerzentrierten Unterricht, der es ermöglicht, dass der Lehrer stets die Kontrolle und die Definitionsmacht über das Unterrichtsgeschehen behält, indem er entscheidet, welche inhaltlichen Themen klassenöffentlich eingeführt, aufgegriffen, beibehalten oder fallengelassen werden, und bestimmt, auf welche Lerninhalte sich die Aufmerksamkeit der Schüler ausrichten soll. Zwar gerät ihnen in ihrer immer ausgefeilteren Lern-Matrix zunehmend der individuelle Schüler, den Herbart im Blick hatte, aus dem Blickfeld, aber sie sind sicherlich nicht nur die reinen Kärrner im pädagogischen Weinberg Herbarts, die den originalen Herbart verfälschten, wie es die gängige Einschätzung ihrer didaktischen Bemühungen meint, sondern sie reagierten auf eine veränderte soziale und schulische Situation.

„Das Besondere an Zillers Projekt", kann daher Jürgen Oelkers in „Die große Aspiration" über die Aneignung Herbartscher Gedanken durch Tuiscon Ziller schreiben, „besteht darin, daß er nicht etwa Herbarts Konzepte verfälschte, sondern sich dort nur Ideen und Begriffe auslieh, um auf eine ganz andere Sachlage reagieren zu können. Nicht mehr das Lernen des Schülers steht im Mittelpunkt der Problembestimmung, sondern das Handeln des Lehrers, weil die Pädagogik sich, anders als zur Zeit der Abfassung von Herbarts ‚Allgemeiner Pädagogik', von der Schule und ihren methodisch-didaktischen Problemen her verstand." (Oelkers 1989a, S. 90)

Erfolg und Kritik des Herbartianismus

Die Pädagogik Herbarts und seiner Nachfolger konnte wohl nicht zuletzt deswegen in der Mitte des 19. Jahrhunderts reüssieren, weil sie – positiv ausgedrückt – offen war für Anschlüsse und sich den veränderten sozialhistorischen Bedingungen in der Zeit des Hochkapitalismus anschmiegen konnte. Kritischer gesagt besteht ihr Erfolg darin, dass sie einigermaßen triviale schulische Sachverhalte mit den Weihen einer wissenschaftlich klingenden Sprache verbrämt und den je statthabenden Unterricht mit seinen traditionellen Ritualen und strukturellen Zwängen mit Binsenweisheiten pädagogischer Praxis verziert. Die Tristesse des Unterrichtsgeschehens wird so mit einer scheinbar wissenschaftlichen Reflexion verklärt, die zugleich den Anschein von Praxisnähe erweckt. (vgl. Tischer 1999, S. 167f.).

Reformpädagogische
Kritik an Herbart
Dieses Elend der realen Schule ist der Ansatzpunkt für eine immer lauter werdende Schulkritik. Immer wieder wurde im Verlauf des 19. Jahrhunderts beklagt, dass die herbartianische Pädagogik zum Einfallstor für öden Grammatikdrill und sture Auswendiglernerei fernab jeder individuellen Bildung wurde. Während die Schüler auf dem Gymnasium durch angestrengte Pflichtarbeit von ‚politischer Schwärmerei' abgehalten werden sollten, wurde den Schülern auf den Volksschulen, die als minderbegabt und minderbemittelt galten, jegliche weiterführende Bildung verwehrt (vgl. Friedeburg 1989, S. 165). Auf diese Weise sollte zum einen der Charakter einer Eliteanstalt, aus der sich die zukünftigen Staatsbeamten rekrutieren, ebenso bewahrt werden, wie zum anderen eine staatsfromme Obrigkeitshörigkeit gefördert wurde.

Konstruktionsfehler
der Theorie aus
reformpädagogischer
Sicht
Die Reformpädagogik stellte zur Jahrhundertwende diese Form der Pädagogik auf dem Prüfstand und bemängelte vor allem zwei Konstruktionsfehler der schultheoretischen Konzeption Herbarts und des Herbartianismus. Paul Natorp (1854–1924) kritisierte in seiner Prüfung der Unterrichtslehre Herbarts,

„daß die ‚Bildung des Gedankenkreises' selbst, sowie Herbart sie darstellt, nur Bearbeitung von außen, nicht Entwicklung von innen, nicht selbstschöpferische Leistung des Zöglings ist, welche die äußere Hülfe des Erziehers nur zu befreien, vor Störungen und Ablenkungen zu behüten, und so in der durch ihr eigenes Gesetz bestimmten Bahn zu erhalten die Aufgabe hätte." (Natorp 1907, S. 452f.)

Während Natorp der Pädagogik Herbarts also vorhielt, dass sie trotz aller Beschwörung der Individualität nicht individuell genug sei, damit sich die selbstschöpferische Leistung des Schülers entfalten könnte, wurde der Theorie des erziehenden Unterrichts, wie sie Herbart und seine Apologeten vertraten, von Siegfried Bernfeld (1892–1953) aus schultheoretischer Perspektive ihre Blindheit gegenüber der Schulwirklichkeit entgegenhalten (vgl. Kapitel 6).

Was Sie wissen sollten, wenn Sie Kapitel 5 gelesen haben:

- Sie sollten Herbarts Trennung einer pädagogischen und einer politischen Begründung von Schule und Unterricht sowie sein Argument für staatliche Schulen als Nothilfe wiedergeben können.
- Sie sollten die Begriffe „erziehenden Unterricht" und „Formalstufentheorie" sowie Herbarts Vorstellung des Lehrerberufs erläutern können.
- Sie sollten den Unterschied zwischen „alter" und „neuer" Schule kennen, wie er von Diesterweg formuliert wird.
- Sie sollten den Erfolg des Herbartianismus in die Sozialgeschichte des 19. Jahrhunderts einordnen und die Kritik am Herbartianismus nachvollziehen können.

Weiterführende Literatur

HERBART, JOHANN FRIEDRICH: **Pädagogische Schriften. Kleinere Pädagogische Schriften**. Erster Band und: **Pädagogische Schriften. Pädagogische Grundschriften**. Zweiter Band. Die beiden Bände enthalten die grundlegenden Schriften Herbarts zu seinen pädagogischen Vorstellungen und seiner Schultheorie. Alle Schriften Herbarts finden sich in den in chronologischer Reihenfolge 1888 von Karl Kehrbach herausgegebenen Bänden „Joh. Fr. Herbart's Sämtliche Werke". Im zweiten Band findet sich eine fundamentale Kritik an Herbarts Allgemeiner Pädagogik von Reinhold Bernhard Jachmann aus der Jenaischen Allgemeinen Litteraturzeitung von 1811, in der aus der Perspektive seines Lehrers Kant die Herbartsche Pädagogik kritisch geprüft wird.

HERBART, JOHANN FRIEDRICH: **Systematische Pädagogik**. Band 2: Interpretationen. Hg. von Dietrich Benner. Weinheim 1997. Dietrich Benner untersucht die Pädagogik Herbarts auf ihren Gehalt und ordnet sie sozialhistorisch ein.

TISCHER, MICHAEL: **Herbart und die Folgen. Studien zur Genese der Allgemeinen Pädagogik und Didaktik**. Wetzlar 1999. Michael Tischer greift die erste Kritik von Jachmann auf und kritisiert vor allem die enigmatische Schreibweise Herbarts, die seine Werke zu einem Steinbruch machten, mit dem pädagogisch alles und nichts begründet werden kann.

6 Schule an der Wende zum 20. Jahrhundert zwischen Autonomiepostulat und Grenzen der Erziehung

Etwa 100 Jahre nach Humboldts Proklamation der Schule als staatliche Veranstaltung – und den damit initiierten, allerdings weitenteils vergeblichen Reformwerken – kommt es in der Pädagogik zu einer neuerlichen, internationalen Reformbewegung. Anders als die „Revolution von oben" in Preußen geht die um 1900 entstehende Reformbewegung von der Basis oder zumindest einem Teil davon aus. Diese steht im Zeichen der Kulturkritik, und sie entzündet sich vor allem in der Kritik an der, entgegen Humboldts Intentionen, durch den Herbartianismus formalistisch geprägten Schule.

Um zu verstehen, wie es zu einem Aufbruch in Schule und Pädagogik kommen konnte, sei die Zeit der Jahrhundertwende schlaglichtartig dargestellt.

6.1 Jahrhundertwende

Die europäischen Staaten haben sich im Laufe des 19. Jahrhunderts zu Nationalstaaten entwickelt, in Deutschland war nach dem Krieg 1870/71 das Zweite Kaiserreich gegründet worden. Es ist das Zeitalter des Hochimperialismus, die europäischen Staaten einschließlich Russland, wie auch die USA, errichten rund um den Globus Kolonien, insbesondere Afrika ist unter den europäischen Staaten nahezu komplett aufgeteilt.

Das 19. Jahrhundert ist geprägt durch die Industrialisierung und der damit einhergehenden Proletarisierung großer Bevölkerungsschichten, was Umwälzungen in der Gesellschaftsstruktur nach sich zieht. Die Naturwissenschaften, namentlich die Chemie, sowie innerhalb der Physik die Elektrizitätslehre und die Thermodynamik, haben einen atemberaubenden Erkenntnisfortschritt erreicht. Biologie und Medizin lösen sich ebenfalls allmählich von einer Naturphilosophie und werden empirisch arbeitende Naturwissenschaften.

Sturz tradierter Weltbilder

Dieser Entwicklungsschub bringt zum Ende dieses Jahrhunderts Weltbilder und Sichtweisen ins Wanken, Traditionen und Autoritäten werden radikaler gestürzt, als es ein in Konventionen erstarrendes (England) oder autoritäres (Deutschland, K.-u.-k.-Monarchie, Russland) politisches System vermuten ließe.

Die Kategorien von Raum, Zeit und Materie – ja selbst die Kausalität – werden durch Einsteins Relativitätstheorien und die moderne Quantenphysik grundlegend erschüttert. Die Evolutionstheorie Charles Darwins, 1858 erschienen, brachte die christliche Vorstellung der Gottesebenbildlichkeit des Menschen ins Wanken. Die Psychoanalyse, von Sigmund Freud in den Jahren um 1900 begründet, setzte dem Glauben ein Ende, der Mensch handele autonom und bewusst; vielmehr werden wir Menschen von unbewussten psychischen Instanzen gesteuert, welche dem bewussten Denken weitgehend verborgen sind und darüber hinaus Ursache für psychische Erkrankungen sein können. Freud selbst sprach – Stichwort Jahrhundertwende – von Kränkungen: „… große Kränkungen ihrer naiven Eigenliebe hat die Menschheit im Laufe der Zeiten von der Wissenschaft erdulden müssen" (vgl. Freud 1917, S. 294–295). Die erste ist die Kopernikanische Revolution – die Erde steht nicht mehr im Zentrum des Weltalls. Die zweite besteht in Darwins Evolutionstheorie, diskutiert nur gegen „das heftigste Sträuben der Zeitgenossen".

Schließlich: „Die dritte und empfindlichste Kränkung aber soll die menschliche Grössensucht durch die heutige psychologische Forschung erfahren, welche dem Ich nachweisen will, daß es nicht einmal Herr ist im eigenen Hause, sondern auf kärgliche Nachrichten angewiesen bleibt von dem, was unbewusst in seinem Seelenleben vorgeht" (ebd.).

Es kam aber auch in Kunst, Musik und Literatur zu einem ungeahnten Aufbruch. Malerei und Bildhauerei lösen sich über Impressionismus und Expressionismus von konkreten Weltbezügen und werden „abstrakt" (man denke an Monet, Munch und Picasso). In der Musik werden immer neue Kompositionsmöglichkeiten erprobt (Wagner, Mahler, Strawinsky – dessen „Sacre du Prinstemps" 1913 eine Schlägerei im Publikum auslöste –, Richard Strauß), welche schließlich zur Zwölfton-Musik Schönbergs führen. In der Literatur setzt sich mit der „Décadence" eine Epoche durch, in welcher eine anti-naturalistische, subjektivistische, alles Bürgerliche ablehnende Perspektive entsteht (Baudelaire, Rimbaud, Oscar Wilde, d'Annunzio, Rilke …). Im Dadaismus schließlich ist der Glaube an das Schöne, Gute und Wahre endgültig ins Absurde gewendet.

Selbst im Design setzt sich international eine neue Tendenz durch, welche mit dem strengen Klassizismus und dessen Zentralperspektive brach – der Jugendstil.

Rolle der Philosophie

Kurzum, eine Phase des Bruchs mit festgefügten Weltbildern auf allen Ebenen. Die Rolle der Philosophie ist dabei gespalten. Auf der einen Seite gibt es nach dem Ende der Aufklärung und ihrer großen Systeme, d.h. nach der Epoche von Kant und Hegel (s.o.), eine Suche nach festem Boden – vor allem angesichts der rasanten Erfolge der Naturwissenschaften, welcher die neu entstehenden Disziplinen Psychologie und Soziologie nacheifern. Hier ist der Neukantianismus zu verorten ebenso wie die Versuche der Begründung einer Geisteswissenschaft durch Wilhelm Dilthey. Auf der anderen Seite sucht eine latente Unzufriedenheit mit dem Wandel der Zeit, der zunehmenden Entfremdung in einer beschleunigten Gesellschaft und den Brüchen einer dynamisch gewordenen Sozialstruktur nach Ausdruck.

6.2 Friedrich Nietzsche

Von der „Umwertung aller Werte" sprach Friedrich Nietzsche. Nietzsche (1844–1900) war, wenn man so will, der Elefant im Porzellanladen der zeitgenössischen Philosophie wie der bürgerlichen Selbstgewissheit. Mit großer Sprachgewalt zertrümmert er die philosophischen Gebäude von Kant und Hegel sowie jede Form bürgerlicher Doppelmoral. Sein eigenes Leben hat dabei tragische Züge. Er studierte klassische Philologie und wird im Alter von 25 Jahren Professor in Basel. Geschult an Arthur Schopenhauer, dessen Kategorien von Willen und Mitleid, entwickelt er ein radikales, neues philosophisches Denken, in dessen Zentrum die Kritik am „Philistertum" steht, d.h. an erstarrten Konventionen, an sozialen Verhältnissen, die den Menschen von sich entfremden und wahre Individualität verhindern. Nietzsches bekanntester oft zitierter Satz „Gott ist tot" ist dabei weniger blasphemisch gemeint als vielmehr Diagnose einer Zeit, in der es faktisch keine Erlösung, keine akzeptable Moral und kein gutes Leben gibt. Nietzsches Perspektive war die „Umwertung aller Werte", das Einsetzen des Rechts des Individuums, ein an die Leiblichkeit des Menschen und an die Gegenwart gebundene Ethik des „Über-Menschen".

Umwertung aller Werte

Eine seiner ersten kritischen Betrachtungen galt gerade dem Bildungssystem. 1872 hielt Nietzsche in Basel eine Reihe von Vorträgen „Über die Zukunft unserer Bildungsanstalten" (vgl. NIETZSCHE 1980, S. 641–763; in dieser Reihe auch ausführlicher in: DÖRPINGHAUS u.a. 2006, S. 94ff.), in welchen er die zeitgemäße Bildung verwarf. Diesen Bildungsanstalten hielt er vor, eine Bildung zu vermitteln, die von den Humboldtschen Idealen, d.h. von den Idealen einer Bildung zur Selbstbestimmung, völlig abgekommen ist, in denen Bildung vielmehr zu einer Ware verkommt und anderen Interessen geopfert wird, namentlich der Ökonomie, der politischen Machterhaltung und der wissenschaftlichen Spezialisierung.

Über die Zukunft unserer Bildungsanstalten

„Das heißt eben doch nur: die Menschen sollen zu den Zwecken der Zeit abgerichtet werden, um so zeitig als möglich mit Hand anzulegen; sie sollen in der Fabrik der allgemeinen Utilitäten arbeiten, bevor sie reif sind, ja damit sie gar nicht mehr reif werden – weil dies ein Luxus wäre, der ‚dem Arbeitsmarkte' eine Menge Kraft entziehen würde." (NIETZSCHE 1988: Unzeitgemäße Betrachtungen II, KSA, Bd. 1, S. 299)

Wer käme dabei auf die Idee, an der Aktualität von Nietzsches Diagnose zu zweifeln? Nietzsche ist der Kronzeuge jeder Kulturkritik, weil keiner so sprachgewandt, scharfsinnig und auch unerschrocken die Doppelbödigkeit von Kultur und Moral anprangerte. Für die Generation derjenigen, welche ab 1890 auf der Suche nach neuen Maßstäben außerhalb der erstarrten wilhelminischen Gesellschaft waren, war Nietzsche der wichtigste Bezugspunkt. Nietzsches Rezeption im 20. Jahrhundert bis heute ist wiederum selbst mit vielen Brüchen behaftet. Auf der einen Seite ist er Impuls für die Lebensphilosophie nach 1900, für den Existentialismus und für die sogenannte Postmoderne der 80er Jahre, etwa Michel Foucault. Gleichzeitig waren sein Über-Mensch-Ideal und seine anti-aufklärerische Haltung ideologisches Unterfutter des Nationalsozialismus. Das Denken der Moderne kommt wohl nicht darum herum, sich an Nietzsche abzuarbeiten (vgl. HABERMAS 1985).

6.3 Dilthey und die Begründung der Geisteswissenschaften

Einen ganz anderen Weg ging Wilhelm Dilthey. Diltheys (1833–1911) Lebenswerk bestand in der Suche nach einer gesicherten Methode für diejenigen wissenschaftlichen Felder, welche sich naturwissenschaftlicher Beobachtung und dem Experiment – kurz, einer positivistischen Betrachtungsweise – entziehen, d.h. Geschichte und Sprache, im Allgemeinen alle systematischen Wissenschaften vom Menschen, also auch Psychologie und Pädagogik. Dilthey stand unter dem aus philosophischer Sicht schockierenden Eindruck der expandierenden Naturwissenschaften und dem Zusammenbruch der Systeme Kants und Hegels. Ganz anders als Nietzsche, der dem „Nutzen … der Historie für das Leben" sehr skeptisch gegenüber stand, weil der Vergangenheitsbezug das eigentliche Leben erdrücke (vgl. NIETZSCHE ebd.), lautet Diltheys Credo: „Was der Mensch sei, erfährt er nur durch die Geschichte." Er wird damit zum Begründer dessen, was heute ganz geläufig als „Geisteswissenschaft" bezeichnet wird. Dilthey ist vom Vorbild der exakten Methodik in den Naturwissenschaften ausgegangen. Bemerkenswerterweise aber ist der Ausdruck „Geisteswissenschaften" vor allem gegen die aus seiner Sicht unzureichende Methodik der Philosophie gerichtet; diese ist demnach keine Geisteswissenschaft!

Worin besteht die neue Methodik?

Hermeneutik als Methode

Sie besteht in der regelgeleiteten, das Vorverständnis kritisch miteinbeziehenden Interpretation von Texten bzw., allgemeiner ausgedrückt, der „Objektivationen des Menschen", d.h. Interpretation auch der sozialen Praxis. Die Lehre der Interpretation wird, zurückgehend auf den antiken Götterboten Hermes, als Hermeneutik bezeichnet. Deren Ziel ist das Verstehen, d.h. das Rückbinden der Bedeutung historischer Produkte an die subjektive Lebenswelt und an die Gegenwart, im Gegensatz zum „Erklären" der Naturwissenschaften. Verstehen ist dabei kein linearer Prozess, sondern wechselt zwischen Vorverständnis, d.h. gewissermaßen der Geschichtlichkeit des Interpreten selbst, und neu hinzugewonnenem Verständnis. Dilthey spricht daher vom „hermeneutischen Zirkel". Er bringt damit die Geschichte für die

Gegenwart zur Geltung und begründet den Anspruch der Geisteswissenschaft, übergreifend gültige Aussagen zu formulieren.

Dilthey hat sich als Philosophie-Professor, der er ab 1882 in Berlin war, explizit mit Pädagogik und Schule beschäftigt. Dies hat seinen besonderen Grund darin, dass er sein Postulat der Geschichtlichkeit in vielen Wissenschaften bereits verwirklicht sah, vorneweg in den Philologien und in der erstarkenden Geschichtswissenschaft – die zweite Hälfte des 19. Jahrhunderts ist durch den Historismus geprägt, welcher in Diltheys Fundierung der Geisteswissenschaft eine Legitimation findet. In der herbartianisch geprägten Pädagogik dieser Zeit allerdings war, Dilthey zufolge, von einer geisteswissenschaftlichen Methodik nichts zu bemerken. Dies gilt insbesondere für die Frage der Bildungs- und Erziehungsziele. Wurden diese von den Herbartianern gesetzt, so ist Diltheys Standpunkt, dass historisch konkrete Erziehungsziele durch hermeneutische Analyse nur jeweils rekonstruiert werden können, d.h. der allgemeine Geltungsanspruch der Herbartianer wird in Frage gestellt. Damit plädiert Dilthey gewissermaßen für eine Modernisierung der Pädagogik als einer methodisch gesicherten, geisteswissenschaftlichen Pädagogik (vgl. DILTHEY 1971).

Pädagogik als Wissenschaft

Spätestens seit dieser Zeit ist Pädagogik auch geprägt durch eine immer wieder auflebende Methoden-Diskussion. Auch wenn unterdessen die Argumente nicht mehr so scharf ausgetragen werden wie in den 70er Jahren, so ist die Frage der Methoden, insbesondere das Verhältnis quantifizierend-statistischer auf der einen und hermeneutisch-interpretierender auf der anderen Seite, immer wieder neu zu bestimmen (zu dieser Diskussion siehe auch Kapitel 9).

Interessanterweise hat auch Dilthey in seinen frühen Schriften nach Konstanten im geschichtlichen Wandel gesucht. Er macht diese im menschlichen Seelenleben fest und spricht von einer Teleologie, einer Zielgerichtetheit des Seelenlebens. In der modern werdenden, arbeitsteiligen Gesellschaft ist es dabei für Dilthey die Aufgabe der Erziehung und insbesondere der Schule, einerseits jedem Menschen zur Selbstentfaltung zu verhelfen und dabei andererseits die Leistungskraft der Gesellschaft zu steigern. Für Dilthey stellte dies kein Problem dar, da nämlich gerade die arbeitsteilige Gesellschaft es ermöglichte, dass jeder einen seinen Interessen gemäßen Beruf ergreifen könne. Diese Interessen zu entdecken und auszubilden sei die eigentliche Aufgabe eines noch aufzubauenden Schulsystems. Die eigentliche Aufgabe des Staates in Bezug auf Schule sah er aber weniger in einer äußeren Schulreform, sondern darin, Bedingungen für eine innere Schulreform, für die „stetige schwere pädagogische Arbeit" zu schaffen (vgl. DILTHEY 1971, S. 121). Dabei sollte der Staat, hier knüpft Dilthey an Humboldt an, eine weitere Funktion übernehmen: Er sollte Öffentlichkeit schaffen, indem er durch die Schulen eine Vorbildfunktion für die private Erziehung übernimmt und Beispiele gelingender Erziehung gibt. Ein Gedanke, der in den heutigen Debatten um „schlanken Staat" und Selbstevaluation der Schulen einen gewissen Reiz hat.

Äußere und innere Schulreform

Diltheys Einfluss auf die deutsche Pädagogik ist kaum zu unterschätzen. Er ist schulbildend in dem Sinne, dass sich unter Berufung auf ihn Pädagogik von einer bloßen Praxislehre entfernt und nach Wissenschaftlichkeit strebt. Dies aber, wenn man die Vertreter der sich neu gründenden Geisteswissenschaftlichen Pädagogik betrachtet, nicht ohne den Umweg über die Praxis selbst – die Reformpädagogik.

6.4 Die Praxis der Reformpädagogik ...

Die Phase der Reformpädagogik, auch Reform- oder Jugendbewegung genannt, beginnt um die Jahrhundertwende, ihr Ende wird meist auf 1933 datiert. Damit wird eine sehr heterogene Bewegung umrissen, die hier nicht ansatzweise gesamthaft dargestellt werden kann (siehe Abbildung mit den wesentlichen Schlagworten).

Allen Einzelbewegungen – ex negativo – gemeinsam ist die massive Kritik an der herbartianisch-wilhelminisch geprägten Schule. Dem entspricht eine Abwendung von dieser in andere, freiere Reformschulen, z.B. die heute noch geläufigen bzw. erstarkten Waldorf- oder Montessorischulen, aber auch die Landerziehungsheime oder die Volkshochschulbewegung und etliche andere Reformversuche. Theaterstücke wie „Frühlingserwachen" von Wedekind oder Erzählungen wie Musils „Törleß" drücken das Unbehagen mit der „alten" Schule aus.

Pädagogik vom Kind aus — Abwendung aber auch zur Jugendbewegung, raus aus den Schulen, weg von Lehrern und Erwachsenen, Jugend, so ein Wahlspruch, solle durch Jugend geführt werden; die Bündische Jugend wie auch die Arbeiterjugendbewegung entstehen in diesen Jahren. Die Pädagogik sollte eine „Pädagogik vom Kinde aus" werden, der Eigenwert der Kindheit wurde unter Anknüpfung an Rousseau proklamiert. Initialpunkt für diese Bewegung war bemerkenswerterweise die Kunst. In der Kunsterziehungsbewegung wurde eine Neugründung der Schule aus dem Geist der Kunst, der Selbsttätigkeit des schaffenden Künstlers gefordert. Hier wird deutlich, dass die gesamte Reformbewegung ohne die massive Kulturkritik Nietzsches und dessen Umwertung aller Werte nicht denkbar wäre. Ihre Argumente und ihren Impetus verdankt sie in erster Linie Nietzsches Werk.

Bedeutung der Reformpädagogik — Die Bedeutung der Reformpädagogik ist strittig. Ihre Wirksamkeit verdankt sie vor allem ihrer Radikalität, d.h. dem Bruch mit den Institutionen und Traditionen ihrer Zeit. Übersehen werden darf jedoch nicht, dass es sich immer um eine kleine Minderheit der Jugend handelte, welche in der Jugendbewegung engagiert war. Übersehen werden darf auch nicht, dass der Bewegung ein Hang zur mythischen Selbstüberhöhung anhaftete (vgl. Oelkers [4]2005), wodurch vor allem in der Rezeption der Zeitgenossen die Bedeutung überschätzt werde.

Geht man auf eine höhere Ebene, so lässt sich feststellen, dass in Phasen der politischen Erstarrung – wie eben im Wilhelminismus – typischerweise eine Wendung auf das Individuum erfolgt (vgl. Friedeburg 1999, S. 202f.). Dessen Wertigkeit wird betont, wissenschaftlich erforscht – man denke an die seinerzeit entstehende Entwicklungspsychologie – und kulturell aufgeladen, ohne dass aber notwendigerweise damit sich Institutionen verändern oder die breite Bevölkerung ein Mehr an Teilhabe erhält und Schule sich im Sinne der Reformbewegung öffnet, denn – so muss man mit Blick auf die heutige Schule auch konstatieren – reformpädagogische Ideen sind zwar inzwischen, 100 Jahre später, bis in Bildungspläne hinein konsensfähig, kaum aber schulische Praxis geworden!

Übersicht über die Reformpädagogik

Übersicht über die Reformpädagogik
Daten, Namen und Schlagworte

1871 II. Deutsches Kaiserreich

1880

Erstarrung im Bildungswesen
Dominanz der Herbartianer
Kampf ums Berechtigungswesen

Kulturkritik!
Friedrich Nietzsche (1844-1900)

1883 Tod Richard Wagners
1887 bis 1890: van Gogh malt
seine Bilder

Impressionismus

Wilhelm Dilthey (1833-1911): „Geisteswissenschaft"

Kunsterziehungsbewegung als Avantgarde der Reform-
bewegung | Alfred Lichtwark (1852-1914) | Julius
Langbehn (1851-1907): „Rembrandt als Erzieher" (1889)

1890

1892 Wiederzulassung der SPD

Fin de siècle
Jugendstil
Art nouveau
Wiener Moderne

Imperialismus ...

Pädagogik vom Kinde aus:
Ellen Key (Schweden, 1849-1926),
Maria Montessori (Italien, 1870-1952)

1895 Freud veröffentlicht seine Studien über Sexualität

Jugendbewegung,
"Jugend führt sich selber"

1900

Berthold Otto (1859-1933): Die
Schulreform im 20. Jahrhundert

1900/1905 Umbrüche in der Physik: Quanten-
und Relativitätstheorie | Planck und Einstein
stürzen das klassische Weltbild

Wandervogelbewegung

Paul Natorp (1854-1924):
Sozialpädagogik

Hermann Lietz (1868-
1919), Haubinda und:

Reformpädagogik als **internationale Bewegung**: progressive
education, éducation nouvelle, attivismo. Austausch ihrer
Hauptvertreter

Landerziehungsheime

1910

Bündische Jugend

Georg Kerschensteiner (1854-
1932), Pavel Blonskij (1884-
1941): Arbeitsschule

Paul Geheeb (1870-
1961), Odenwaldschule

1913 Treffen auf
dem Hohen Meißner

... Weltkrieg

1917 Oktoberrevolution

Einfluß aus USA:
John Dewey (1859-1952),
Demokratie und Erziehung:
Dalton-Plan-Schule

Expressionismus
Dadaismus

1921 Weltbund für die Er-
neuerung der Erziehung

Von
9.11.1918
bis
30.1.1933:
„Weimar"
gescheiterte
Revolution,
unzählige
Reform-
versuche,
kurze ‚Gol-
dene' 20er,
Macht-
übernahme
durch Nazis

1920

Ab 1919 breite, teilweise öffentlich geförderte
Reformtätigkeit in der neuen Republik, z.B.
Waldorfschule (Rudolf Steiner, 1861-1925)
Bund entschiedener Schulreformer (Paul
Oestereich, 1878-1959)
Bauhaus/Weimar
Jena-Plan-Schule (Peter Petersen, 1884-1952)
Volkshochschulbewegung

1924 Summerhill, A.S. Neill (1883-1973)

Hermeneutik als wissenschaftliche Methodik
der Pädagogik, z.B.:
Lehrerbildung, Psychologie des
Jugendalters (Eduard Spranger, 1882-1963)
Führen oder Wachsenlassen (Theodor Litt,
1880-1962)

1930

Herman Nohl (1879-1960): Selbstverständnis der Pädagogengeneration als Reformbewegung

1933

III. Reich: Gleichschaltung, Transformation einiger Motive (Gemeinschaftsgedanke,
Nationalismus, Antisemitismus, Antiintellektualismus) in die nationalsozialistische Ideologie

1945 Befreiung Europas | Re-education, Wirtschaftswunder und ‚Aufarbeitung' der Vergangenheit

Nach 1945: Geisteswissenschaftliche Pädagogik versucht, bruchlos am Stand von 1932
anzuknüpfen (W. Flitner, 1889-1990), E.
Weniger, 1894-1961)

Gesellschaftlicher Aufbruch ab Mitte der 1960er:
Wiederbeleben von reformpädagogischen Ideen

M. Wetz, dec. 2001

6.5 ... und ihre Theorie: Geisteswissenschaftliche Pädagogik

Ihrem Selbstverständnis nach ist die Geisteswissenschaftliche Pädagogik die theoretische Fassung der Reformbewegung, so brachte dies einer ihrer Hauptvertreter, Herman Nohl, in einem seiner Hauptwerke „Die pädagogische Bewegung und ihre Theorie" zum Ausdruck. Die Geisteswissenschaftliche Pädagogik entwickelte sich ab ca. 1910, mehr noch ab den 20er Jahren durch die Arbeiten einer Reihe von Dilthey-Schülern, welche zudem mehr oder weniger eng in Kontakt mit der Reformbewegung standen. Die bekanntesten sind: Herman Nohl (1879–1960), Theodor Litt (1880–1962), Eduard Spranger (1882–1963), Wilhelm Flitner (1890–1980) und Erich Weniger (1894–1961).

Grundaussagen
Geisteswissenschaft-
licher Pädagogik
Bei allen nicht unerheblichen Differenzen hinsichtlich der theoretischen Herkunft und der Themen lässt sich die Geisteswissenschaftliche Pädagogik durch folgende Grundaussagen charakterisieren:
- Hermeneutik als Methode: Nur durch das regelgeleitete Interpretieren, und zwar nicht nur von historischen Quellen, sondern auch der Erziehungswirklichkeit, lässt sich Erziehung verstehen.
- Geschichtlichkeit: Jedes pädagogische Phänomen bzw. jede Institution lässt sich nur aus seiner Geschichte heraus verstehen, nie nur in Bezug zur Gegenwart, umgekehrt kann erst durch die historische Analyse die Bedeutung für die Gegenwart eingeschätzt werden. Durch die Untersuchung gegenwärtiger Probleme bzw. deren geschichtlicher Entwicklung wollte die Geisteswissenschaftliche Pädagogik zu Theorien über das Erziehungsgeschehen gelangen.
- Eigenrecht des Kindes: Hervorgegangen aus der Reformbewegung geht die Geisteswissenschaftliche Pädagogik vom Credo des Eigenrechts des Kindes aus und von der Autonomie der Pädagogik. Hieraus folgt als wichtigster Punkt:
- Primat der Praxis: Die Theorie ist der Praxis nachgeordnet. Geisteswissenschaftliche Pädagogik ist eine Wissenschaft aus der Praxis für die Praxis, etwa, indem die im praktischen Handeln immer schon vorhandenen (Alltags-)Theorien explizit gemacht und reflektierbar werden. Hieraus ergibt sich eine erneuerte Praxis, welche wiederum – gemäß dem hermeneutischen Zirkel – theoretisch aufgearbeitet werden kann.

Bemerkenswerterweise verdankt sich die Geisteswissenschaftliche Pädagogik somit zwei unterschiedlichen Quellen: Wilhelm Diltheys Grundlegung der Geisteswissenschaften einerseits, andererseits, vermittelt über die Reformbewegung, Nietzsches nahezu unakademischer Kulturkritik.

Zu einer Theorie der Schule gibt es keine expliziten Beiträge, allerdings bei den verschiedenen Vertretern Aufsätze zu Teilaspekten von Schule, die hier aber nicht dargestellt werden können (zur Übersicht z.B.: KLAFKI 1987).

Die Geisteswissenschaftliche Pädagogik wurde in Deutschland bis 1933 sehr erfolgreich. In der NS-Zeit ist zwar keiner ihrer Vertreter ins Exil gegangen, gleichwohl wurde die Geisteswissenschaftliche Pädagogik geächtet, da dem Nationalsozialismus, sehr pauschal gesagt, an einer Bildungsbegrenzung gelegen war. Eben deswegen fiel es der Pädagogik in der Zeit nach 1945 vermeintlich leicht, bruchlos an den Stand von vor 1933 anzuknüpfen, so dass die Geisteswissenschaftliche Pädagogik bis in die Mitte der 60er Jahre hinein dominant blieb. Sie hat in Deutschland zu einer Verwissenschaftlichung und Akademisierung der Pädagogik beigetragen. Ab den 60er Jahren geriet sie zunehmend in die Kritik, und zwar durch Argumente, die bizarrerweise bereits in den 20er Jahren formuliert worden waren von Siegfried Bernfeld, dem der letzte Abschnitt dieses Kapitels gilt.

6.6 Sisyphos als Leitbild des Erziehens – Siegfried Bernfeld

Die Kritik richtet sich im Wesentlichen auf zwei Dinge: Zum einen auf das mit der Autonomie der Pädagogik begründete weitgehende Ausblenden empirischer, im heutigen Sinne sozialwissenschaftlicher Erkenntnisse, insbesondere z.B. soziokultureller Bedingungen oder, wiederum im heutigen Sinn, Funktionen von Schule, und zum anderen auf das, was man als naturalistischen Fehlschluss bezeichnet: Die Geisteswissenschaftliche Pädagogik hat aus der Erfahrung der relativen Autonomie der Reformbewegung die Autonomie der Pädagogik als Ganzes zum Postulat erhoben, somit vom Sollen aufs Sein geschlossen. Faktisch aber ist die pädagogische Praxis und insbesondere die Schule als staatlich organisierte Veranstaltung alles andere als autonom gegenüber anderen Bereichen der Gesellschaft. Auf diese Punkte macht Siegfried Bernfeld aufmerksam. Bernfeld entstammt selbst der Jugendbewegung, hatte aber seine theoretischen Wurzeln anderswo: zum einen in einer marxistisch orientierten Gesellschaftsanalyse, zum anderen in Sigmund Freuds Psychoanalyse. Er verfügte somit über einen empirisch geschulteren Blick auf die pädagogische Praxis; insbesondere sah er deutlich die politische Dimension von Schule und Erziehung. So konnte er den spekulativen Versuchen seiner geisteswissenschaftlichen Zeitgenossen recht klar deren mangelnde Begründung vorhalten.

Kritik an der Geisteswissenschaftlichen Pädagogik

Für das Bild des Erziehens bemühte er das Bild des antiken Helden Sisyphos, der immer wieder einen Stein auf den Berg hinaufwälzt, welcher stets kurz vor dem Gipfel herabrollt. Aus einer mit „Sisyphos oder die Grenzen der Erziehung" übertitelten Aufsatzsammlung stammt jener Satz, den man rundheraus zum Ersten Hauptsatz jeder Schultheorie erklären müsste:

„Indessen die Didaktik versucht, den Unterricht des einzelnen Lehrers … zu denken, bleibt die Schule als Ganzes, das Schulwesen als System ungestört, ungedacht. … Das Schulwesen hat offenbar Wirkungen, die über den eigentlichen Unterricht weit hinausreichen. *Die Schule – als Institution – erzieht.* (Hervorh. MW) Sie ist zum wenigsten *einer* der Erzieher der Generation; einer jener Erzieher, die – zum Hohne allen Lehren der großen und kleinen Erzieher, zum Hohne allen Lehr- und Erziehungsprogrammen, allen Tagungen, Erlässen, Predigten – aus jeder Generation eben das machen, was sie heute ist, immer wieder ist, und gerade nach jenen Forderungen und Versprechungen ganz und gar nicht sein dürfte. So wenig Einsicht haben wir in die eigentlichen Bildungs- und Erziehungsprozesse der Gesellschaft, daß wir nicht zu sagen vermögen, welchen Anteil das Schulwesen an dem schließlichen Resultat der vereinten Bemühungen geheimer Kräfte hat. Aber wer wollte zweifeln, daß es einen hat. Nur freilich, leider, einen anderen als man, als die Schule von sich selbst behauptet." (BERNFELD 1979, S. 28)

Bernfeld will sich daher von der Bezeichnung Pädagogik, welche spekulativ bleibt, lösen und propagiert eine neue, die empirischen Tatsachen eher umfassende Bezeichnung: Erziehungswissenschaft. Allerdings werden Bernfeld und seine Kritik an der Geisteswissenschaftliche Pädagogik zunächst keine Resonanz finden.

Was Sie wissen sollten, wenn Sie Kapitel 6 gelesen haben:

– Sie sollten die zeit- und kulturgeschichtliche Lage um 1900 darstellen können.
– Sie sollten die Bedeutung Nietzsches für die Pädagogik umreißen können.
– Sie sollten Diltheys Grundlegung der Geisteswissenschaften im Kontext seiner Zeit darstellen und das Verhältnis von Reformpädagogik und Geisteswissenschaftlicher Pädagogik sowie die Grundannahmen Letzterer beschreiben können.
– Sie sollten Siegfried Bernfeld und seine Kritik einordnen können.

Weiterführende Literatur

BERNFELD, SIEGFRIED (1979): **Sisyphos oder die Grenzen der Erziehung**. (Original 1925) Frankfurt a. M. Bernfelds Analyse ist trotz seiner gewundenen Sprache auch gegenwärtig immer noch lesenswert und kann als Vorreiter des schulsozialisatorischen Paradigmas gelten, zumal sie vom Elan einer emanzipatorischen Wissenschaft getragen ist (ausführlicher z. B. in ANDRESEN 2005, S. 72 ff.).

BLANKERTZ, HERWIG (1982): **Die Geschichte der Pädagogik. Von der Aufklärung bis zur Gegenwart**. Wetzlar. Diese Geschichte der Pädagogik zählt immer noch zu den besten ihrer Art, da sie in gut lesbarer Weise die Pädagogik zur Zeit- und Sozialgeschichte in Bezug setzt.

NIETZSCHE, FRIEDRICH (1988): **Über die Zukunft unserer Bildungsanstalten**. Diese Vorträge aus dem Jahr 1872 zählen nicht zu Nietzsches wortgewaltigsten Texten, sind aber eindrücklich genug und frappieren durch eine Vielzahl von Parallelen zur heutigen Situation. Sie sind Teil seiner ebenso lesenswerten „Unzeitgemäßen Betrachtungen", in welchen Nietzsche gewissermaßen einen Einführungskurs in radikaler Kulturkritik gibt.

7 Der Blick von oben: Schule aus Sicht des Strukturfunktionalismus

Dieses Kapitel betrachtet Schule aus einer besonderen Perspektive – mit dem Blick von oben. Gesehen wird Schule in einer stark abstrahierenden Sicht als System mit bestimmten Strukturen und Funktionen. Hier soll diese Theorie und ihre Reichweite auf Schule und Bildung einmal in ihrer Ausgangsform bei Talcott Parsons betrachtet werden.

7.1 Gesellschaft als System

Parsons, der Begründer der System-Theorie, ist der vielleicht einflussreichste amerikanische Soziologe des 20. Jahrhunderts. Talcott Parsons (1902–1979) Beitrag zu einer Theorie der Schule und der gesellschaftlichen Funktionen des Bildungssystems ist zwar schmal, aber eminent wirkungsvoll.

Die struktur-funktionale Systemtheorie Talcott Parsons

Parsons widmete seine wissenschaftliche Energie der ambitionierten Aufgabe, ein theoretisches System von logisch stringenten Begriffen aufzubauen, mit dem alle wichtigen Aspekte der gesellschaftlichen Wirklichkeit erfasst werden könnten. Die soziologische Wissenschaftsrichtung, die Parsons entscheidend initiiert und geprägt hat, wird als „strukturfunktionalistische Systemtheorie" bezeichnet. In dieser Bezeichnung kommen Parsons Grundannahme und sein spezifischer Blick auf die Gesellschaft zum Ausdruck: er versteht Gesellschaften als komplexe Systeme, die zu ihrem Fortbestand Strukturen entwickeln, welche spezifische Funktionen für die Bestandserhaltung des Gesamtsystems erfüllen. Dabei geht es Parsons in erster Linie um die internen Voraussetzungen für die Stabilität von Gesellschaftssystemen und nicht um deren Wandel.

Umkehrung der Perspektive

Damit dreht Parsons – Mitte der 50er Jahre – die Perspektive der Soziologie um. Wurde im 19. Jahrhundert bis hin zu Emile Durkheim und Max Weber danach gefragt, nach welchen Regeln sich Gesellschaften verändern, so fragt Parsons nun, wieso Gesellschaften so stabil sein können. Jede Gesellschaft, so der Ausgangspunkt seiner Gedankenkette, strebt – nicht anders als biologische Systeme – in Auseinandersetzung mit ihrer natürlichen Umwelt und mit anderen Gesellschaftssystemen nach Selbsterhaltung. Für die Stabilität von Gesellschaftssystemen ist eine einigermaßen störungs- und konfliktfreie Zusammenarbeit der verschiedenen Teilsysteme der Gesellschaft erforderlich. Diese Teilsysteme erbringen jeweils unterschiedliche Beiträge, „Funktionen" für das Gesamtsystem. So produziert das ökonomische Teilsystem etwa die materiellen Ressourcen, Waren und Dienstleistungen für das Überleben der Gesellschaft, während das politische Teilsystem Zielvorgaben entwickelt, Interessen ausgleicht und Gesetze erlässt. Damit die Teilsysteme ihren funktionalen Beitrag zur Bestandserhaltung adäquat erfüllen können, entwickeln sie besondere Institutionen mit jeweils eigenen Spielregeln stabilisierter Interaktionsmuster („stabilized patterns of interaction") für das Handeln in diesen Institutionen. Parlamente unterscheiden sich in ihren Interaktionsmustern von Fabriken, Kasernen von Schulen und Krankenhäusern. Bei aller Differenz ihrer Funktionen und Strukturen müssen die Teilsysteme aber wiederum so aufeinander bezogen sein, dass keine schwerwiegenden „Reibungsverluste" zwischen ihnen entstehen, welche die Stabilität des Gesamtsystems gefährden.

7.2 Alter und ego

Parsons beginnt seinen Erklärungsversuch, wie diese stabilisierten Interaktionsmuster zustande kommen, indem er modellhaft die Interaktionssituation zwischen zwei Personen betrachtet (vgl. zum Folgenden PARSONS 1951). Diese Situation stellt jedes Individuum (ego) vor die Schwierigkeit, dass ein an-

Interaktion zwischen ego und alter

deres Individuum (alter) sowohl eine Fülle von Möglichkeiten der Bedürf-
nisbefriedigung, aber auch von Frustrationsquellen bereithält. Ego wird auf
frustrierende Handlungen von alter mit Ärger, auf befriedigende mit Freude
reagieren. Beide Interaktionspartner lernen mit der Zeit, vorwegzunehmen,
welche Handlungen für den jeweils anderen befriedigend und welche frus-
trierend sind. Dieses Wissen können sie dazu verwenden, unerwünschte Ak-
tionen des anderen mit negativen eigenen Reaktionen zu ahnden und er-
wünschte durch positive zu vergelten. Da beide darum bemüht sind, nachtei-
lige Sanktionen zu vermeiden und positive zu steigern, lernen sie dabei auch,
wie sie zukünftig jeweils handeln müssen, um Befriedigung zu erlangen.

Interaktionsmuster   Nach und nach wird sich auf diese Weise ein System von gegenseitigen Erwartungen entwickeln. Dieser Set an normativen Interaktionsmustern steuert
dann sowohl das Verhalten der Individuen, als er ihnen auch einen Bezugs-
rahmen („frame of reference") gemeinsam geteilter Bedeutungen liefert, womit sich das Muster ihrer Interaktion endgültig stabilisiert: damit ist ein un-
abhängiges soziales System mit gemeinsam geteilten Werten, gemeinsam
entwickelten Rollenerwartungen und einer verbindlichen Mitgliedschaft entstanden. Dieses kleine, aus zwei Individuen bestehende soziale System unterscheidet sich von einem größeren lediglich dadurch, dass ein größeres
soziales System nur ein größeres Maß an Rollenunterschieden aufweisen
wird. Am Rande bemerkt sei, dass auch Parsons weiß, dass die den Interak-
tionsprozess regelnden Muster in der Realität kaum aus der Interaktion allein
herauswachsen, sondern mindestens ebenso durch die allgemeinen kulturellen Muster bestimmt sind, die den Interaktionspartnern von vorneherein
gemeinsam sind und ohne die sie wohl nicht in ein Gespräch kommen könnten. Er versteht sich aber als Soziologe und nicht als Sozialhistoriker und
kann sich daher mit dieser prinzipiellen Erklärung zufrieden geben.

Stabilisierung des   Für Parsons hängt die Systemerhaltung grundsätzlich davon ab, dass die
Interaktionssystems Handlungen der einzelnen Gesellschaftsmitglieder mit den funktionalen
Anforderungen der Gesellschaft und mit den jeweiligen Spielregeln in den
Teilsystemen zusammenpassen oder wenigstens nicht in unüberbrückbarem
Gegensatz stehen. Parsons erkennt zwei funktionale Vorbedingungen der
Systemerhaltung: Zum einen müssen die Persönlichkeitssysteme der Mit-
glieder eines sozialen Systems so gepolt sein, dass sie auf stimmige Art und
Weise dazu motiviert sind, im Einvernehmen mit den Anforderungen des je-
weiligen Rollensystems zu handeln. Und zum anderen müssen die allgemeinen kulturellen Muster zumindest ein Minimum an Ordnung garantie-
ren und dürfen keine unerfüllbaren Anforderungen an die Menschen selbst
stellen, die sonst zu Konflikten führen würden (vgl. Parsons 1951, S. 27f.).
Während sich zu der zweiten Vorbedingung nach Parsons nur recht wenige
allgemeine Dinge sagen lassen, legt er die Bedingung der angemessenen
Motivation ausführlicher dar.

Sozialisation und   Sie umfasst sowohl einen positiven als auch einen negativen Aspekt. Der
Kontrolle positive Aspekt schließt die Mechanismen der Sozialisation, der negative
die der sozialen Kontrolle ein. Die Sozialisationsmechanismen sorgen dafür,
dass die einzelnen Individuen die Werte und Normen der Gesellschaft verinnerlichen und sich so zu eigen machen, dass diese mit ihrer eigenen Motivation schließlich eins werden, wie sich an ego und alter zeigt. Diese kon-
formen Verhaltensweisen gegenüber den allgemeinsten sozialen Werten

werden schon in der frühesten Kindheit, in der für Parsons sich ebenso wie für seinen – von ihm freilich nur für die eigene Theorieentwicklung adaptierten – Kronzeugen Sigmund Freud die ausschlaggebenden Züge der Persönlichkeit entwickeln, eingeübt und so abgrundtief in den nicht-rationalen Schichten der motivationalen Persönlichkeitsorganisation eingepflanzt, dass sie zu gleichsam eingeborenen Bedürfnisdispositionen der Persönlichkeit werden. Dass es hier individuelle Abweichungen geben mag, ist soziologisch für Parsons irrelevant.

Die Mechanismen der sozialen Kontrolle verhindern im Gegenzug zur Sozialisation, dass die Erhaltung des gesellschaftlichen Wertsystems durch abweichendes Verhalten bedroht wird. Im Wesentlichen sind nach Parsons vier Mechanismen der sozialen Kontrolle zu unterscheiden: *Mechanismen der sozialen Kontrolle*
– Begrenzte Duldung oder Kanalisierung z.B. während des Karnevals,
– Abtrennung vom Alltag als Sicherheitsventil, z.B. Inseln des Drogenkonsums,
– Isolation zwecks Heilung durch Ärzte oder Psychiater,
– Strafende Isolation in Gefängnissen oder Zuchthäusern.

7.3 Soziales Handeln

Für Parsons findet das Handeln von Individuen im Rahmen der handlungsorientierenden Systeme Persönlichkeitssystem, Sozialsystem und kulturellem System statt. Um die grundlegenden möglichen Orientierungen des Handelns, bezogen auf die persönlichen Motivationen, die sozialen Normen und die kulturellen Wertmuster, begrifflich zu erfassen, entwickelt er das Begriffsraster der „Pattern Variables". Mit diesen sich gegenseitig ausschließenden Begriffspaaren versucht er, die Besonderheiten einer konkreten Handlungspraxis aufzuschlüsseln (PARSONS 1951, S. 76f.). *Handlungsorientierende Systeme*

Die Pattern Variables sind als Kategorien gedacht, die in allen drei Systemen in unterschiedlicher Gewichtung Orientierung für Wertbindung und Motivation bieten: *Pattern Variables*
– Affektivität – affektive Neutralität: Ist es in einer bestimmten Interaktionssituation angemessen, ein hohes Maß an emotionaler Zuwendung zu investieren oder nicht? Von der Familie wird etwa erwartet, dass die Eltern ihrem Kind gegenüber ein hohes Maß an Gefühlen zeigen; von Lehrkräften in der Schule wird das so nicht erwartet.
– Gemeinschaftsorientierung – Selbstorientierung: Wird von den Interaktionspartnern erwartet, dass sie ihre egoistischen Interessen den Zielen der Gemeinschaft unterordnen oder ihre Eigeninteressen verfolgen? In der Familie wird erwartet, dass der Einzelne seine Interessen der familiären Gemeinschaft unterordnet, während in der Schule das Eigeninteresse verfolgt wird. Dieses Kategorienpaar machte begrifflich allerdings so viele Schwierigkeiten, dass Parsons es (anders als in der deutschsprachigen Rezeption) späterhin kurzerhand aus dem Begriffsraster streicht.
– Partikularismus – Universalismus: Gelten die Erwartungen in einer Interaktion für verschiedene Personen auf unterschiedliche Art und Weise oder sind sie für alle gleich? Die Hilfe richtet sich in der Familie dann nur

auf das eigene Kind, in der Schule werden alle Kinder gleichermaßen unterstützt (oder auch nicht).

– Zuschreibung – Leistung: Werden die Handlungserwartungen danach ausgerichtet, was ein Akteur nach Geburt, Geschlecht, Rasse etc. ist, oder nach dem, was er durch seine Leistung erreicht? Die Familie trägt etwa auch diejenigen mit, welche nicht viel leisten, während in der Schule nur die Leistung zählt, die den Anforderungen entspricht.

– Diffusität – Spezifität: Sind die Erwartungen in einer Interaktion so weit aufgefasst, dass sie das gesamte Leben eines Handelnden umfassen oder beziehen sie sich nur auf bestimmte Tätigkeitsbereiche. Die Familie hat folglich für ihr Kind in allen Lebensbereichen zu sorgen, in der Schule kommen lediglich spezifische Teilbereiche in Betracht.

Auch wenn Parsons in seiner theoretischen Entwicklung späterhin die Bedeutung der Pattern Variables herunterspielte, sind sie für eine Erklärung seiner Schultheorie als ein Moment der gesellschaftlichen Entwicklung unerlässlich (vgl. PARSONS 1960 bzw. 1970). Durch die je denkbare Kombination der Begriffspaare lassen sich durchaus grundlegende Unterschiede zwischen modernen und traditionalen Gesellschaften beschreiben.

Gesellschaftliche Wertorientierungen
Indem Parsons die Pattern Variables beispielhaft auf der Ebene der gesellschaftlichen Wertorientierungen anwendet und sie dann real existierenden Gesellschaften zuordnet, kann er zeigen, dass die us-amerikanische Gesellschaft das Muster der universalistischen Leistungsorientierung am konsequentesten umgesetzt hat, während traditionelle Gesellschaften sich allein am zugeschriebenen Status einer Person orientieren. Deutschland repräsentiert dabei eine aus dem Klassifikationsschema begriffslogisch abgeleitete Mischform, in der in einem Bereich erworbene Leistungen für alle anderen Bereiche gutgeschrieben werden. Allerdings zeigt sich dabei, dass die analytische Trennschärfe und Unabhängigkeit der Variablen nicht durchgehalten werden kann. Denn wie ist es theoretisch aufzufassen, dass die universalistische Orientierung, wenn sie mit Zuschreibung statt mit Leistung kombiniert wird, ihren Universalismus verändert (vgl. PARSONS 1951, S. 192)?

Leistung und Zuschreibung
Wenn wir das universalistische Zuschreibungsmuster, das in Deutschland gelten soll, unter diesem Aspekt betrachten, dann spricht empirisch einiges für diese Zuordnung. Während in den USA die Leistung nur für den Bereich gilt, wo sie erbracht wurde, wird in Deutschland eher von einem Leistungsbereich auf alle anderen Lebensbereiche geschlossen. Pointiert gesagt kann sich die USA eine rein leistungsorientierte Gesamtschule leisten, während Deutschland auf der gleichen Basis der Leistungsorientierung sich „nur" ein gegliedertes Schulsystem leisten kann, um den sozialen Status des Bildungsbürgertums zu bewahren. Es ist nicht so, dass ein Schüler in diesem oder jenem Bereich die Leistung eines Hauptschülers erbringt, sondern ihm wird die Rolle eines „typischen" Hauptschülers zugeschrieben, der dann zwangsläufig die ihm entsprechende Schulform zu besuchen hat.

7.4 Adaptation, Goal-attainment, Integration, Latency

AGIL
Parsons' erstes Hauptwerk „The Social System" unterscheidet zwischen einem sozialen System, einem Persönlichkeitssystem und einem System all-

gemeiner kultureller Werte. Hieraus erwächst das berühmte, in den Jahren von 1953 bis 1957 ausgearbeitete AGIL-Schema (vgl. PARSONS/BALES/SHILS 1953; PARSONS/SMELSER 1956). Dieses Schema bestimmt vier funktionale Probleme, mit denen sich alle Handlungssysteme auseinandersetzen müssen: Anpassung (Adaptation), Zielerreichung (Goal-attainment), Integration und Latenz (Werterhaltung, pattern maintenance). Diese vier Funktionen müssen erfüllt sein, damit ein Handlungssystem, sei es das gesamtgesellschaftliche System selbst, sei es eines der vielfältig ineinander verschachtelten auf je einer dieser Funktionen spezialisierten Subsysteme oder sei es das Persönlichkeitssystem, stabil bleibt.

Kurz gesagt, die Funktion der Anpassung bedeutet, dem System die nötigen Mittel zur Zielerreichung zu verschaffen – die Ökonomie. Goal-attainment heißt, die abstrakten Ziele situativ zu konkretisieren und die Mittelverteilung zu gewichten – dies ist die Politik. Integration ist notwendig, um die gesellschaftlichen Subsysteme zu koordinieren und ein Auseinanderlaufen zu verhindern – dies soll die Rechtsprechung schaffen. Die Funktion der Latenz (oder pattern maintenance) schließlich bildet für Parsons den grundsätzlichen Bezugspunkt einer jeglichen Theorie sozialer Systeme. Zur Stabilität der Gesellschaft müssen die kulturellen Muster erhalten bleiben. Garantiert wird diese Stabilität durch zwei Mechanismen: zum einen vermittelnde Elemente, die Werte zum Ausdruck bringen, sie in Glaubenssysteme integrieren und durch ihre Praxis intensivieren – also die Religionen und Ideologien, aber auch die Presse und die Künste –, zum anderen die vermittelnden Elemente, welche die Werte von Generation zu Generation weitergeben und dazu beitragen, dass diese Werte in den Persönlichkeiten der Gesellschaftsmitglieder verinnerlicht werden, also in den verschiedenen Sozialisationsagenturen, zu denen auch die Schule zählt.

Funktionsweisen

7.5 „The School Class as a Social System"

Sozialisation hat nach Parsons die Aufgabe, den Heranwachsenden einer Gesellschaft die Fähigkeit zum Handeln in Rollen beizubringen und dafür zu sorgen, dass sie die Wertorientierungen einer Gesellschaft im Interesse der Bestandserhaltung des Gesamtsystems und seiner Teilsysteme als Orientierungsmuster des Handelns übernehmen. Die Heranwachsenden lernen dabei, unterschiedliche Arten von Rollenspielen auseinander zu halten, ihr Handeln auf die jeweils geltenden Spielregeln einzurichten und sich mit den an die Rollen geknüpften Erwartungen zu identifizieren. Diese Sozialisationsaufgabe kann in modernen, sich in spezifische Systeme differenzierenden Gesellschaften, in denen universalistisches, neutrales und an Leistung orientiertes Rollenverhalten erwartet wird, von der Sozialisationsinstanz Familie so nicht geleistet werden, da deren eigene Spielregeln partikular, diffus, affektiv und an Zuschreibung ausgerichtet sind. Da Schulen eine der Familie entgegengesetzte Funktion für die Sozialisation übernehmen, entwickeln sie auch andere Rollenerwartungen als die Familie. Das ist das Thema des 1959 erschienenen Aufsatzes „The School Class as a Social System: Some of its Functions in American Society", in dem Parsons mit dem Instrument der Pattern Variables die gesellschaftlichen Funktionen der Schu-

Das Lernen sozialer Rollen

le am Beispiel des amerikanischen Schulsystems der 50er Jahre im Verhältnis zur Familie darlegt.

Die Schule im Licht der Pattern Variables
Das Grundkonzept ist dabei sehr einfach, aber konsequent aus den Begriffen abgeleitet: Die elementare Struktur der schulischen Handlungserwartungen folgt nach Parsons dem durch die Pattern Variables vorgegebenen Schema der universalistischen, auf Leistung bezogenen, affektiv neutralen und thematisch spezifischen Handlungsorientierung. Dabei werden vor allem zwei Dimensionen wichtig: Zum einen die Dimension der Leistungsorientierung, die durch die Gleichheit der Ausgangssituation und die Gleichheit der Aufgabenstellung gekennzeichnet ist, und zum anderen die Dimension des nach Fächern differenzierten Unterrichts, der mit wechselnden und austauschbaren Fachlehrern einhergeht. Die Gleichheit der Ausgangssituation wird gewährleistet durch das schulische Prinzip der altersgleich zusammengesetzten Klassen, in denen Schülerinnen und Schüler aus einigermaßen homogenen sozialen Milieus mit gleichen unterrichtlichen Aufgabenstellungen konfrontiert werden. Parsons geht es dabei nicht um die psychologische Fragestellung, ob die Kinder ihrer Entwicklung gemäß auf dem gleichen Stand sind, sondern um die soziologische Fragestellung nach ihrem sozialen Status in der Klasse. Während in der Familie der Status des Kindes zwangsläufig durch die Altersdifferenz zu den Eltern und zu seinen Geschwistern festgelegt ist, das Kind also eine soziale Position innehat, aus der es kein Entkommen gibt – wir bleiben ein Leben lang die Töchter und Söhne unserer Eltern –, wird diese eingeborene Ungleichheit durch die Schule beseitigt.

Homogenität
Mit dem ersten Schultag wird in der Klasse eine Situation hergestellt, die einen hierarchischen sozialen Statusunterschied verhindert.

„Es gibt zunächst keine formelle Basis der Statusdifferenzierung in der Schule, außer, in gewisser Hinsicht, dem Geschlecht." (PARSONS 1968, S. 167)

Die noch nicht differenzierten Schülerinnen und Schüler werden zudem mit für alle gleichen Aufgabenstellungen konfrontiert, so dass der Unterricht für alle gleich stattfindet.

„Zweitens wird eine Reihe gemeinsamer Aufgaben gestellt, die im Vergleich zu anderen Aufgabenbereichen verblüffend undifferenziert sind." (PARSONS 1968, S. 168)

Genau dort kann dann die schulische Differenzierung ansetzen. Alle sind dem gleichen Maßstab ausgesetzt, ein an der individuellen Person des Schülers ausgerichteter Maßstab ist ausgeschlossen, so dass es keinen an irgendwelchen zugeschriebenen Eigenschaften des Schülers orientierten Leistungsmaßstab geben kann, sondern nur einen, der dem universalistischen Áchievement-Schema folgt.

Leistungswettlauf
Was Parsons vorschwebt ist ein Wettrennen, bei dem alle von der gleichen Startlinie aus loslaufen und die Unterschiede sich im Lauf des Rennens ergeben – und zwar so, dass jede Leistungssituation wieder von vorne beginnt. Jeder, der eine schlechte Klassenarbeit schreibt, hat die Gelegenheit, beim nächsten Mal vorne zu sein, und wer eine gute Note ergattert hat, kann nicht sicher sein, dass er beim nächsten Mal wieder vorne liegt. Niemand kann sich auf seinen Lorbeeren ausruhen, der soziale Status in der

Klasse wird immer neu verteilt, ohne dass es gelingt, die Leistung in Status-vorteile umzumünzen. Damit ist die Leistungssituation in der Schulklasse auf Dauer gestellt. Diese Vorstellung von schulischem Wettbewerb konnte in der deutschen Übersetzung des Schulklassenaufsatzes nicht gedacht wer-den, da noch die Vorstellung vorherrscht, dass Leistung sich unmittelbar in sozialem Status auszahlen soll und die deswegen in ihr vollkommenes – askriptives – Gegenteil verkehrt wird, wenn aus dem „race" – dem Wettren-nen bei Parsons – die „Rasse" wird.

> „Die Schulsituation gleicht in dieser Hinsicht weit mehr der Rasse (!) als die meisten anderen Situationen, bei denen im Rahmen bestimmter Rollen bestimmte Leistungen vollbracht werden müssen." (PARSONS 1968, S. 168)

Da Parsons' Untersuchungsgegenstand in seinem Beitrag hauptsächlich die Primarstufe ist und dort Leistungserwartungen noch nicht so differen-ziert sind wie in der Sekundarstufe, legt er sein Augenmerk weniger auf den schulischen Fachunterricht. Vielmehr scheint er von einem fortschreitenden Differenzierungsprozess auszugehen, der dem Fachunterricht durch die spezifisch fachliche Leistungserbringung die Aufgabe zuweist, den Schülern eine spezifische Handlungsorientierung zu geben. Die Vielfalt der Schulfä-cher im stündlichen Wechsel betont zudem die Fachlichkeit der Fächer, was eine spezifische, gegenüber einer diffusen, Handlungsorientierung in der Schule institutionell verankert. Durch die Fachlehrer, spätestens in der Sekundarstufe, die die Rolle eines Experten für ein spezifisches Fach inneha-ben und daher als Rollenträger austauschbar sind, stellt sich auch die Leh-rer-Schüler-Beziehung als neutral affektiv dar.

Fachlich spezifische Handlungs-orientierung

Die Kombination der Variablenpaare ergibt dann gewissermaßen eine Ge-genüberstellung von Schule einerseits und Familie andererseits. Während so „der Eintritt des Kindes in das System der formalen Erziehung (…) sein erster wichtiger Schritt über die primären Bindungen der Herkunftsfamilie hinaus" ist, so ist die „Schule die erste Sozialisierungsinstanz in der Erfahrung des Kin-des, die eine Statusdifferenzierung auf nichtbiologischer Basis institutionali-siert. Darüber hinaus handelt es sich dabei nicht um einen askriptiven, son-dern um einen erworbenen Status, der durch unterschiedliche Erfüllung der vom Lehrer gestellten Aufgaben ‚verdient' wird" (PARSONS 1968, S. 166f.). Der Status in der Familie kann nicht, der Status in der Schule dagegen muss erworben werden. Diese Gegenüberstellung von Familie und Schule kann uns jetzt nicht sehr in Erstaunen versetzen, denn wir haben in Kapitel 4 ja schon gesehen, dass Hegel die Schule auch als Institution des Übergangs in-terpretiert hat, und mit seiner Konzeption hätte Parsons das philosophische Modell Hegels soziologisch eingeholt. Für dieses Modell sprechen zum einen die lebensgeschichtliche Stellung der Schüler – die gleichzeitig Kinder ihrer Eltern und Schulkinder sind – und zum anderen die geringe Fachdiffe-renzierung und das fehlende Fachlehrerprinzip in der Grundschule.

Als eine solche Übergangsinstitution überführt die Schule Partikularis-mus, Zuschreibung, Diffusität und Affektivität in der Familie in Universalis-mus, Leistung, Spezifität und affektive Neutralität. Aber Parsons, der diese Möglichkeit, Schule als behutsamen Übergang von Familie zu Gesellschaft zu sehen, diskutiert, bemerkt zugleich an:

Schule als Über-gangsinstitution

„(der Lehrer) ist jedoch nicht im Sinn eines vorgegebenen askriptiven Status mit seinen Schülern verwandt, sondern erfüllt eine Berufsrolle (…). Darüber hinaus ist seine Verantwortung, im Vergleich zu der der Eltern, weit universalistischer, was durch die Größe der Klasse erzwungen wird, (…). Außerdem ist seine Verantwortung mehr daran orientiert, sich um die Leistung als um die emotionalen „Bedürfnisse" der Kinder zu kümmern. Er ist nicht berechtigt, den Unterschied zwischen guten und schlechten Schülern einfach deshalb zu unterdrücken, weil es zu schwer für Klein-Hänschen wäre, nicht zur besseren Gruppe zu gehören (…). Gleichzeitig ist jedoch wichtig, daß die Lehrerin für ihre Schüler keine Mutter ist, sondern auf universalistischen Normen und unterschiedlicher Belohnung von Leistungen bestehen muß. Vor allem muß sie die Entwicklung und Legitimierung einer Differenzierung der Schulklasse nach der Leistungsachse vermitteln. (…) Durch die Identifizierung mit ihrer Lehrerin erfahren die Kinder, daß die Kategorie ‚Mutter' (oder zukünftige Frau) nicht denselben Umfang besitzt, wie diejenige der ‚Frau', sondern daß die weibliche Rollenpersönlichkeit komplexer ist als jene." (Parsons 1968, S. 177f.)

Die Kinder treffen also in der Schule auf eine Person, die spezifisch für diesen Beruf ausgebildet wurde, die universalistisch und leistungsorientiert vorgeht und die Schüler neutral beurteilt. Und wenn wir den Satz, der in der deutschen Übersetzung so viele Schwierigkeiten machte, noch hinzunehmen „The school situation is far more like a race in this respect than most role-performance situations", dann können wir dies auch dahin deuten, dass schulische Situationen viel mehr einer leistungsorientierten Wettbewerbssituation gleichen als viele Situationen, mit denen wir es im Erwachsenenleben zu tun haben.

„Akzeptieren wir im Rahmen der Begriffssprache von Parsons die Idee, dass die moderne Gesellschaft und die ihr eigene Auffassung der Berufsrolle durch das Muster einer universalistischen Leistungsorientierung zu kennzeichnen sind, dann erscheint die Schule nicht als Zwischenwelt, als gleichsam behutsame Vorbereitung auf die Härte dieses Musters, sondern sie erscheint als gesteigerter oder purifizierter Ausdruck dieses Musters. … Besonders markant ist dies an der Logik der schulischen Leistungserbringung abzulesen. Die Art und Weise, in der die Schüler Leistungstests ausgesetzt sind, sucht an Unbedingtheit in der bürgerlichen Gesellschaft ihresgleichen." (Wernet 2003, S. 95)

Schule als Überhöhung sozialer Leistungsanforderungen

So gesehen, ist die Schule nicht der allmähliche und abgefederte Übergang von der Schule in das Erwachsenenleben der Gesellschaft, sondern die Schule setzt die modernen gesellschaftlichen Normen Universalismus, Leistungsorientierung, Spezifität und Neutralität in einer Weise um, die gegenüber der erwachsenen Berufsrolle gesteigert scheint (vgl. Wernet 2003, S. 97).

Pointiert gesagt erzeugt Schule aus anfänglicher Gleichheit Differenz, indem sie die ungleichen Kinder zunächst gleich macht, um dann auf dem Boden dieser Gleichheit Unterschiede herzustellen – nun aber entsprechend den schulischen und nicht mehr entlang der familialen Muster.

Mit diesem Elementarmodell von Schule ist selbstverständlich auch für Parsons erst nur eine Skizze erstellt, die ihre analytische Kraft erst in der empirischen Überprüfung zeigen muss. Vieles, was wir über schulische Leistungsbeurteilung und Schulerfolg wissen, widerspricht dem von Parsons angenommenen unpersönlich-universalistischen Leistungsmuster. Es ist empirisch zweifelsfrei erwiesen, dass Lehrer Leistung nicht objektiv beurteilen, sondern, mit den Parsons'schen Begriffen gesagt, systematisch askriptiv-par-tikularistische Tendenzen in ihrer Leistungsbeurteilung verfolgen (vgl. ULZ-HÖFFER 1949; WEISS 1965; INGENKAMP 1971). Die Schüler werden gerade nicht als Gleiche angesprochen, sondern die in der familiären Erziehung an-gelegten Tendenzen werden eher noch verstärkt. Die Leistungsbewertung trägt daher ihren Namen zu Unrecht. Und selbst wenn der schulische Leis-tungsstandard als gegeben angenommen wird, lässt sich mit Bestimmtheit sagen, dass Schüler sicher nicht mit gleicher Ausstattung in die Schule kom-men. Die Selektion, die der schulischen Leistungssituation zugeschrieben wird, erfolgt ganz offensichtlich schon sehr viel früher und außerhalb der Schule. Gegenüber dem vermeintlichen Leistungsuniversalismus betreten die Schüler schon als Ungleiche das Klassenzimmer. Und allerspätestens seit den PISA-Untersuchungen kann jeder, der es wissen will, erkennen, dass Schulerfolg hauptsächlich von der sozialen Herkunft bestimmt wird und nicht von der Leistungsfähigkeit.

Auch wenn also der Parsons'sche Optimismus durch die Empirie nicht be-stätigt wird, so ist doch seine stringente begriffliche Arbeit zu würdigen, aber eben nicht mehr als Realbeschreibung der gegebenen Schule, sondern als idealtypische Rekonstruktion dessen, wie Schule in der modernen bür-gerlichen Gesellschaft gedacht werden kann.

Was Sie wissen sollten, wenn Sie Kapitel 7 gelesen haben:

– Sie sollten die Grundgedanken der strukturfunktionalen Systemtheorie Talcott Parsons nachvollziehen können.
– Sie sollten das begriffliche Schema der Pattern Variables kennen und an einem Beispiel durchspielen können.
– Sie sollten das AGIL -Schema und die mit ihm verbundenen Funktions-weisen kennen.
– Sie sollten die Zuordnung der Pattern Variables für Familie und Schule kennen.
– Sie sollten sich die Probleme des schulischen Leistungswettbewerbs klarmachen.
– Sie sollten empirische Gründe nennen können, die dem angenomme-nen Leistungsuniversalismus in der Schule entgegenstehen.

Weiterführende Literatur

PARSONS, TALCOTT (1959): **The School Class as a Social System: Some of its Func-tions in American Society**. In: Talcott Parsons (1964): Social Structure and Perso-nality. Glencoe. S. 129–154. Der zuerst in der Harvard Educational Review 1959 veröffentlichte Aufsatz über die Schulklasse als soziales System gilt zu Recht als einer der grundlegenden Beiträge zur soziologischen Klärung dessen, was in der Schule geschieht. Andreas Wernet hat in seinem Buch „Pädagogische Permissivität. Schulische Sozialisation und pädagogisches Handeln jenseits der Professionalisie-rungsfrage" den Parsons'schen Ansatz für das gegenwärtige Nachdenken über Schule fruchtbar zu machen versucht.

8 Der heimliche Lehrplan: Was wir in der Schule lernen, ohne etwas davon zu wissen

8.1 Ein offenes Geheimnis?

Die Überschrift zu diesem Kapitel klingt paradox, hat doch die Schule gerade die Aufgabe, den Schülerinnen und Schülern Wissen zu vermitteln: Wissen über die Welt, über Rechentechniken und Geschichte, Grammatik oder Tonleitern, Kenntnisse und Fertigkeiten bzw. – in der Wortwahl von PISA – Kompetenzen. In jedem Falle sämtlich Dinge, die das Bewusstsein angehen, die sich im Falle gelungenen Unterrichts in überprüfbaren Fähigkeiten und bewusstem Handeln niederschlagen. Diese Lerninhalte wiederum sind Gegenstand bildungstheoretischer, bildungspolitischer bzw. didaktischer Überlegungen, sie sind kondensiert und öffentlich einzusehen in den Curricula, Lehrplänen, Rahmenrichtlinien oder, wiederum in der Wortwahl von PISA, Bildungsstandards. Auch all dies Produkte bewusster Planung.

Lernprozesse gehen über intendierte Lerninhalte hinaus

Doch diese Qualifizierung ist nicht das Einzige, was Schule leistet, denn schulische Lernprozesse sind nicht auf die intendierten Lerninhalte begrenzt: Weder werden diese, zum Leid von Lehrkräften, vollständig gelernt, noch bleibt das Lernen bei diesen Inhalten stehen. Lern-Anlässe sind etwa auch die Altersstruktur einer Schulklasse, das autoritäre oder offene Lehrer-Schüler-Verhältnis, die Orientierung schulischen Lernens auf Prüfungen hin u.v.m. Diese Lernanlässe führen zum Erwerb und qua Teilhabe zur Verinnerlichung von normativen Orientierungen, was mindestens so funktional ist wie die öffentlich diskutierten intentionalen Curricula.

Diese Einsicht wird mit dem Begriff des „heimlichen Lehrplans" umrissen. Ziel dieses Kapitels ist es, diesen heimlichen Lehrplan von drei Seiten her zu beleuchten:

– durch Robert Dreebens Aufarbeitung nicht-curricularen Lernens Ende der 60er Jahre,
– durch Philip Jacksons ins Kritische gewendeten Begriff des „hidden curriculum",
– durch Beiträge zur Schultheorie aus psychoanalytischer Sicht.

Abschließend gilt es dann, an den Ausgangspunkt dieser drei Theorien zurückzukehren: Siegfried Bernfelds These aus dem Jahre 1925.

8.2 „Was wir in der Schule lernen"

Der Titel des 1968 erschienenen Buches des amerikanischen Soziologen und Parsons-Schülers Robert Dreeben spielt genau an auf den überraschenden Umstand, dass „wir" in der Schule Dinge lernen, die mit den Curricula nichts zu tun haben. Seinen „spekulativen" (DREEBEN 1980, S. 1), gleichwohl von Schulwirklichkeit gesättigten, Essay beginnt Dreeben daher mit der Feststellung: „Es besteht ein ironischer Zusammenhang zwischen unserer Vertrautheit mit der Schule und unserem mangelnden Wissen über sie" (ebd.). Dies ist, wir kommen wieder auf diesen Aspekt, ein Grundproblem jeder Theorie der Schule: Fehlende Distanz erschwert die Theoriebildung.

Dreebens Verdienst ist es, die durch Parsons angelegte strukturalistische und Distanz schaffende Perspektive um eine im Vergleich zu diesem detailgenauere Darstellung schulischen Lernens und Lebens zu erweitern.

Beispielhaft für diese struktur-analytische Herangehensweise ist die Präparierung eines Begriffs von Schule (ebd., S. 4f.). Er unterscheidet „landläufige Beobachtungen", etwa: „Unterricht und … Lernen findet hauptsächlich in Klassenzimmern statt und besteht hauptsächlich aus Situationen, in denen der Lehrer symbolische Fähigkeiten, Informationen und nationale Traditionen vermittelt, die die Schüler erwerben." – und „weniger offenkundige Phänomene", nämlich:

Präparierung eines Begriffs von Schule

- Schulen sind eine typische Erscheinung für Industriegesellschaften.
- Schulen sind, auch wenn das Schulkind einen engen Kontakt zu seiner Familie behält, geographisch wie sozial von der Familie getrennt.
- Schule ist ein „Element eines größeren Netzes sozialer Institutionen", zu dem die Familie, die Peergroup, die Berufswelt und auch Freizeiteinrichtungen zählen.

Diese unbestreitbar richtigen, für Dreeben elementaren Eigenschaften von Schule leiten zu der Frage, die er vor Augen hat: Offensichtlich ist es in jeder Gesellschaft nötig, den Heranwachsenden die für das Leben in dieser Gesellschaft notwendigen Kenntnisse zu vermitteln. In den modernen Industriegesellschaften reicht es hierzu nicht mehr, diese Aufgabe gewissermaßen ungeplant und nebenher laufen zu lassen, es bedarf eigens dafür geschaffener „sozialer Institutionen". Die Frage ist nun, was dort gelernt wird und ob dies tatsächlich die notwendigen Kenntnisse sind.

Dreebens zentrale These über das Lernen in der Schule, die er an mehreren Aspekten entfaltet, macht zwei Aussagen: Eine Aussage über das, was gelernt wird, und eine andere darüber, wie gelernt wird. Lerninhalte sind dabei jenseits aller Fächerkanons vor allem normative Orientierungen, gelernt werden diese kaum durch planmäßige und sprachliche Vermittlung, sondern vielmehr durch Teilhabe der Schüler an der Struktur der Schule.

Normative Orientierungen als Lernhinhalt

Mit anderen Worten: Das Erlernen dieser Normen ist eine Frage der Sozialisation, nicht eine der intentionalen Erziehungsakte, wenngleich diese Sozialisation – mindestens – so funktional für die Gesellschaft ist wie die curricularen Wissensbestände. Dreeben ist in dieser Hinsicht ganz Parsons-Schüler, indem er die soziologische Frage nach sozialen Veränderungen umdreht: Beide fragen nicht, unter welchen historischen Bedingungen und auf welche Weise sich Gesellschaften verändern, sondern aus welchen Gründen sie trotz des über die Generationen kompletten Austauschs ihrer Mitglieder eigentlich so stabil bleiben. Vielleicht war es ein Privileg der Zeit des Ost-West-Konflikts nach 1945, dass man als Soziologe eine solche Perspektive einnehmen konnte.

Um welche Normen handelt es sich aber nun?

Das zentrale Kapitel trägt den Titel „Der Beitrag der Schule zum Lernen von Normen: Unabhängigkeit, Leistung, Universalismus und Spezifität" (ebd., S. 59–86). Diese vier Normen sind, so Dreeben, für das Leben in modernen Gesellschaften notwendige und von der Schule – funktional – vermittelte Handlungsorientierungen. Zur Erläuterung gerade dieser vier Normen schreibt er:

„Wenn ich diese vier Ideen als Normen bezeichne, dann meine ich damit, daß die Individuen sie als legitime Standards akzeptieren, die ihr Verhalten in entsprechenden Situationen leiten. Im einzelnen akzeptieren sie die Verpflichtung (1) selbst zu handeln (wenn nicht Kooperation erfordert ist) und persönliche Verantwortung für ihr Verhalten sowie Rechenschaft für dessen Konsequenzen zu übernehmen; (2) Aufgaben aktiv zu erfüllen und die Umwelt nach gewissen Güte-Standards zu meistern; (3) das Recht anderer anzuerkennen, sie in Kategorien einzuordnen und entsprechend zu behandeln, und zwar (4) aufgrund einiger weniger Merkmale, die den ganzen Menschen repräsentieren, und nicht aufgrund der vollen Konstellation von Merkmalen, die den ganzen Menschen repräsentiert. Ich diskutiere diese vier Normen, weil sie integrale Bestandteile des öffentlichen und Berufslebens in der Industriegesellschaft oder der an die Schule angrenzenden institutionellen Bereiche sind." (ebd., S. 59)

Diese Auflistung steht ganz im Zeichen der soziologischen Rollentheorie, wie sie in der amerikanischen Soziologie in mehreren Spielarten entwickelt worden ist: Individuen akzeptieren Standards, d.h. sie lernen zu akzeptieren, dass es Erwartungen an ihr Handeln gibt, sie lernen, dass diese Erwartungen situationsspezifisch, d.h. je nach „Umwelt" divergent bis konträr sein können, und sie lernen die konkreten Erwartungen kennen. Dreeben sieht in den in der obigen Reihenfolge genannten vier Regeln die entscheidenden Normen, welche für das öffentliche und Berufsleben relevant sind, ohne in den Familien vermittelt zu werden, weswegen der Schule diese Funktion zufällt.

Im Einzelnen:

Unabhängigkeit

Unabhängigkeit bedeutet, dass „die Schüler lernen anzuerkennen, daß es Aufgaben gibt, die sie allein tun müssen" (ebd., S. 62). Ursache dieses Lernprozesses ist einmal die Tatsache, dass schulische Leistungen individuell und formal geprüft, zugerechnet und bewertet werden und dass dabei „Regeln gegen das Mogeln" aufgestellt sind. Zum zweiten aber sind die Beziehungen eines einzelnen Schülers zum Lehrer anders als die des Kindes zu seinen Eltern: „Diese numerische Eigenschaft der Klasse reduziert die Möglichkeiten des Schülers, neue Abhängigkeitsbeziehungen mit Erwachsenen einzugehen und Hilfe von ihnen anzunehmen" (ebd., S. 63). Ein vielleicht nicht zu unterschätzender Punkt: Während Kinder zu Hause damit rechnen dürfen, bei allen ihren Aktivitäten Unterstützung der Eltern zu erhalten, sind sie in der Schule „systematisch" (ebd.) auf sich selbst gestellt.

Leistung

Der Begriff Leistung „bezeichnet für gewöhnlich Aktivität und Beherrschung, die aktive Beeinflussung der Umwelt statt ihrer fatalistischen Hinnahme, sowie den Wettbewerb gemäß irgendeinem Standard der Auszeichnung" (ebd. S. 67). Wenngleich nun Leistung eine Norm ist, die auch in den Familien eingefordert wird, so ist sie ein spezifisches Merkmal der Schule. Deren Kernaktivität ist, dass Lehrkräfte Schülern Aufgaben stellen und deren Erfüllung sanktionieren:

„Die unmittelbare Bedeutung der Schularbeit als Aufgabenerfahrung, die nach Leistungskriterien beurteilt wird, ist beinahe selbstevident. Diese Erfahrung ist eingelagert in die Sequenz: Zuweisung – Ausführung – Beurteilung, wie sie für Arbeit kennzeichnend ist. Weniger evident ist aber die Tatsache, daß diese Aktivitäten den Schüler zwingen, sich mit verschiedenen Graden von Erfolg und Mißerfolg auseinanderzusetzen, die durchaus psychologisch problematisch sein können." (ebd., S. 68)

Dies gilt im positiven Fall, wenn gute Schüler in der Peergroup mit schlechteren zusammentreffen, im negativen Fall können schlechte Schüler weitere Negativerfahrungen nicht einfach durch Verlassen der Gruppe vermeiden. Dreeben glaubt aber, dass die Mehrheit der Schüler im Durchschnitt gute wie schlechte Erfahrungen macht und dadurch „lernt", mit Erfolg wie Misserfolg umzugehen. Hierbei erwähnt er insbesondere den Bereich des Sportunterrichts. Dennoch resümiert er diesen Abschnitt:

„Die Schule bietet ein weiteres Spektrum an Leistungserfahrungen als die Familie, aber sie hat auch weniger Mittel, um die Selbstachtung des Schülers im Fall des Versagens zu schützen und zu unterstützen." (ebd., S. 71)

Nun zu den beiden übrigen Normen, Universalismus und Spezifität. Mit Universalismus meint Dreeben die Akzeptanz allgemeingültiger Normen. Das Gegenteil, hier bezieht er sich auf Parsons' Rollentheorie, wäre Partikularismus, d.h. die Gültigkeit je besonderer Regeln. Dreeben legt Wert darauf, dass mit dieser Akzeptanz nicht die Individualität des Menschen geleugnet werden sollte, wohl aber ist Universalismus der Fortschritt der Moderne, insofern damit willkürliche Behandlungen illegitim sind. Mit Spezifität bezeichnet er eine Norm, die

Universalismus und Spezifität

„sich auf die Breite des Interesses (bezieht), das eine Person an einer anderen nimmt; auf die Verpflichtung, ihr Interesse auf ein enges Spektrum von Merkmalen und Belangen zu beschränken oder es so zu erweitern, daß es ein breites Spektrum umfasst." (ebd., S. 73)

Es liegt auf der Hand, dass sowohl die Allgemeingültigkeit von Normen wie spezifische Wahrnehmung von Personen zu den Kennzeichen moderner Gesellschaften gehören. Letzteres ist eine Erkenntnis der Rollentheorie, wonach sich Menschen in der Gesellschaft zumeist gerade nicht ganzheitlich wahrnehmen, sondern spezifische, situationsbezogene Erwartungen haben – an den Klavier-Lehrer hat man Klavier-Lehrer-Erwartungen, an die Kassiererin Supermarkt-Erwartungen, Lehrer an die eigenen Kinder umfassendere als an die Schüler usw. Gelernt wird auch dies in der Schule: Anders als in der Familie lernen Kinder „akzeptieren, von anderen als Mitglieder von Kategorien behandelt zu werden …" (ebd., S. 74), d.h. nach universellen Maßstäben eingeschätzt zu werden. Dies geschieht in erster Linie durch für alle gleichermaßen gültige Leistungsstandards. Auch trägt das System der Altersklassen mit der jährlichen Versetzung dazu bei, sich als Mitglied einer Gruppe wahrzunehmen. Eine weitere Homogenisierung geschieht durch die Zuweisung zu nach Leistungsgruppen separierten weiterführenden Schulen. Für das Erlernen der Spezifität gilt das Gleiche: Die Kinder lernen, dass sie in der Schule gerade nicht in ihrer vollen Individualität wahrgenommen werden, sondern in ihrer Rolle als Schüler. Auch lernen sie, aufgrund der Vielzahl der Kontakte im Laufe des Schullebens, sich untereinander ausschließlich nach spezifischen Kategorien einzuschätzen.

Immerhin lässt Dreeben zu all diesem einen „ideologischen Vorbehalt" gelten, in welchem er korrekterweise zwischen zu erstrebenden Normen und analytisch vorfindbaren unterscheidet (ebd., S. 85 f.). Sein Befund ist,

Ein ideologischer Vorbehalt

dass diese Normen durch die Schule tatsächlich vermittelt werden. Ob das so richtig ist, bleibt fraglich wie er u.a. an dem Beispiel der Spezifität zeigt. Positiv daran ist, dass hinsichtlich der Vielzahl sozialer Situationen und Rollen, denen Erwachsenen im öffentlichen Leben und beruflichen Alltag begegnen, eine spezifische Wahrnehmung das Leben vereinfacht, negativ aber, dass eine auf eine spezifische Rolle gestutzte Erwartung als persönliche Entfremdung empfunden werden kann.

Rezeption   Abschließend zur Rezeption Dreebens: Seine gründliche Studie zählt zu den Klassikern der Schultheorie. Nochmals sei betont, dass Dreeben die sozialisierenden, also nicht die sprachlich vermittelten, Wirkungen der Schule herausstreicht.

Anders aber als Parsons' hier diskutierter, im Vergleich deutlich „dünnerer" Aufsatz, anders auch als die Kritik dessen, „was wir in der Schule lernen" unter dem Paradigma des „Heimlichen Lehrplans", erlangten das Buch und sein Autor nicht die Prominenz, die ihnen eigentlich gebührte. Dies dürfte vor allem daran liegen, dass Dreeben seine Studie zu einem Zeitpunkt veröffentlichte, als das Paradigma des Strukturfunktionalismus immer mehr ins Wanken geriet, der Symbolische Interaktionismus zunehmend zum neuen Paradigma der Sozialwissenschaften in den 60er Jahren wurde und die Dreeben'schen Befunde schultheoretisch ins Kritische gewendet wurden.

8.3 Der heimliche Lehrplan

Dies führt zum Begriff des heimlichen Lehrplanes, dem, wie es im amerikanischen Original heißt, „hidden curriculum", das durch den Soziologen Philip W. Jackson in seinem 1968 erschienen Buch „Life in Classrooms" geprägt und 1971 als Titel eines Buches seines Soziologen-Kollegen Benson Snyder bekannt wurde.

Die Grundthese lautet, wie schon bei Dreeben: Die Schule vermittelt nicht nur Wissen, sondern auch normative Orientierungen, welche nicht Gegenstand öffentlicher Lehrpläne sind. Dies gilt, wie Snyder zeigt, für Schule und Hochschule. Hinzu kommt, dass der heimliche Lehrplan prüfungsrelevant ist, da er mehr oder weniger unwissentlich Teil der Bewertungsgrundlage in Prüfungen ist (vgl. auch die Untersuchungen Pierre Bourdieus, Kapitel 11).

Kritik der Methode   Anders als bei Dreeben wird dieser Tatbestand jedoch kritisch gesehen. Dies zumal die empirische Schulforschung zu dieser Zeit eher ein Desiderat darstellte. Jürgen Zinnecker, der den englischen Begriff als „Heimlichen Lehrplan" 1973 adaptierte, zog daher zunächst eine methodologische Folgerung: Als Gegensatz zu der Dominanz einer mit statistischen Methoden arbeitenden oder einer auf Spekulation basierenden Forschung wurde die aus der Ethnologie stammende Methode der teilnehmenden Beobachtung und die der hermeneutisch inspirierten Interpretation schulischer Interaktionen eingesetzt.

All dies findet sich in dem 1975 von Zinnecker herausgegebenen Band „Der heimliche Lehrplan", in welchem in neun Beiträgen detailreiche Beobachtungen aus dem Schulalltag gezeigt und kritisch interpretiert werden.

Ziel ist es „empirisch (zu) ermitteln, welche persönlichkeitsprägende Wirkung vom Unterricht im Klassenzimmer ausgehen" (ZINNECKER, S. 13).

Exemplarisch sei kurz auf zwei Beiträge eingegangen:

Der erste Beitrag ist von Jackson selbst. Unter dem (deutschen) Titel „Einübung in eine bürokratische Gesellschaft: Zur Funktion der sozialen Verkehrsformen im Klassenzimmer" beschreibt er eine Reihe von für die Schule strukturell typischen Verhaltensmustern:

Zur Funktion der sozialen Verkehrsformen im Klassenzimmer

„Wenn man einen beliebigen Menschen in die Situation versetzt, den Lernansprüchen von dreißig oder fünfunddreißig anderen Menschen gerecht werden sowie deren Ansprüche mit denen anderer Gruppen im gleichen Gebäude vermitteln zu müssen, kann es nicht ausbleiben, daß sich in Kürze drei der markantesten Erkennungszeichen von Schulleben einstellen: Verzögerungen, Versagungen und Unterbrechungen." (JACKSON 1975, S. 24)

Die entsprechenden Erkennungszeichen von Schulleben beschreibt er im Folgenden. Es dürfte nicht schwierig sein, sich Beispiele hierzu auszumalen. Die Frage ist, welche sozialisierenden Effekte davon ausgehen. Jackson nennt zwei Aspekte: Geduld oder – im misslingenden Falle – Resignation und Maskierung, worunter all jene Verhaltensweisen verstanden werden, mit denen Schüler versuchen, den Erwartungen an einen guten Schüler zu entsprechen – ohne tatsächlich faktisches Wissen oder Erkenntnisgewinn aus dem Unterricht zu ziehen, ohne also „wirklich" etwas zu lernen. Jackson resümiert:

„Die Kinder haben sehr wohl gelernt, wie man die Lehrer zufriedenstellen kann. Nur haben sie darüber verlernt, ihren Kopf weiterzugebrauchen, wenn die Lehrer einmal nicht dabei sind."

Und weiter:

„Wen soll man für diese Fehlleistung verantwortlich machen? Die Schulen; die Gesellschaft; den Einzelnen? Ich würde annehmen, daß sich alle drei die Verantwortung teilen. … (Die Schule) verpflichtet offensichtlich die Schüler auf zwei Welten – die Welt der bürokratischen Organisation und die Welt der geistigen Studien. Unglückseligerweise ist der einzige Erfolg nicht selten der, daß die Schüler am Ende der Schulzeit gelernt haben, so zu tun, als ob sie beide Welten in ihr Leben integriert hätten." (ebd., S. 32f.)

Ein anderer Beitrag, „Acht Minuten heimlicher Lehrplan bei Herrn Tausch. Analyse einer gefilmten Unterrichtsstunde", ist deswegen hervorzuheben, weil er anhand einer Detailanalyse einer filmisch dokumentierten Unterrichtsstunde die Lehrer-Schüler-Interaktion untersucht und zeigt, wie rasch Schüler eine Haltung bezüglich der von ihnen vermuteten Lehrererwartung entwickeln und damit, zumindest im Falle einer misslungenen Stunde, den Lehrer ins Leere laufen lassen (ZEHRFELD/ZINNECKER 1975). Pikant ist diese Analyse deswegen, weil die Stunde von einem der seinerzeit profiliertesten Erziehungspsychologen, Reinhard Tausch, in der besten Absicht gehalten worden ist, im Sinne des sogenannten „sozialintegrativen Unterrichtsstils" gerade ohne hierarchisches oder autoritäres Auftreten zu unterrichten. Zehrfeld und Zinnecker zeigen jedoch anhand der Analyse des Verhaltens von Lehrer und Schülern, wie sich zwischen dem non-verbalen

Acht Minuten heimlicher Lehrplan

und dem verbalen Verhalten des Lehrers – vergleichbar einem Double-bind – Widersprüche auftun. Die Schüler bemerken das non-verbale direktive Verhalten und reagieren darauf durch angepasstes Schülerverhalten – ohne dass der Lernprozess der Sache nach erfolgreich ist. Dadurch, so kritisieren Zehrfeld und Zinnecker, lernen die Schüler die Verlogenheit schulischer Interaktion. Dies freilich könnte als gelingende Vorbereitung auf das Berufsleben verstanden werden.

– Ein derartiger Lehrplan ist, die Konnotation von Heimlichkeit legt dies nahe, zu kritisieren: hinsichtlich des heimlich vermittelten Konkurrenzdrucks, welcher, so die marxistisch orientierte Kritik, für Schule in kapitalistischen Systemen notwendig sein müsse,

– hinsichtlich der illegitimen Prüfungspraxis, wonach nicht nur die tatsächliche Lernleistung, sondern auch die Anpassung an die unausgesprochenen Verhaltensnormen Prüfungsgrundlage sind (vgl. jeweils Kapitel 11),

– und schließlich, schulimmanent gedacht, nicht zuletzt hinsichtlich misslingender, da nur oberflächlich stattfindender Lernprozesse.

Der „Heimliche Lehrplan" war für eine Generation von Erziehungswissenschaftlern wie praktischen Pädagogen zum Schlagwort, ja nahezu zum Paradigma geworden. Mit ihm war ein Konzept für die empirische Erforschung der Schulwirklichkeit, aber gleichermaßen auch für die kritische Hinterfragung eben dieser Schulwirklichkeit gefunden worden. An beidem bestand nach der Dominanz der eher empiriefernen wie affirmativen Geisteswissenschaftlichen Pädagogik großer Bedarf.

Zwischenzeitlich ging die Entwicklung weiter. Das Phänomen selbst würde heutzutage kaum jemand leugnen, es zu übergehen, wäre wissenschaftlich fahrlässig. Der Begriff hat zu Recht Eingang in die Lehrbücher gefunden, die empirische Schulforschung hat zwischenzeitlich große Fortschritte gemacht. Die Bewertung allerdings wird nicht mehr so kritisch gesehen wie in den 70er Jahren. Was seinerzeit als nahezu revolutionäre Erkenntnis galt, wird inzwischen unter dem Aspekt der Funktionalität von Schule oder auch des Erziehungsauftrags von Schule mit weniger Skrupel diskutiert.

8.4 Schule und Psychoanalyse

Spricht man vom Unbewussten, bewegt man sich in ein begriffliches Umfeld, das durch die Psychoanalyse geprägt ist. Die Psychoanalyse hat nach ihrer Begründung durch Sigmund Freud in den Jahren um 1900 verschiedene Phasen durchlebt, welche von anhaltender heftiger Ablehnung bis hin zur akademischen Anerkennung in den 70er Jahren reichten. V.a. von den USA aus, wo sie nicht zuletzt durch deutsche Emigranten in den 30er Jahren bekannt, und auch von Hollywood aus – man denke an Alfred Hitchcocks Filme – wurde sie popularisiert und im Zuge der gesellschaftlichen Liberalisierung nach 1968 eine der sozialwissenschaftlichen Basistheorien, trotz des umstrittenen Status ihrer Wissenschaftlichkeit.

Psychoanalyse als Basistheorie   Dies gilt in hohem Maße für die Erziehungswissenschaft, insbesondere da die Psychoanalyse weitreichende Aussagen über die Bedeutung frühkindlicher Erfahrungen, über die psychosexuellen Phasen in der Kindheit und über die Aufarbeitung in der Kindheit erlebter Traumata zur Therapie psychischer Krankheiten macht (als Einführung empfehlenswert: LOHMANN [1991]).

Die Beiträge einer psychoanalytisch inspirierten Erziehungswissenschaft zu einer Theorie der Schule gingen allerdings nicht über erste Versuche hinaus. Womöglich fehlte die breite Resonanz, die etwa den Fend'schen Ansatz (vgl. Kapitel 10) getragen hat.

Was aber ist ihr Beitrag zur Betrachtung von Schule?

Auf Freud geht die Unterscheidung von drei psychischen Instanzen zurück: das Es, das für die Triebhaftigkeit des Menschen steht; das Über-Ich, welches sich in der ödipalen Krise bildet, in der die äußeren Anforderungen, die Normen der Gesellschaft verinnerlicht werden; und das Ich, welches die beiden widersprechenden Anforderungen von Es und Über-Ich – Freud sprach von dem „Unbehagen in der Kultur" – in einer möglichst bewussten Balance halten muss.

Unbehagen in der Schule?

Die Schule hat nun Merkmale eines gesellschaftlichen Über-Ich (vgl. MUCK/MUCK 1987). Dies liegt an der „Zwanghaftigkeit der Schulorganisation" (ebd., S. 79), beginnend mit den äußeren Zwängen der zeitlichen, räumlichen wie auch sozialen, d.h. auf eine Klasse bezogenen Bindung eines Schülers. Hinzu kommt, dass die „äußere Ordnung einer Zwangsanstalt … nur aufrechterhalten werden (kann) – durch Disziplin" (FÜRSTENAU 1964, S. 77). Dies aber fördert aus psychoanalytischer Sicht zwanghafte Charakterzüge wie eben Disziplin, Pünktlichkeit, Ordentlichkeit, Angepasstheit. Charakterzüge, die einer selbstbewussten und selbstbestimmten und damit auch psychisch gesunden Entwicklung entgegenstehen.

Dem Zwangscharakter zugrunde liegt ein prinzipieller Widerspruch, welcher – in der Sprache der Psychoanalyse wiederum – nur durch Abwehrmechanismen ausgehalten werden kann. Der Widerspruch zwischen den propagierten Werten von individueller Entwicklung zur Selbstbestimmung, von Nächstenliebe, Solidarität oder Achtung vor anderen auf der einen Seite und auf der anderen Seite, diesem „diametral entgegensetzt" (ebd. S. 76), dem Leistungsprinzip, das Rivalität erzeugt. So schreiben Muck und Muck:

„Sowohl in der Schule als auch in der Gesellschaft ist Leistung kein Miteinander, sondern ein Gegeneinander, ein ‚Konkurrenzkampf'. Dadurch wird der Neid, die alte Geschwisterrivalität auf dem Hintergrund ödipaler Auseinandersetzung wiederbelebt. Die vaterlose Gesellschaft (Mitscherlich) hat sich im so verstandenen Leistungsprinzip ein autoritäres, externalisiertes Überich erhalten, ein archaisches Relikt des verschwundenen Vaters, das die ‚Geschwister' in Neid und Rivalität zwingt." (ebd., S. 77)

Prüfungen, welche in gewisser Weise „Kulminationspunkte schulischen Lebens darstellen" (ebd., S. 80), lassen sich psychoanalytisch deuten: Sie lassen sich mit Initiationsritualen vergleichen, welche einerseits einen rationalen Aspekt haben, andererseits durch die „Angst der älteren Generation vor der nachdrängenden Jugend" (ebd.) gekennzeichnet sind und somit unbewusste, die eigentliche Überprüfung des erworbenen Wissens hemmende Reaktionen auslösen können.

All dies gipfelt in Fürstenaus kritischer These, wonach Schule gerade weniger der Entfaltung der Persönlichkeit als vielmehr der Entwicklung zwanghafter Charaktere dient, was im Widerspruch zu einem sich auf Aufklärung und Demokratie verpflichteten Gemeinwesen steht (vgl. FÜRSTENAU 1964).

Tabus über dem
Lehrberuf
Hingewiesen sei hier auch auf Theodor W. Adornos bekannten und lesenswerten Vortrag zu den „Tabus über dem Lehrberuf", in welchem er psychoanalytisch geschult den oben genannten Widerspruch in der „Lehrperson" selber festmacht.

Die Beiträge der Psychoanalyse zur Schule entstanden im Zuge des gesellschaftlichen Wandels der 60er und 70er Jahre. Eine eigenständige Theorie entstand daraus nicht, wohl aber wurde die Kritik in eine allgemeine Schulkritik aufgenommen (siehe Kapitel 12) und stellte die Diskussion um Schulpraxis und Theorie auf eine breitere Grundlage.

Inzwischen hat die Psychoanalyse zur Schule nicht mehr diese hohe Popularität, weder in den Sozialwissenschaften noch in der therapeutischen Praxis, was nicht unbedingt gegen sie sprechen muss. Zu ihrer Aktualität ist im Freud-Jahr 2006 vieles geschrieben worden (vgl. etwa BRUMLIK 2006).

Es hat jedenfalls zur Folge, dass diejenigen, welche sich auf eine derartige Betrachtung einlassen, mindestens schon durch die Fremdartigkeit der Perspektive zu neuen Erkenntnissen angeregt werden.

8.5 Noch einmal Bernfeld

Sowohl Dreebens strukturalistische Betrachtung der Institution Schule als auch die ins Kritische gewendete Lehre vom Heimlichen Lehrplan sind so neu nicht. Der Gedanke, dass Schule alles andere als nur Wissen vermittelt, wurde bereits in den 20er Jahren formuliert durch Siegfried Bernfeld, der in seiner marxistisch wie psychoanalytisch geschulten Studie über die Grenzen der Erziehung die Grundthese der in diesem Kapitel dargestellten Theorien vorwegnahm: nämlich den sozialisierenden Effekt von Schule, der jenseits der bekannten Wege und jenseits der öffentlich proklamierten Ziele von Schule steht. Bemerkenswert ist mithin, wie viel Zeit und theoretische Mühen es gebraucht hat, um zu dieser Erkenntnis zurückzukommen. Damit sollen keineswegs die Arbeiten von Dreeben, Jackson und Fürstenau geschmälert werden – es ist umgekehrt interessant, dass Erkenntnisse nicht für sich und für alle Zeiten bestehen, sondern gewissermaßen einen sozialen Resonanzraum benötigen, der sie erst relevant werden lässt. Im Falle Bernfelds hat dies mehr als 40 Jahre und, wie man zynischerweise anfügen könnte, eine Diktatur gedauert.

Was Sie wissen sollten, wenn Sie Kapitel 8 gelesen haben:

– Sie sollten Dreebens Argumentation skizzieren können. Um welche Normen geht es, wie werden sie gelernt?
– Sie sollten Dreebens These in den Kontext seiner Zeit stellen können.
– Sie sollten nachvollziehen können, inwiefern der „Heimliche Lehrplan" eine Fortsetzung von Dreebens Argumentation darstellt.

– Sie sollten die schultheoretische Hypothese der Psychoanalyse erläutern können.
– Schließlich sollten Sie zu einem eigenen Urteil über die Stimmigkeit der dargestellten Ansätze kommen. Was haben Sie in der Schule gelernt, was nicht in den Lehrplänen steht?

Weiterführende Literatur

DREEBEN, ROBERT (1980): **Was wir in der Schule lernen**. (Orig.: On what is learned in school. Reading/Mass. 1968). Frankfurt a.M. Dreeben entfaltet in diesem von ihm als Essay bezeichneten 170-seitigen Buch den struktur-funktionalistischen Ansatz ausführlicher als sein soziologischer Pate Parsons. Ein Beitrag zur Entwicklung der Schultheorie, an dem man nicht vorbeikommt.

ZINNECKER, JÜRGEN (Hg.) (1975): **Der heimliche Lehrplan**. Untersuchungen zum Schulunterricht. Weinheim, Basel. Mit diesem Buch wurde der Begriff in der Bundesrepublik publik. Es enthält neun Beiträge, welche durch einen detailgenauen, oftmals durch teilnehmende Beobachtung geschärften Blick aufzeigen und kritisieren, was der heimliche Lehrplan bedeutet. Gerade für angehende Lehrerinnen und Lehrer ein Erkenntnisgewinn.

TILLMANN, KLAUS-JÜRGEN (1989): **Sozialisationstheorien. Eine Einführung in den Zusammenhang von Gesellschaft, Institution und Subjektwerdung**. Hamburg. Ein Band, der in mehreren Kapiteln dieses Buches empfohlen werden könnte. Er umfasst insbesondere eine u.E. ausgezeichnete Einführung in den struktur-funktionalen Ansatz und dessen Kritik sowie in die Psychoanalyse.

9 Der Blick von innen: Schule aus Sicht des Symbolischen Interaktionismus

9.1 Der erste Schultag

Wollte man den Ansatz des Symbolischen Interaktionismus in einem Satz darstellen, könnte man sagen: Schule hat immer schon angefangen.

Noch bevor die Lehrerin oder der Lehrer über die Klassenzimmerschwelle treten, noch bevor das Klingeln ertönt, noch bevor sogar die Schülerinnen und Schüler das Schulgebäude betreten, am Sonntagabend, noch bevor die Woche wieder beginnt, ja noch vor dem ersten Schultag im Leben eines Kindes, vor all diesen Zeitpunkten hat die Schule bereits begonnen – weil Schule mit ganz bestimmten, vorher bereits vorhandenen Erwartungen der an ihr Beteiligten, der Lehrerinnen und Lehrer, Eltern, Schülern und Schülerinnen, verbunden ist.

Schule hat immer schon angefangen

Dementsprechend ist die Schule auch nicht nach dem Glockenschlag beendet; als Muster von Erwartungen und verinnerlichten Wahrnehmungs- und Handlungsschemata wirkt sie über die tägliche Unterrichts- und die gesamte Schulzeit hinaus. Ein vielleicht etwas verstörender Befund, der der genaueren Erläuterung bedarf.

Es geht in diesem Kapitel um den „Blick von innen", es geht nicht um die Einbindung von Schule in ein Gesellschaftssystem, nicht um Lehrpläne oder

Unterrichtsmodelle, nicht um die erwünschten oder tatsächlichen Funktionen von Schule, nicht um die „Große Theorie", sondern um den Alltag bzw. dessen sozialwissenschaftliche Rekonstruktion. Es geht um Schule als Mikrokosmos, um die Perspektive der Akteure.

9.2 Der Symbolische Interaktionismus

Dies thematisiert der Symbolische Interaktionismus, ein soziologischer Ansatz, der auf den amerikanischen Pragmatismus des ausgehenden 19. und beginnenden 20. Jahrhunderts, namentlich auf John Dewey (1859–1951) und dessen Schüler George Herbert Mead (1863–1931), zurückgeht. Dewey wie Mead, dieses biografische Detail sei hier genannt, waren neben ihren sozialphilosophischen Studien im durch Arbeitskämpfe erschütterten Chicago der Jahrhundertwende auch reformpädagogisch (Deweys Reformschule) und sozialpolitisch (Meads Einsatz für Arbeiterbildung, Frauenemanzipation usw.) aktiv.

Pragmatismus und *Zeichentheorie* Der Pragmatismus ist, wiewohl er durch seinen philosophischen Hauptvertreter Charles Sanders Peirce (1839–1914) dem kantschen Denken entlehnt ist, eine für das Amerika des 19. Jahrhunderts typische Philosophie, die sich von jeder Metaphysik abwendet und den Blick auf das Handeln und dessen Folgen richtet. Peirce behauptet über das Verhältnis von Erkenntnis und Wahrheit, „daß alle Erkenntnis ein intersubjektiv vermittelter Zeichenprozeß sei und daß die Bedeutung von Worten in den möglichen Folgen ihres Gebrauchs liege" (BRUMLIK/HOLTAPPELS 1987, S. 764).

Damit rücken Dinge in das Zentrum der Betrachtung, welche sowohl die Philosophie des Idealismus wie auch soziologische Makrotheorien (vgl. Kapitel 7) vernachlässigen: Alltag und Privatleben, die Sicht bzw. Selbstwahrnehmung der Akteure, die „kleine Welt". Dies ist eine Paradigmensetzung, die keineswegs naheliegend oder unumstritten ist. Der Blickwinkel geht nicht von einer Gesamtgesellschaft aus auf Subsysteme und soziale Akteure, sondern umgekehrt von Individuen und wie durch sie Gesellschaft konstituiert wird.

Tut man das, so entsteht Gesellschaft – rein logisch gesehen – dadurch, dass die Individuen miteinander in einen Austausch treten. Gesellschaft wird durch die Interaktion der Individuen konstituiert. So wichtig dabei der Austausch von Gütern ist – ein Aspekt, der in zwei Basistheorien der Moderne, der politischen Ökonomie von Karl Marx und in der Theorie der Arbeitsteilung von Emile Durkheim, sehr zentral ist (vgl. etwa HAUCK 1984) –, so wichtig ist für die Konstitution einer Gesellschaft der Austausch von Symbolen. Damit sind Traditionen, Werthaltungen, spezifische Verhaltensmuster oder Alltagsroutinen gemeint – deutlich wird dies allein schon, wenn man betrachtet, welch immenser Aufwand betrieben wird, damit die Heranwachsenden die Beherrschung dieser Symbole erlernen, die basalen Kulturtechniken des Lesens, Schreibens und Rechnens durch die Schule nämlich.

In erster Näherung sind Symbole das, was den Menschen anthropologisch zu kennzeichnen scheint: die Fähigkeit zum Sprachgebrauch, mithin zum Gebrauch von Zeichen, der Mensch als „homo loquens", so die Bezeichnung von Ernst Cassirer.

Was ist ein Zeichen? Der klassischen Definition nach ist ein Zeichen etwas, das für etwas anderes steht („aliquid stat pro aliquo"). Dies umfasst sprachliche Zeichen, also Laut- oder Schriftgebilde, mathematische Zeichen, aber auch Verkehrsschilder, die bestimmte Hinweise oder Verhaltensgebote darstellen usw. Zeichen haben damit eine Eigenschaft, die nicht nur linguistisch oder erkenntnistheoretisch, sondern auch pädagogisch hoch bedeutsam ist: Zeichen sind arbiträr, d.h. ihre Gestalt hängt nicht naturwüchsig mit ihrer Bedeutung zusammen. Die Bedeutungszuweisung beruht auf einer Konvention, mithin also auf einem sozialen Akt. Diese Konvention wiederum ist keineswegs selbstverständlich, die Sache, die Sie gerade vor Augen haben, wird im Deutschen als „Buch", im Englischen als „book" wiedergegeben, andere Zeichen wären ein Piktogramm oder auch die Lautgestalt. Die vergleichende Sprachwissenschaft, wie etwa die klassische Untersuchung von Benjamin Lee Whorf, weisen auf den engen Zusammenhang von kulturellem Kontext, Sprachgebrauch und Weltbild hin (vgl. WHORF 1965).

Das macht die Interaktion symbolisch. Die sprachlichen Äußerungen, aber auch Gestik, Mimik, sämtliche bewussten wie unbewussten Verhaltensweisen meines Gegenübers bedürfen der Interpretation. Diese Interpretation wiederum ist die Basis für meine eigenen Äußerungen bzw. mein Verhalten. Aus diesem Grunde rechnet sich der Symbolische Interaktionismus einem – im Gegensatz zum Funktionalismus – als „interpretativ" bezeichneten Paradigma zu. Bedeutungen von Worten wie von Handlungen stehen nicht von vornherein fest oder sind völlig statisch, sondern unterliegen einem ständigen Interpretationsprozess. Sozialwissenschaften haben hierbei die Aufgabe, sich in die Perspektive der Akteure zu begeben und die Interpretationen zu rekonstruieren und zu strukturieren.

Das interpretative Paradigma

Dementsprechend wird in der zweiten Phase des Symbolischen Interaktionismus, welche in den 50er Jahren durch den Mead-Schüler Herbert Blumer (1900–1987) – auf den die Bezeichnung „Symbolischer Interaktionismus" zurückgeht – und die ethnologisch inspirierten Studien von Erving Goffman einsetzte, die Phänomenologie Husserls und im Zuge dessen die hermeneutische Methode Bezugspunkt dieses Paradigmas.

9.3 Interaktion und Identität

Zurück zum Kern der Betrachtung des Symbolischen Interaktionismus, zur Interaktion zweier Akteure. George Herbert Mead hat diese eingehend untersucht. Mead war Schüler John Deweys, einem Verfechter demokratischer Erziehung, und beeinflusst durch die neuen Naturwissenschaften, namentlich Darwins 1856 veröffentlichter Evolutionstheorie und der experimentellen Psychologie von Wilhelm Wundt, bei dem er 1888/89 auch studierte. Mead verglich die Interaktion von Tier und Mensch. Menschliche „Gesten", insbesondere die vokalen Gesten, unterscheiden sich von denjenigen der Tiere dadurch, dass sie der Reflexion zugänglich sind (vgl. MEAD 1968, BRUMLIK 1989, TILLMANN 2006). Menschen können sich beim Sprechen selber hören und somit wie mit einer inneren Stimme über und zu sich selbst sprechen, d.h. sich selbst als Objekt reflektieren.

George Herbert Mead

Aus den Gesten werden, wenn sie zwischen zwei Personen – Mead führt hier die Bezeichnungen „Ego" und „Alter" ein – ausgetauscht werden und damit Handlungen initiieren oder begleiten, bedeutsame, „signifikante Symbole". Aus Systemen signifikanter Symbole entsteht ein zusammengehöriges Bedeutungs- und damit auch Handlungsmuster, das, was soziologisch als Rolle bezeichnet wird.

Erwartung und Erwartungserwartung

Woher kommen aber die Symbole? Ego nimmt die Gesten, insbesondere die Sprache von Alter wahr. Sind damit Handlungen verbunden, so werden diese als Symbole signifikant, Ego antizipiert das Verhalten von Alter und stimmt seine Handlungen darauf ab (wenn es nicht zum Abbruch der Interaktion kommen soll). Umgekehrt gilt das Gleiche für Alter, welcher Egos Verhalten auf Basis von dessen Gesten antizipiert und wiederum sein Verhalten daraufhin abstimmt: „Signifikante Symbole sind also wechselseitig bewußte Verhaltenserwartungen auf der Basis ... (vokaler) Gesten" (vgl. BRUMLIK 1989, S. 767). Tatsächlich sogar bilden sich nicht nur Erwartungen Egos über das Verhalten von Alter, sondern auf einer höheren Stufe „Erwartungserwartungen", d.h. Ego erwartet, welche Erwartungen Alter an ihn hat.

Hierdurch, und das ist die besondere Pointe des Symbolischen Interaktionismus, entsteht eine genetische Perspektive: Er erhält einen Erklärungsansatz für die Identitätsbildung von Kindern (bzw. Weiterentwicklung von Erwachsenen), in ihm steckt eine Theorie der Sozialisation.

„Genetisch gesehen bildet (das Selbst) sich zunächst in der Über- und Vorwegnahme der Reaktionen konkreter einzelner *signifikanter Anderer*, später in der Übernahme verallgemeinerter Reaktionsmuster, eines *generalisierten Anderen* ..." (vgl. BRUMLIK ebd.).

Mead bezeichnet diesen Prozess als „role-taking". Mit zunehmender Erfahrung kann das Subjekt die Rolle zunehmend selbst ausgestalten, dies wird als „role-making" bezeichnet. Dem entspricht, dass nach allem, was man entwicklungspsychologisch, etwa durch das Werk von Piaget oder Kohlberg, weiß, die Fähigkeit zum Perspektivwechsel sowie zur Selbstreflexion mit dem Alter wachsen (vgl. etwa GARZ [2]1994).

Identität

Das Selbst („Self"), im Deutschen oftmals mit „Identität" wiedergegeben, hat dabei zwei Bestandteile:
– das „I" (Deutsch: „Ich"), welches die kreativen, spontanen, nach Mead nur biologisch zu erklärenden Anteile des Handelns umfasst,
– das „Me" (Deutsch zumeist als „ICH" gekennzeichnet), welches das soziale Selbst, die im Laufe der Zeit übernommenen Erwartungen der anderen kennzeichnet.

Bemerkenswerterweise erhält man hier eine ähnliche Facettierung wie bei Freuds Instanzen: Meads I entspricht dann eher Freuds „Es". Freuds „Ich" entspricht wiederum dem „Self", jene aus den persönlichen Regungen und den gesellschaftlichen Erwartungen auszubalancierende „Identität".

Dieses Ausbalancieren ist letztlich durch die Symbolhaftigkeit der Interaktion möglich: Symbole sind arbiträr, sie haben Bedeutungen, welche aber nicht eindeutig sind, sondern der Interpretation bedürfen. „Symbole aber (entlasten) vom unmittelbaren Reaktionsdruck, (lassen) damit Raum zu einer Stellungnahme zum eigenen Tun und (ermöglichen) somit Freiheit und Verantwortlichkeit" (vgl. BRUMLIK ebd.). In diesem Sinn ist die Perspektive des Symbolischen Interaktionismus auf Gesellschaft weit weniger deterministisch als die des Strukturfunktionalismus.

Bezeichnenderweise hat Mead zu Lebzeiten kein Buch veröffentlicht. Seine Schriften sind von Schülern posthum aus seinen Vorlesungen zusammengestellt worden. Nachdem in den USA der 40er und 50er Jahre funktionalistische wie auch behavioristische Ansätze dominierten, kam es in den 60er Jahren zu einem erneuten Paradigmenwechsel hin zu interpretativen Ansätzen, die sich auf den Symbolischen Interaktionismus bezogen. Hier ist neben den im nächsten Abschnitt zu nennenden Autoren vor allem Erving Goffman (1922–1982) wichtig.

Goffman ist mit seinem 1956 erschienenen Buch „The Presentation of Self in Every-day Life" sehr rasch bekannt geworden. Er vergleicht darin die Darstellung einer Person in verschiedenen sozialen Situationen mit der Übernahme von Rollen auf der Theaterbühne. Dieser Vergleich trägt über weite Strecken. Goffman spricht dabei von der Selbstinszenierung einer Person, die davon abhängt, in welchem Kontext, auf welcher Bühne bzw. in welchem „Rahmen" sich die Person bewegt, d.h. mit welchen Erwartungen und Erwartungserwartungen zu rechnen ist. Goffmans Blick ist dabei gewissermaßen ethnologisch geschult, seine Theorie ist von den Rändern des Alltagslebens her entwickelt worden: das Gemeinschaftsleben auf gering besiedelten Inseln, das Leben in „totalen" Institutionen wie der Psychiatrie, die Rolle von stigmatisierten Personen (vgl. GOFFMAN 1967, 1973). *„The Presentation of Self in Every-day Life"*

Goffman unterscheidet analog zu Mead eine personale, sich über die Zeit erstreckende und verschiedene Situationen integrierende und eine soziale, auf eine bestimmte Gruppe oder Rolle bezogene, aktuelle Identität. Da nun aber unterschiedliche Bezugsgruppen unterschiedliche, ja sogar einander widersprechende Erwartungen haben können (man denke etwa an Arbeitswelt und Familie), ist zur gelingenden Identität ein reflexives Verhalten, von Goffman als „Rollendistanz" bezeichnet, notwendig.

Zusammenfassend lässt sich festhalten: Identität entsteht durch die Interaktion mit anderen, sie ist damit das Produkt eines Aushandlungsprozesses, sie ist nie fertig. Mit anderen Worten, Identität oder, wenn man so will, der Kern des Subjektes, ist ein soziales Produkt, ein Produkt, an dem zunächst die konkrete, später die verallgemeinerte Umwelt Anteil hat. Ich sind immer auch die anderen. Sozialwissenschaftlich ist dies eine Selbstverständlichkeit. Umgekehrt zeigt sich aber an der kaum vorhandenen Verankerung dieser Hypothese im Alltagsbewusstsein, wie weit – leider – selbst grundlegende wissenschaftliche Erkenntnisse vom Alltag entfernt sind, selbst dann, wenn sie genau diesen thematisieren.

9.4 Die soziale Konstruktion der Wirklichkeit

Durch Interaktion mit anderen entsteht Identität. Dies ist die eine Pointe des Symbolischen Interaktionismus. Keiner ist für sich allein. Auf der anderen Seite zeigt er, dass auch „die Gesellschaft" bzw. die Wirklichkeit nicht an sich existiert. Sie existiert gewissermaßen vorbehaltlich ihrer Interpretation. *Wirklichkeit nicht „an sich"*

Die neuere Sozialwissenschaft nimmt damit Bezug auf einen Zweig der Philosophie, der sich dezidiert von empirischen bzw. positivistischen Methoden der Erkenntnis abgrenzt: der Phänomenologie in der Fassung Edmund Husserls (1859–1938). Darunter versteht er

„eine Philosophie, die gegenüber dem vorwissenschaftlichen und auch wissenschaftlichen Objektivismus auf die erkennende Subjektivität *als Urstätte aller objektiven Sinnbildungen und Seinsgeltungen* zurückgeht und es unternimmt, die seiende Welt als Sinn- und Geltungsgebilde zu verstehen und auf diese Weise *eine wesentlich neue Art der Wissenschaftlichkeit und der Philosophie* auf die Bahn zu bringen ..." (HUSSERL 1962, Hervorh. orig.)

Hierauf stützt sich die These, dass sich wie die Identität auch die Realität erst durch Interaktion bildet – so der Ansatz von Alfred Schütz (1899–1959). Schütz brachte das unter den programmatischen Buchtitel „Der sinnhafte Aufbau der sozialen Welt" (1932) – erst die Zuweisung von Sinn vor dem Hintergrund der je subjektiven bzw. gruppen- und gesellschaftsspezifischen Erfahrungen gibt Dingen wie Personen ihre Bedeutung.

Sinn als soziale Kategorie
Mit anderen Worten, die Kategorie des „Sinnes" wird eine eminent soziale (und nicht mehr metaphysische) Kategorie. In gleicher Weise wird in dem schnell zum Klassiker gewordenen Buch „Die gesellschaftliche Konstruktion der Wirklichkeit" (1966) von Peter L. Berger und Thomas Luckmann argumentiert. Gesellschaft wird subjektiv unterschiedlich, z.B. geschlechtsspezifisch, wahrgenommen und angeeignet (hierzu TREIBEL [7] 2007, S. 126ff.). In modernen Gesellschaften, die durch zunehmend weniger face-to-face-Beziehungen gekennzeichnet sind, gibt es neben dem Alltagswissen mythologische, religiöse oder philosophische „Absicherungen" zu dessen Stabilisierung; das Alltagswissen ist außerdem nicht gleich verteilt, es gibt weite Bereiche, die in Subwelten oder durch Expertentum verborgen sind. Der Tatbestand der ungleichen Verteilung wiederum ist eine Begründung für die Schule als sekundärer Sozialisationsinstanz zur Internalisierung der Wissensbestände und Werte.

Dieser Befund der sozialen Konstruktion von Wirklichkeit wurde bereits 1928 durch William Isaac Thomas in seinem berühmt gewordenen Theorem festgehalten: „Wenn die Menschen Situationen als real definieren, so sind auch ihre Folgen real." Das gilt ebenso für Horoskope wie zumindest teilweise für den Placebo-Effekt von Medikamenten, für die „gefühlten" Börsenkurse usw., und es gilt auch in der Schule.

9.5 Symbolischer Interaktionismus in der Schule

Der Symbolische Interaktionismus bzw. das interpretative Paradigma stellen einen Ansatz zur Deutung von „Mind, Self and Society" dar, dessen radikaler Bruch mit jeder Form naivem Realismus nicht deutlich genug gemacht werden kann: Weder die eigene Identität noch die objektive Wirklichkeit bestehen an sich! Dem steht entgegen, dass diese Erkenntnis in den bundesdeutschen Lehrplänen, in welchen Fächer wie Sozial- oder Gemeinschaftskunde ohnehin eher randständig sind, kaum Beachtung findet.

Der Symbolische Interaktionismus ist ein Ansatz, der in der Schultheorie breite Rezeption gefunden hat, nicht zuletzt weil sich gerade hier eine Vielzahl von Belegen finden lässt. Auffällig mag schon geworden sein, dass er gewissermaßen einen theoretischen Bezugspunkt für die von Dreeben und Jackson formulierten Befunde darstellt.

In dessen eigener Terminologie ist schulische Interaktion folgendermaßen charakterisiert (vgl. dazu BRUMLIK 1973; BRUMLIK/HOLTAPPELS 1987; TILLMANN [15]2007).

– In der Schule als Institution ist die Deutungsmacht ungleich verteilt.

Deutungsmacht

„Wer wir sind, sein wollen und sein können, hängt nicht zuletzt davon ab, über wieviel Macht und Einfluß wir verfügen. Macht und Einfluß sind zumal in hierarchischen Institutionen ungleich verteilt" (BRUMLIK/HOLTAPPELS 1987, S. 90). Lehrerinnen und Lehrer unterrichten nicht nur, sie erziehen und beurteilen auch, was eine asymmetrische Interaktionsstruktur bedeutet. Schulische Lernprozesse und Interaktionen werden durch asymmetrische Interaktionen gestört, zum einen weil die Verknüpfung von Lern- und Beurteilungssituationen unklar ist, zum anderen weil Lernen am ehesten in emotional angenehmen Situationen gelingt, wofür asymmetrische, also aus Schülersicht restringierte Gestaltungsmöglichkeiten abträglich sind.

– In der Schule bilden sich stabilisierte Verhaltenserwartungen und Erwartungserwartungen über das Lehrer- bzw. Schülerverhalten aus.

Etikettierungen

Auf beiden Seiten wird typisiert und etikettiert. Etikette entsprechen den Erwartungen der Interaktionspartner. Insoweit Lehrer mehr Deutungsmacht besitzen, können sie ihre Deutung von Situationen oder von Personen durchsetzen, und zwar durch ihr eigenes Verhalten, sei dies implizit gestisch, durch Zu- oder Abwendung von einem Schüler, sei es explizit verbal oder letztlich in Form einer Zensur – hierdurch werden Schülerinnen und Schülern Attribute zugeschrieben. Die Pointe ist – Identität ist eine Frage der Aushandlung –, dass unabhängig davon, inwieweit diese Attribute tatsächlich ausgeprägt waren, Schülerinnen und Schüler diese Attribute annehmen und sich erwartungsgemäß verhalten. Oftmals etwa wird Kindern aus „bildungsfernen" Milieus, die beispielsweise durch einen dialektalen Sprachgebrauch auffallen, mangelnde Leistungsfähigkeit zugeschrieben, Potenziale werden übersehen und nicht gefördert. Eine der nahezu atemberaubenden Studien hierzu wurde in den 60er Jahren durch die amerikanischen Psychologen Rosenthal und Jacobson durchgeführt:

„Die Lehrer … übernahmen zu Beginn des Schuljahres eine neue Klasse, kannten also die Schüler noch nicht. Ein Intelligenztest wurde durchgeführt, der – wie den Lehrern gesagt wurde – zur Feststellung der Aufblüher dienen sollte. In Wirklichkeit wurden die dem Lehrer als Aufblüher prophezeiten Schüler nicht auf Grund der Tatsachen, sondern *nach dem Los* ermittelt bestimmt … Nach einem dreiviertel Jahr wurde der gleiche Intelligenztest wieder angewandt. Die Zuwachswerte der Intelligenzquotienten in der Gruppe der Aufblüher wurden den Werten aller übrigen Schüler, die als Kontrollgruppe dienten, gegenübergestellt. Der Vergleich zeigte einen größeren IQ-Zuwachs in der experimentellen Gruppe der vermeintlichen Aufblüher als in der Kontrollgruppe." (DOBRICK/HOFER 1991, S. 2, Hervorh. MW)

Das Buch von Rosenthal und Jacobson trägt den bezeichnenden Titel „Pygmalion im Klassenzimmer". Tatsächlich werden solche Prozesse der

Zuschreibung auch als Pygmalion-Effekt bezeichnet, nach dem gleichnamigen Stück von George Bernard Shaw, womit die Relevanz positiver Zuschreibungen angedeutet wird, die in pädagogischen Zusammenhängen äußerst wichtig sind. Insofern Heranwachsenden einen Vertrauensvorschuss und positive Erwartungen entgegengebracht werden, stärkt dies zunächst das Selbstbild, prägt damit die Identität und erhöht schließlich die tatsächlichen Kompetenzen, dies haben etwa die Studien Kohlbergs zur Entwicklung des moralischen Urteilsvermögens gezeigt (zusammenfassend z. B. Garz [2]1994).

Die schulische Realität ist bekannter- und bedauerlicherweise häufiger durch Pygmalion-Effekte negativer Art gekennzeichnet. In Anlehnung an Max Frischs Stück „Andorra", in welchem einem Jugendlichen, Andri, von der Umwelt vorurteilsbeladene, vermeintlich jüdische Eigenschaften zugeschrieben werden, bis der sich schließlich mit diesem Bild identifiziert, wird dies auch als „Andorra-Effekt" bezeichnet.

Zuschreibungs- bzw. Etikettierungsprozesse funktionieren nach der Logik, mit der man, wenn man es wissenschaftlich tun wollte, auch Horoskope und Aberglaube erklären kann – als self-fulfilling prophecy, sich selbst erfüllende Prophezeiungen.

– Abweichendes Verhalten entsteht durch institutionelle Normensetzung.

Abweichendes
Verhalten

Erving Goffman hat den Begriff des Stigmas, der Ausgrenzung aufgrund körperlicher Male, soziologisch verallgemeinert. Im Gegensatz zu unveränderlichen körperlichen Malen entsteht „Stigmatisierung" dadurch, dass Personen von institutionellen Normsetzungen, z. B. schulischen Leistungserwartungen, abweichen.

> „‚Den guten' oder ‚den schlechten Schüler' gibt es nicht. In der Regel genügt kein Schüler allen Anforderungen optimal, doch haben Schüler unterschiedliche Techniken entwickelt, dies zu (verdecken,) und Lehrer unterschiedliche Motive ausgebildet, über die Schwäche auch besserer Schüler hinwegzusehen." (BRUMLIK/HOLTAPPELS 1987, S. 94)

Mit anderen Worten: Keine Abweichung ohne Norm, erst die Normenkontrolle in der Schule produziert gute und schlechte Schüler bzw. stigmatisiert abweichendes Verhalten in der Art, dass hieraus tatsächliche, stabile Verhaltensmuster, etwa die des Zu-spät-Kommers, die des begabten, aber faulen Schülers, die des Klassenkaspars usw. entstehen.

Schule als Muster
von Erwartungen
und Erwartungs-
erwartungen

Warum also hat Schule immer schon begonnen?

Weil die mit dem Symbol „Schule" verbundenen Rollen, d. h. die Erwartungen und Erwartungserwartungen den Akteuren immer schon präsent sind. Dies gilt selbst für Kindergartenkinder, welche oftmals bereits ein stereotypes Bild von Schule und den typischen Lehrer- und Schülerrollen besitzen.

Bemerkt werden muss schließlich, dass die mit Schule verbundenen Rollen und Erwartungen relativ statisch sind. Dies dürfte mehrere Ursachen haben:

– Schule ist per se eine ausdifferenzierte und stark verregelte Institution.
– Die Fluktuation der Akteure, vor allem der Lehrkräfte, ist vergleichsweise gering.

– Die Interaktionen sind nach einem asymmetrischen Muster angelegt: Lehrkräfte haben starken Einfluss auf die Gestaltung der Interaktion, nicht zuletzt durch die Notengebung, Schülerinnen und Schüler haben wenig Einflussmöglichkeiten.

9.6 Kritische Würdigung

Das interpretative Paradigma hat sich als Gegenposition zu funktionalistischen bzw. behavioristischen Paradigmata entwickelt. Während Letztere auf den Begriff des Subjektes und den damit verbundenen Ansprüchen gänzlich verzichten, hat es im Rahmen des Symbolischen Interaktionismus eine empirische wie auch normative Bedeutung zurückbekommen, welche dem Selbstverständnis einer demokratischen Gesellschaft entspricht.

„In diesem Ansatz wird die Individualität und Einzigartigkeit des Subjekts theoretisch begriffen, ohne daß auf idealistische Spekulationen zurückgegriffen werden muß. Vielmehr wird die Individualität als strukturelle Notwendigkeit des Kommunikationsprozesses soziologisch begründet. … Weil im Sozialisationsprozeß aktiv-aneignende Subjekte agieren, wirken Sozialisationsbedingungen nie durchgängig und nie eindeutig. Gleiche Umweltbedingungen (etwa in einer Schulklasse) können von verschiedenen Menschen durchaus unterschiedlich verarbeitet werden und damit zu unterschiedlichen ‚Sozialisationseffekten' führen. … der Identitätsbegriff (des SI, MW) vermeidet sowohl die idealistische Postulierung eines autonomen Ich als auch die deterministische Vorstellung eines massenhaft gestanzten Sozialcharakters – und kann dennoch die Abhängigkeit der Subjektentwicklung von gesellschaftlichen Bedingungen aufzeigen." (vgl. TILLMANN [14]2006, S. 158)

Insbesondere in der bundesdeutschen Rezeption durch Jürgen Habermas und Lothar Krappmann wird der sozialisationstheoretische Aspekt hervorgehoben. Der Gedankengang wird dabei um eine normative Komponente erweitert. Habermas (1968) und Krappmann (1969) zeigen, welche Bedingungen für eine gelingende Interaktion und damit für eine gelingende Identitätsbildung notwendig sind. Sie nennen neben einer allgemeinen, wohlgemerkt auch erst zur erwerbenden Sprachkompetenz folgende Grundqualifikationen:
– Rollendistanz, d.h. als Subjekt nicht völlig eins zu sein mit einer bestimmten Rolle,
– Ambiguitätstoleranz, d.h. trotz widersprüchlicher Rollenerwartungen handlungsfähig zu bleiben,
– Frustrationstoleranz, also die Enttäuschung von Erwartungen aushalten zu können,
– Empathie, mit anderen Worten die Fähigkeit zum Perspektivwechsel und
– Identitätsdarstellung, d.h. die Fähigkeit, die vorgenannten Fähigkeiten auszudrücken.

Damit ist nun, und das ist entscheidend, eine kritische Wendung verbunden. Tatsächlich stattfindende Interaktion bzw. Sozialisationsprozesse können daraufhin untersucht werden, inwieweit sie die Entwicklung dieser Fähigkeiten fördern oder gar hemmen. Dies insbesondere in – wie in der Schule – institutionalisierten Interaktionen, in denen die Deutungsmacht unterschiedlich verteilt ist.

Normativer Bezugspunkt

Zu würdigen ist der Symbolische Interaktionismus damit als empirisch gehaltvolle Theorie menschlicher Interaktionen, welcher zum einen deren soziale Strukturiertheit aufzeigt, zum anderen aber auch eine normative Perspektive zur Kritik dieser Interaktionen.

Schwierig wird es allerdings, will man mit den theoretischen Mitteln des Symbolischen Interaktionismus sozialen Wandel erklären bzw. den Blick von der mikroskopischen Situation auf die Sozialstruktur oder auf die Entwicklung über längere Zeiträume richten. In diesem Zusammenhang ist die Deutung sozialer Ungleichheit und deren Bedeutung für Alltag und Interaktionen unscharf – die Kritik des Symbolischen Interaktionismus bezieht sich zwar auf Institutionen, dass es aber darüber hinausgehende Beschränkungen der Freiheit der Subjekte beim Aushandeln ihrer Identität geben dürfte, ist ein Punkt, an dem erst die Soziologie Pierre Bourdieus ansetzen wird (vgl. Kapitel 11).

Was Sie wissen sollten, wenn Sie Kapitel 9 gelesen haben:

– Stellen Sie die Annahmen des Symbolischen Interaktionismus dar, erläutern Sie insbesondere die Bezeichnung.
– Sie sollten die Argumentation Meads nachvollziehen können.
– Sie sollten das Bild von Gesellschaft aus Sicht des Symbolischen Interaktionismus beschreiben und von dem des Strukturfunktionalismus unterscheiden können.
– Sie sollten den Prozess der Etikettierung bzw. der self-fulfilling prophecy erläutern können. Überlegen Sie, ob Sie in Ihrer eigenen schulischen oder auch universitären Erfahrung mit Etikettierungen oder Stigmatisierungen zu tun hatten, in welcher Rolle auch immer.
– Diskutieren Sie die Bedeutung des Symbolischen Interaktionismus für die Schultheorie.

Weiterführende Literatur

BERGER, PETER L./LUCKMANN, THOMAS (1969): **Die gesellschaftliche Konstruktion der Wirklichkeit**. Frankfurt a. M.

BRUMLIK, MICHA (1989): **Interaktionismus, Symbolischer**. Artikel in: Pädagogische Grundbegriffe (2 Bde.), hg. v. Dieter Lenzen. Reinbek. S. 764–781.
Der Beitrag stellt in äußerst systematischer Weise die Bedeutung des Symbolischen Interaktionismus für die Pädagogik dar. Brumlik war maßgeblich an der bundesdeutschen Rezeption dieses Ansatzes für die Pädagogik beteiligt (BRUMLIK 1973).

GOFFMAN, ERVING (2003): **Wir alle spielen Theater. Die Selbstdarstellung im Alltag**. (Am. Original (1956): „The presentation of self in everyday life"). München, Zürich. Die Hinter- und Abgründe des Alltagslebens, die Bedeutung der Erwartungen und Erwartungserwartungen werden hier an vielen Beispielen verdeutlicht. Hilfreich für Goffman wie seine Leserinnen und Leser, dass er den Alltag von seinen Rändern bzw. Störungen her (so in ethnologischen Klein-Gemeinschaften, in Gefängnissen oder psychiatrischen Anstalten) beobachtet.

TILLMANN, KLAUS-JÜRGEN ([14]2006): **Sozialisationstheorien. Eine Einführung in den Zusammenhang von Gesellschaft, Institution und Subjektwerdung**. Hamburg. Einmal mehr sei auf diesen Band verwiesen. Hier ist das entsprechende Kapitel 3.3 zu Rate zu ziehen.

10 Die Konzeption einer integrativen Schultheorie

10.1 Integration wovon?

Talcott Parsons' Theorieskizze, die er in seinem Aufsatz über die Schulklasse entfaltet und Robert Dreebens Buch über das, was wir in der Schule lernen, in dem er Parsons' Gedankengang genauer ausführt und anschaulicher macht, wurde für den deutschsprachigen Raum vor allem von Helmut Fend (*1940) aufgegriffen. Diese amerikanischen soziologischen Beiträge zu einer Analyse der modernen Schule haben Helmut Fends Denken über grundlegende Strukturen des Bildungswesens seinem eigenen Zeugnis nach am stärksten bei seiner Konzeption einer Theorie der Schule beeinflusst, wie er in seinem Vorwort zur deutschen Ausgabe von Dreebens Buch betont (vgl. Fend 1980a, S. VII).

Helmut Fend nimmt allerdings die Kritik an strukturfunktionalistischen Analysen auf, nämlich dass etwa die Funktionen der Schule, wie Dreeben sie aufzeigt, mit einem anderen Vorzeichen auch als Deformierung der menschlichen Natur durch die Schule – damit durch Überanpassung „ein auf Ausbeutung ausgerichtetes kapitalistisches Wirtschaftssystem funktionsfähig bleibt" – bewertet werden könne, dass ein soziales System, „das Menschen lediglich nach dem Kriterium der Leistung sortiert und bewertet, defizient" bleiben muss, da es notwendigerweise Erfolgreiche und Versager produziert und andere Momente, die einen Menschen als wertvoll erscheinen lassen, systematisch ausgeblendet werden, oder dass der idealtypische Grundzug funktionaler Analysen „bei der Konfrontation mit der Realität und der Faktizität" der Schule auch als verklärende Rechtfertigung der häufig defizient erscheinenden schulischen Verhältnisses verstanden werden kann. Deswegen begibt er sich zusammen mit seiner Arbeitsgruppe zunächst auf den steinigen Weg, empirische Belege für die Triftigkeit der von ihm auf strukturfunktionalistischer Grundlage avisierten Theorie der Schule zu finden (ebd., S. XIf.).

Kritik am Struktur-funktionalismus

10.2 Erweiterung der Funktionen von Schule

Fend hat daher ab Ende der 60er bis in die 70er Jahre hinein umfangreiche empirische Studien über die gesellschaftlichen Bedingungen schulischer Sozialisation, über die Durchsetzung des Leistungsprinzips in der Schule und über Sozialisationseffekte an unterschiedlichen Schultypen durchgeführt und auf dieser empirischen Basis die strukturell-funktionale Schultheorie weiterentwickelt (vgl. Fend 1969; Fend 1974; Fend u. a. 1976; Fend 1977; Fend 1979). Diese empirischen Vorarbeiten bilden den argumentativen Grundstock seiner „Theorie der Schule" (Fend 1980b), eine der wichtigsten erziehungswissenschaftlichen Studien dieser Zeit, einer Studie zumal mit dem expliziten Anspruch, Schule theoretisch zu fassen.

Die beiden Funktionen von Schule, Sozialisation und Selektion, die Parsons im Blick hatte, ergänzt Fend um eine dritte, für ihn in modernen Gesellschaften wichtige Funktion von Schule: die Qualifikation. Im Unterschied zu Parsons weist Fend zudem darauf hin, dass der Sachverhalt des schulischen Bildungsprozesses unter zwei Aspekten betrachtet werden kann.

Erste Theorie der Schule

„Einmal die Bedingungen der Reproduktion von Gesellschaften über mehrere – biologisch ausgetauschte – Generationen und zum anderen die Bedingungen der Herstellung der Handlungsfähigkeit des Individuums, die Bedingungen der Konstitution der Persönlichkeit. Mit Sozialisation wird dann jener Prozeß bezeichnet, durch den gleichzeitig die Persönlichkeit von Heranwachsenden konstituiert und gesellschaftliche Verhältnisse reproduziert werden. Schulsysteme greifen in diesen Prozeß ein, indem sie Merkmale in Heranwachsenden erzeugen (Qualifikationen und Orientierungen), ohne die das Individuum nicht handlungsfähig und die Gesellschaft in der bestehenden oder in veränderter Form nicht überlebensfähig wäre." (FEND 1980b, S. 6)

Doppelte Aufgabenstellung — Für Fend ist Schule also eine Einrichtung der Gesellschaft, die zwei Aufgaben miteinander verschränkt, die von allen Gesellschaften bewältigt werden müssen: Reproduktion der Gesellschaft und Aufbau der Persönlichkeit. Schulen lassen sich so als Institutionen verstehen, welche die Überlieferung der jeweiligen Kultur sichern, die bestehende Gesellschaftsordnung stabilisieren und für den Heranwachsenden den Übergang in die Gesellschaft als vollwertiges Mitglied markieren. Sie dienen so einerseits der Reproduktion der Gesellschaft, andererseits aber auch der aktiven Aneignung von Fähigkeiten durch die Subjekte. Bei Fend geht es demnach nicht nur um Anpassung und Aufrechterhaltung der je bestehenden Ordnung in und durch die Schule, sondern immer auch um das Erlernen aktiver Handlungsfähigkeit, die mit einer kritischen Distanz gegenüber herrschenden Norm- und Wertvorstellungen zwar nicht unbedingt verbunden sein muss, aber immerhin strukturell verbunden sein kann. Schulische Einrichtungen schaffen dann die Voraussetzungen dafür, dass diese Doppelfunktion des Sozialisationsprozesses erfüllt werden kann. „Man könnte Schulsysteme in dieser Perspektive als Instanzen bezeichnen, in denen eine systematische Resubjektivierung kultureller Objektivationen erfolgt." (ebd., S. 7) Hier setzt Fend auch mit seiner Kritik an Parsons' und Dreebens Konzept an, denn Schüler werden nicht nur ausgelesen und angepasst in die Gesellschaft integriert. Mit Blick auf die Qualifikationsfunktion der Schule fragt er danach, wie Wissen und Fertigkeiten über schulische Inhalte weitergegeben werden und ob die Schülerinnen und Schüler das Leistungsprinzip tatsächlich so verinnerlichen, wie Parsons es noch annehmen konnte.

Universale Aufgaben, differenzierte Lösungen — Das Schulsystem – so Fend – gerät an dieser Stelle in einen systemimmanenten Widerspruch: Schulische Bildung hat stets auch einen grundsätzlich emanzipatorischen Gehalt. Schülerinnen und Schüler lernen eben nicht nur das, was sie sollen, sondern erwerben darüber hinaus Wissen und Fähigkeiten, die vom Schulsystem nicht zu steuern sind. Im Gegensatz zu der Studie von Dreeben, die eher universelle Aspekte schulischen Lebens beschreibt, versucht Fend auch differentiellen Ausprägungen des schulischen Lebens Ausdruck zu verleihen und dadurch empirisch gehaltvoll die Theorie der Schule weiterzuentwickeln. Sein empirisch geschulter Blick lenkt ihn immer wieder auf die große Vielfalt schulischer Wirklichkeit, die zwar universale Aufgaben und Problemlagen bereithält, für die aber differenzierte Lösungen gefunden werden müssen (ebd., S. 231). Welche Lösungen jedoch für diese Aufgaben gefunden werden und welche Wirkungen sie zeitigen, ist „in hohem Maße über Personen vermittelt" (ebd., S. 241). Zwar ist er der Ansicht, dass das Schulwesen mit seiner Fachorientierung für die Vermittlung notwendiger intellektueller und kognitiver Kompetenzen unverzichtbar ist, aber er hält auch fest, dass fächerübergreifende Wirkungen schulischer Vermittlung sozialer Tugenden sich nicht unausbleiblich einstellen.

„Das Verhalten der Lehrer ist gerade für die Erzeugung dieser entscheidenden (fachübergreifenden) Wirkungen nicht bedeutungslos" (ebd., S. 373). Als eines der wichtigsten Ergebnisse seiner Schulklimauntersuchungen kann Fend daher auch festhalten, dass die durch die Schule vermittelten Normen nicht unmittelbar auf die Schüler einwirken, sondern dass unterschiedliche Wirkungen durch verschiedene Beziehungsformen zum Vorschein kommen und insbesondere die individuelle Haltung des Lehrers auf die konkrete Gestaltung der sozialen Beeinflussungsprozesse in der Schule einwirkt (ebd., S. 188). Damit ist aber auch gesagt, dass schulisches Handeln nicht auf das schlichte Befolgen funktionaler Imperative beschränkt sein kann, sondern in einer Theorie der Schule auch „die aktiven, auf menschliche Anstrengungen und Überlegungen zurückgehenden Momente der Konstitution schulischer Wirklichkeit" Beachtung finden müssen (ebd., S. 228). Damit überschreitet Helmut Fend gewissermaßen die Grenzen des strukturfunktionalen Ansatzes, dessen Fragestellungen er aufnimmt und fortführt, diese aber mit den Ergebnissen seiner empirischen Forschungen kontrastiert und dadurch die handelnden Subjekte und ihre Gestaltungsmöglichkeiten wieder stärker in den Fokus der Aufmerksamkeit rücken.

Einfluss der Lehrkräfte

Noch hat er allerdings im Rahmen dieses Ansatzes nicht die Begriffe gewonnen, die es erlauben, Schule im Licht der empirischen Forschungsergebnisse theoretisch anders zu denken. Das ist die Aufgabe, die er sich in seinem Buch „Neue Theorie der Schule" stellt (FEND 2006a). Bevor wir dazu

Zweite Theorie der Schule

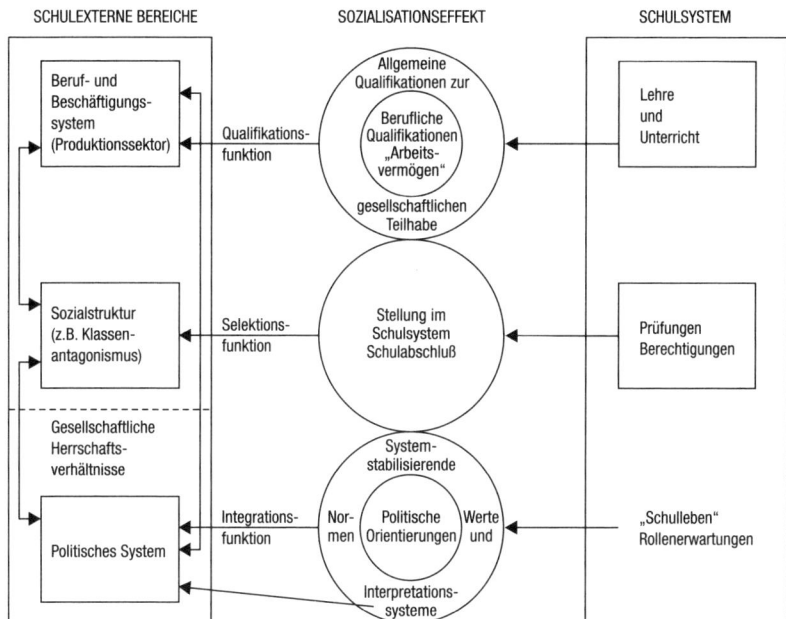

Abbildung: Gesellschaftliche Funktionen des Bildungswesens
(nach FEND 1980b, S. 17)

übergehen, soll ein Schaubild den Zusammenhang von Gesellschaft und Schule, wie Fend ihn sieht, verdeutlichen.

10.3 „Neue Theorie der Schule"

Annähernd zweieinhalb Jahrzehnte nach seiner ersten Theorie der Schule, deren Kern die faktisch vorgefundenen und empirisch überprüfbaren gesellschaftlichen Funktionsweisen und Strukturen des Schulwesens darstellten, womit also gleichsam das statische Gerüst für die Beschreibung schulischer Kontexte geliefert wurde, richtet diese neue Theorie der Schule ihren Blick auf die differenzierten Prozesse im Schulwesen, die von Akteuren unter den Bedingungen eines institutionellen Rahmens getragen werden. Damit liefert die neue Theorie gleichsam das dynamische Moment in der transformierenden Gestaltung des Bildungswesens nach. Mit dieser erweiterten Perspektive auf den Sachverhalt Schule möchte Fend einen Einblick darin geben, wie das Schulwesen „in einem Wechselspiel von institutionellen Regelungen und Handlungen von Akteuren" zu verstehen ist, um zu erkennen, „wie man Bildungssysteme gestalten und verändern kann" (FEND 2006a, S. 13).

Das Neue im Alten   Bevor jedoch Helmut Fend seine neue Betrachtungsweise über Schule vorstellt, resümiert er den Ertrag der ersten Theorie der Schule und stellt die einschlägigen – und das sind im Wesentlichen seine eigenen – Forschungsergebnisse dar, wobei er insbesondere das Neue seines damaligen Versuchs akzentuiert, Schule in einem modernitätstheoretischen Paradigma zu verorten.

> „Es waren sowohl theoretische als auch empirische Innovationen, die einen neuen Blick auf Schule ermöglichten. Die theoretischen Innovationen lagen darin, das Bildungswesen systematisch als eine soziale Wirklichkeit zu betrachten, die beschreibbare Bezüge zur Gesellschaft, eine innere Gliederung als Erfahrungskontext des Aufwachsens und empirisch untersuchbare Wirkungen hat. Die empirischen Neuerungen bestanden im mutigen Unternehmen, diesen Wirklichkeitsbereich zu vermessen und ihre Wirkungen zu analysieren." (ebd., S. 116)

Im Zuge seiner empirischen Untersuchungen wurde ihm im Laufe der Jahre jedoch immer deutlicher, dass dadurch zwar einerseits das Wissen über die Realitäten des Schulwesens immens angewachsen ist, dass aber andererseits auf dieser Basis kaum Vorstellungen darüber entwickelt werden konnten, wie Schule gestaltet werden kann.

> „Dieses Ziel, eine Theorie der Schule an pädagogische Gestaltungsprozesse des Bildungswesens anschlussfähig zu machen, hat zu einer Erweiterung der ersten theoretischen Bemühungen inspiriert." (ebd., S. 119)

Auch unter dem Eindruck der Kritik am strukturfunktionalistischen Paradigma, das – „von einer immanent harmonisch geordneten Wirklichkeit" ausgeht, das Bildungssystem lediglich idealtypisch beschreibt, ohne „auf die differentiellen Erscheinungsformen von Bildungssystemen in der Moderne" einzugehen – letztlich unhistorisch verfährt, da es, ohne die historische Entwicklung von schulischen Mentalitäten in den Blick zu nehmen, nur die Moderne fokussiert, die handelnden Akteure und ihre Gestaltungsmöglichkeiten ausblendet, den normativen und interessegeleiteten Herstellungsprozess von Schule zugunsten mechanischer Kausalitäten außer Acht lässt und damit das Schulwesen auf das jeweilige Reale und Gegebene reduziert, wurde das Bedürfnis nach einer Erweiterung der ersten Theorie der Schule immer dringender (ebd., S. 119; vgl. auch Joas 1996, S. 306 ff.).

Fend stellt zwar daher auch in der neuen Theorie der Schule zunächst, wie schon in seiner „ersten" Konzeption, den Zusammenhang von Schulwesen und Gesellschaft theoretisch in den Mittelpunkt und damit auch die enge Verzahnung von Schultheorie und Bildungssoziologie. Schulen sind, so seine zentrale These, Einrichtungen der Gesellschaft, die als „institutionelle Akteure der Menschenbildung" verstanden werden können (Fend 2006a, S. 11). Der Einbezug einer handlungsorientierten Perspektive eröffnet ihm zugleich aber auch die Möglichkeit, den Einfluss von Akteuren im Gefüge von normierenden Regelungen, Konventionen und konkreten Handlungen zu markieren. Die Erweiterung des theoretischen Horizonts durch einen historischen Blick auf die Entwicklung des Schulwesens kann aufzeigen, dass die aktuell bestehenden Strukturen und Prozesse vergesellschafteten Lehrens und Lernens nur durch die Analyse ihrer historischen Genese vollständig verstehbar werden. Dadurch kann auch deutlich werden, dass Schule anders sein könnte und ihre gegenwärtige Gestalt kontingenten historischen, gleichwohl fortwirkenden Auseinandersetzungen geschuldet ist. *Das Alte im Neuen*

Durch diesen zweifachen Perspektivenwechsel möchte Fend dann auch systematisch zeigen, wie Schule zu gestalten sei, denn jede Generation hat jeweils neu „die Aufgabe an der Weiterentwicklung des Bestehenden zu arbeiten" (ebd., S. 121). Fends „Einführung in das Verstehen von Bildungssystemen" durch seinen Neuentwurf einer Theorie der Schule bietet dabei zunächst wegen der überaus komplexen Fragestellungen zu einem überaus komplexen sozialen Gebilde wie der Schule lediglich die konzeptuelle Grundlegung einer umfassenden Theorie der Schule, die erst durch drei weitere Studien zur Geschichte des Bildungswesens (Fend 2006b), zur Angebots-Gestaltung des Bildungswesens in Form einer modernen Schulpädagogik (Fend 2008) und zur Klärung der Wirkung und Nutzung von Bildungssystemen (Fend i. E.) zu einer theoretischen Gesamtarchitektur komplettiert werden wird. *Die Weiterentwicklung des Bestehenden als Gestaltungsaufgabe*

Die theoretischen und gestaltungsorientierten Veränderungen von der ersten zur erweiterten Neuen Theorie der Schule fasst Helmut Fend so zusammen: *Zur Theoriearchitektur*

	Strukturfunktionalistische Theorie	Verstehens- und handlungsorientierte Theorie	Gestaltungsorientierung
System	Bildungssystem als Subbereich der Gesellschaft	Bildungswesen als Zusammenspiel institutioneller Akteure	Makrosteuerung des Bildungswesens
Kontext	Schulische Kontexte als Erfahrungsräume	Angebotsorientiertes Zusammenwirken von Institutionen und individuellen Akteuren	Mesoebene: Qualitätssicherung von Schule und Unterricht
Wirkung	Wirkungen des Bildungswesens auf Leistung und Wirklichkeit	Nutzung schulischer Lernangebote durch Schülerinnen und Schüler	Mikroebene: Unterstützung von Lern- und Entwicklungsprozessen

Abbildung: Schema der Theoriestruktur (nach Fend 2006a, S. 121)

Die Architektur der erweiterten Neuen Theorie der Schule ergibt sich aus einer Synthese unterschiedlicher theoretischer Ansätze, wobei insbesondere inhaltssoziologische Konzeptionen der verstehenden Soziologie und institutionstheoretische Modellierungen integriert werden. Souverän verlässt Helmut Fend damit „eine soziologische Strategie, die auf möglichst saubere Darstellung und Trennung verschiedener Paradigmen achtet: etwa auf das strukturtheoretische oder auf das des symbolischen Interaktionismus" (FEND 2006a, S. 178). Ihm „geht es um die möglichst erkenntnisreiche Erfassung des sozialen Wirklichkeitsbereiches des Bildungswesens, die eher auf die Integration verschiedener soziologischer Traditionen angewiesen ist" und dabei auch lässig den Vorwurf des Ekklektizismus in Kauf nimmt (ebd., S. 178).

Das Kernkonzept der neuen Theorie der Schule
Die Kernkonzepte der neuen Theorie der Schule Helmut Fends lassen sich wie folgt umreißen (ebd., S. 179ff.):

- Die Triebfeder des Schulwesens ist ein inhaltliches Programm, das je spezifisch festlegt, welche Wissens- und Denkformen in einer bestimmten Gesellschaft in Blick auf kulturelles Wissen, Können und Handeln an die folgende Generation weitergegeben werden.
- Das Programm wird umgesetzt durch die schöpferische Kraft und die zur Verfügung stehenden Ressourcen von individuellen Akteuren, die in einer bestimmten sozialen Ordnung handeln und damit einer „Systemlogik" folgen, wie etwa eine Unterrichtseinheit strukturiert, wie „Stoff" didaktisch präsentiert, wie er abgeprüft wird und wie Noten vergeben werden.
- Die Akteure wiederum schaffen soziale Ordnungen, in denen Regelungen kreiert werden, die ungeplantes Geschehen und Handeln zu formalen Abläufen verstetigen. Spontane Lernprozesse, aber insbesondere Lernprozesse, die nicht spontan ablaufen würden, können so in geregelte Bahnen gelenkt werden – sei es durch gewaltsame Durchsetzung von oder durch vertragliche Übereinkünfte über Regelungen. Durch die Vernetzung von sozialen Akteuren untereinander und auf unterschiedlichen Ebenen (etwa Schüler, Lehrer, Schulleitung, Regierungspräsidien, Kultusministerium) entstehen institutionelle Akteure wie das Schulwesen.
- Die unterschiedlichen Ebenen wirken wiederum regelgeleitet zusammen, unterliegen aber unterschiedlichen Möglichkeiten oder Restriktionen, die je andere Entscheidungsspielräume eröffnen. Auf der Ebene der Bildungspolitik können dann etwa entscheidungsrelevante fiskalische Zwänge notwendig erscheinen, aber sich restriktiv auf der Ebene des Lehrerhandelns auswirken, da dadurch die strukturellen Handlungsbedingungen in Schulklassen eingeschränkt werden. Dabei ist der Durchgriff der oberen auf die untere Ebene nicht unmittelbar, sondern wird auf der jeweiligen Ebene rekontextualisiert. Die untere Ebene vollstreckt daher nicht einfach, was die obere Ebene einfordert, sondern passt die Forderungen kontextspezifisch an die jeweiligen Handlungsbedingungen vor Ort an.
- Die methodischen „Erfindungen", die sich in einem mal mehr, mal minder formalisierten Wissen darüber, wie gelehrt werden soll, zu „Theorien im System" kondensieren, die dadurch selbst wiederum zu einem regulierenden Handlungsfaktor werden. Das Wissen um die Konventionen, warum in der Schule bestimmte Dinge so und nicht anders gemacht werden,

trägt dann dazu bei, den Unterschied des Schulwesens zu anderen institutionellen Akteuren, wie etwa dem Militär oder der Kirche, zu klären.

– Diese Theorien im System, also welches Alltagsverständnis von Unterricht und Schulgestaltung entwickelt worden ist, erklären zwar nicht notwendigerweise das faktische Handeln im System Schule, sie sind aber konstitutiv für die Gestaltung oder Nicht-Gestaltung von Schule, so dass das Wissen über dieses im System geteilte Wissen aufklärend auf das System selbst zurückwirken kann.

– Das Schulwesen lässt sich so als ein von Regeln bestimmter Wirklichkeitsbereich verstehen, in dem die Realität sozialen Handelns durch das Zusammenspiel von Gestaltungsbedingungen, durch spezifische Vorgaben, dem pädagogischen Selbstverständnis der Akteure sowie einer eingespielten, konventionellen pädagogischen Praxis geprägt, jedoch keineswegs als blinde Kausalität zu sehen ist.

– Eine Sichtweise auf die Dynamik des Schulwesens, die das schulische Geschehen an Akteure bindet, die Erzeugungsweisen von regelgeleiteten Ordnungen betont und die Rekontextualisierung von gesetzlichen und administrativen Vorgaben auf der schulischen Handlungsebene beschreibt, kann deutlich machen, dass das Schulwesen für Veränderungen und Gestaltungsarbeit offen ist, indem etwa an veränderten Ordnungsvorgaben gearbeitet, das schulische Selbst- und Fremdverständnis verbessert, die Handlungsbedingungen schulischer Tätigkeit verbessert oder aber auch die Handlungsressourcen der Akteure durch die Entwicklung professioneller Lehrkompetenzen gesteigert werden können.

Die Komplexität des Schulwesens, das auf den ersten Blick als monolithischer Block erscheint, wird durch Helmut Fends differenzierte Darstellung so verflüssigt, dass sich von der Makroebene mit aufwändiger bildungspolitischer Gesetzesarbeit und detailliertem Verwaltungshandeln über die Mesoebene mit neuen Kompetenzen der Ziel- und Inhaltsentwicklung, Ressourcenbewirtschaftung und Personalentwicklung auf regionaler und lokaler Ebene bis hin zur Mikroebene des unterrichtlichen Handelns mit einer veränderten Methoden- und Diagnosekompetenz unzählige Möglichkeiten der Gestaltung eröffnen. *Komplexe Dynamik*

Helmut Fend fasst seine Neukonzeption von Schulsystemen als institutionelle Akteure im Rahmen eines allgemeinen Handlungsmodells zusammen, indem er externe („[bildungs-]politische Institutionen") und interne („Angebotsgestaltung") Akteure sowie Rezipienten der Bildungsinstitutionen miteinander in Bezug setzt (vgl. Abbildung ebd., S. 170). *Schulsystem als institutioneller Akteur*

Die neue Theorie Helmut Fends lässt sich so als Versuch einer verstehensorientierten Konzeption des Schulwesens deuten, die mit den Ergebnissen der historischen sowie der empirischen Bildungsforschung kontrastiert wird. Nur mit einer gewissen Bewunderung lässt sich die Vielfalt der Themen, Gegenstände, Modelle, Annahmen und Theorien fassen, deren Zusammenschau in ein umfassendes Verstehen der Funktionsmechanismen des Schulwesens mündet. Auf Basis seiner drei Jahrzehnte andauernden intensiven Auseinandersetzung mit dem Thema Schultheorie gelingt es Helmut Fend, die kaum überschaubare praktische wie theoretische Komplexität der Schule auf hohem Niveau darzustellen; er macht damit zugleich das Anforderungsniveau interdisziplinärer Theoriebildung faszinierend deutlich. *Verstehensorientierte Konzeption des Schulwesens*

Verständnis-
schwierigkeiten

Erstaunlich bleibt gleichwohl, dass Helmut Fend die Lernenden und deren Eltern nicht als aktiv Gestaltende des Schulwesens sieht, sondern nur als dessen Rezipienten. Wie seine Schulpädagogik, die bildungspolitische, schulpädagogische und didaktische Gestaltungskonzepte aufeinander beziehen soll, dann Unterricht konzipieren wird, bleibt bis zum Erscheinen der dritten und vierten Studie eine offene Frage. Womöglich liegt es aber auch an diesem Abblenden der Schüler- und Elternaktivitäten, dass die Grundkonstruktion der neuen Theorie der Schule in ihren Vorannahmen sehr pädagogisch harmonisierend wirkt: Weder scheinen in der Theoriearchitektur mögliche Konflikte zwischen Akteur und Struktur auf, noch bestehen zwischen der bildungspolitischen Makroebene und der Mikroebene pädagogisch gestalteter Interaktionen irgendwelche Unstimmigkeiten, da die Relation zwischen beiden „eher als Einheit, in der Gestaltungsebenen und Verantwortungsebenen systematisch aufeinander bezogen sind" (ebd., S. 171) verstanden wird. Zwar lässt sich die konkrete Beziehung jeweils nur im historischen Prozess als Resultat des Aushandelns und als Arrangement von Regelungen empirisch klären und bestimmen, ob aber das so systematisch geschieht, wie Fend annimmt, kann begründeterweise angezweifelt werden. Nicht umsonst spricht sein Gewährsmann für verstehende Soziologie, Max Weber, nicht nur von Regeln sozialen Handelns, sondern auch vom „ehernen Gehäuse der Hörigkeit", das er als Ergebnis des Projekts der Moderne, zu dem nicht zuletzt das moderne Schulwesen zählt, aufkommen sieht. Helmut Fends starke Betonung der dynamischen Gestaltungsmöglichkeiten, möglicherweise ein Reflex auf die allzu statische erste Schultheorie, und sein großes Engagement für die Rechte der Schülerinnen und Schüler, unter den je gegebenen Bedingungen die bestmögliche Schule besuchen und sich selbst darinnen optimal entfalten zu können, lassen – bis jetzt jedenfalls – die kritischen Momente einer Theorie der Schule etwas zu kurz kommen. Die nächsten beiden Kapitel werden sich diesem Aspekt zuwenden.

Was Sie wissen sollten, wenn Sie Kapitel 10 gelesen haben:

- Sie sollten die Quellen der Fendschen Schultheorie benennen können.
- Sie sollten Fends Erweiterung der schulischen Funktionen und insbesondere den Doppelcharakter dieser Funktionen beschreiben können.
- Sie sollten die Beweggründe für Fends Hinwendung zu einer „neuen" Theorie der Schule nennen und das Kernkonzept umreißen können.
- Sie sollten schließlich auch die Problemstellungen der Theorie erkennen können.

Weiterführende Literatur

Als Auswahl aus HELMUT FENDS Werk sei genannt:
Theorie der Schule (1980). Dieses Buch darf inzwischen als ein Klassiker der bundesdeutschen Erziehungswissenschaft gelten. Sein großes Verdienst ist es, die Erkenntnis der Funktionalität von Schule in die erziehungswissenschaftliche und bildungspolitische Diskussion gebracht zu haben.

Entwicklungspsychologie des Jugendalters (2003). In diesem Lehrbuch, das sich
auch lexikonartig verwenden lässt, ist die Hinwendung zu differentiellen und inter-
aktionistischen Ansätzen bei Fend deutlich.

Neue Theorie der Schule (2006). Insofern dieser erste Teil der neuen Theorie Re-
sümee der alten und Abriss einer neuen ist, bleibt sein Stellenwert abzuwarten.

11 Bildung als Kapital: Grobe und feine Unterschiede

11.1 Die beiden Bildungen

Ganz anders als es die dem deutschen Idealismus entstammende Bildungs-
theorie Humboldtscher Prägung nahelegt, ist Bildung – immer schon – ein
ökonomischer Faktor gewesen.

Auch wenn man die Intentionen eines bildungstheoretischen Menschen-
bildes teilt, eines Menschen also, der erst durch zweckfreie Bildung zu
Mündigkeit, Selbständigkeit, zu tatsächlicher Menschlichkeit gelangt, so
wäre es ein Fehler, die faktische Beziehungen zwischen Bildung und histo-
risch-gesellschaftlichen Bedingungen zu übersehen. Diesen Fehler hat,
wenn man so will – in Form eines umgekehrten naturalistischen Fehlschlus-
ses – die Geisteswissenschaftliche Pädagogik mit ihrem Postulat der Autonomie der Pädagogik begangen.

Jede Gesellschaft muss nämlich, wie dies schon in der funktionalistischen
Sicht Parsons' deutlich wurde, für ihren Fortbestand sorgen. Sie muss das dafür nötige Wissen weitergeben, und zwar sowohl das „technische" Wissen,
wie auch gesellschaftliche Werte. Die neu in die Gesellschaft hineinwachs-
senden Menschen, die „Barbaren", wie es bei Parsons heißt, müssen unterrichtet und sozialisiert werden. Vor allem aber hat jede Gesellschaft einen
bestimmten Bedarf an spezifisch ausgebildeten Arbeitskräften, für deren
Ausbildung ein spezifisches Maß an Mitteln zur Verfügung steht bzw. gestellt wird. Diese Zusammenhänge zu untersuchen und ggf. kritisch zu diskutieren ist Aufgabe der Bildungsökonomie. Als Verdeutlichung seien hier
wenige Beispiele über den Zusammenhang zwischen Ökonomie und Bildung herausgegriffen:

- Die Gründung der Bürgerschulen im Laufe des 18. Jahrhunderts, welche
  ein wichtiger Schritt hin zu den höheren Bildungsanstalten war, dienten
  der Ausbildung und damit auch der sozioökonomischen Emanzipation
  des Bürgertums (vom Adel), sie vermittelten zunächst kaufmännische Bildung. Im Laufe des 19. Jahrhunderts erwuchsen aus ihnen oftmals die
  Oberrealschulen oder Realgymnasien, die mit den sich aus den Lateinschulen herleitenden humanistischen Gymnasien einen langen Kampf
  um das Berechtigungswesen, d.h. den Zugang zu akademischen Karrie-
  ren fochten (vgl. FRIEDEBURG 1992).
- Mit der Industrialisierung im 19. Jahrhundert wurde aber auch die „Volksschule" allmählich in ihrem zeitlichen Umfang, ihrer Ausstattung und ihrem Anspruch ausgeweitet, da nun auch die Arbeiterschaft über Minimal-
  kenntnisse verfügen musste.
- Ein Sprung ins 20. Jahrhundert: Einen ersten Schock in der ihrem Selbstverständnis nach überlegenen westlichen Welt löste der weltweit erste

Start einer Raumkapsel durch die Sowjetunion aus –, der Sputnik-Schock 1957. Verbunden mit einer bildungsökonomischen Folge des Mauerbaus zwischen Bundesrepublik und DDR, nämlich dem versiegenden Zuzug gut ausgebildeter, aber schlecht bezahlter Kräfte aus dem Osten, löste dies erste Krisenreaktionen im bundesdeutschen Bildungswesen aus, die schließlich in die Diagnose der Bildungskatastrophe mündete und die große Reformphase der 60er und 70er Jahre einleiteten, die vom Neubau vieler Hochschulen und höherer Schulen, über die Steigerung der Abitursquote, das BAföG u.v.a. reichte. Die Begabungsreserven, die in denjenigen sozialen Schichten steckten, die bislang kaum Zugang zur höheren Bildung hatten, sollten mobilisiert werden (Beispiele hierzu und zur Dynamik des Begabungsbegriffs: vgl. FRIEDEBURG 1992).

– Ein alltagsnäheres Beispiel: Von bildungsökonomischer Bedeutung ist auch der Einfluss der Jahrgangsstärken auf die Zuweisung zu Schularten. Der Anteil von Kindern, welche Förder- oder Sonderschulen besuchen, hängt weit weniger davon ab, wie viel Förder- bzw. sonderpädagogischen Bedarf ein Kind hat oder wie überzeugend die Postulate einer integrativen Pädagogik wirken, sondern – ökonomisch – mit der Jahrgangsstärke. Die Förderschulen dienen als ein Puffer, welcher die relativ konstante Belegung der Grundschulen zu gewährleisten vermag. Auch wenn dies ökonomisch legitim sein mag, so spricht es den pädagogisch formulierten Argumenten, die entsprechend wechseln müssen, Hohn.

– PISA: Die Untersuchungsreihe wurde nicht von einer Bildungsorganisation initiiert, sondern von der OECD, einer Organisation, die der wirtschaftlichen Zusammenarbeit dient. Es geht dabei um die ökonomische Bedeutung von Bildung bzw. Ausbildung.

Aus den genannten Beispielen wird deutlich, dass Bildung als normativer Anspruch, „Bildung als Bürgerrecht", wie es in den 60er Jahren formuliert worden war (DAHRENDORF 1965), stets im Widerspruch steht zu Bildung als einer funktionalen, ökonomisch bestimmten Größe. Auf diesen Widerspruch hat seit den 70er Jahren eine marxistisch geprägte Kritik der Bildungsökonomie hingewiesen (vgl. ALTVATER 1971; HUISKEN 2001). Untermauert wurde diese Kritik durch die berühmt gewordene Studie zweier us-amerikanischer Ökonomen, Samuel Bowles und Herbert Gintis aus dem Jahr 1976, in welcher das Scheitern von Versuchen beschrieben wird, Chancengleichheit und soziale Gerechtigkeit durch das Bildungssystem herzustellen. Die Kritik der Bildungsökonomie findet ihren Kronzeugen in dem französischen Soziologen Pierre Bourdieu, um dessen Konzept es nun ausführlicher gehen soll.

11.2 Die Soziologie Pierre Bourdieus

Ging es bei Parsons um Funktionalität schulischer Selektion, so soll es hier im Weiteren um die Legitimität gehen, d.h. um die Behauptung, schulische Selektion sei gerecht und modernen Gesellschaften angemessen. Und in der Tat, betrachtet man sich die historische Entwicklung, so stellt das Prinzip, eine Person ihrem Bildungsabschluss gemäß eine mehr oder weniger hohe Position in der Gesellschaft zuzubilligen, einen erheblichen Fortschritt dar gegenüber feudalistischen oder absolutistischen Gesellschaften, in denen die Geburt den Stand und damit den individuellen Lebenslauf bestimmte. Der Adel per Geburt wurde gewissermaßen durch einen Adel per Bildung ersetzt.

Damit sollte es prinzipiell jedem Menschen ermöglicht werden, durch Bildung jede Position einer Gesellschaft zu erreichen. Dass dies trotz der Humboldt'schen Reformen nicht der Fall war, dass vielmehr, wie in Kapitel 2 dargelegt, in Deutschland ein jahrzehntelanger Kampf um das Berechtigungswesen der höheren Schulen entbrannte, mag dabei der Logik sozialer Auseinandersetzungen geschuldet sein, Auseinandersetzungen, die bis in die Bundesrepublik der Gegenwart hineinreichen.

Adel per Bildung

Das Prinzip ist inzwischen dennoch dem Selbstverständnis liberaler demokratischer Staaten inhärent. Die Gleichheit des Zugangs zu allen Positionen setzt, das ist entscheidend, die Chancengleichheit im Bildungswesen voraus. Diese ist – ideell gesehen – eine der politischen Grundfesten unseres Gemeinwesens, sie ist eine Basis für soziale Gerechtigkeit. Chancengleichheit im Bildungswesen ist somit eine notwendige Voraussetzung für die Legitimität schulischer Selektion, ja, darüber hinaus eines demokratischen Gemeinwesens. Ob sie – nebenbei gefragt – eine hinreichende Bedingung ist, sei dahin gestellt.

Damit stellt sich umso schärfer die Frage, in welchem Verhältnis die schulische Wirklichkeit und der Anspruch auf Chancengleichheit stehen.

Die grundlegenden Untersuchungen zu diesem Problem sind nur wenige Jahre nach den Überlegungen Parsons' angestellt worden. Maßgeblich hierfür sind die Arbeiten Pierre Bourdieus. Bourdieu (1930–2002) hat sich, inspiriert durch erste ethnologische Arbeiten, lange mit Bildungs- und Kultursoziologie beschäftigt. Er hat den Anspruch, eine den modernen, komplexen Gesellschaften angemessene Klassentheorie zu entwickeln, welche gleichermaßen die Sozialstruktur wie auch das individuelle Handeln darzustellen vermag, womit die prinzipielle Differenz, etwa die Parsons' auf der einen und die des Symbolischen Interaktionismus auf der anderen Seite, aufgehoben werden soll.

Eine neue Soziologie

Soziale Unterschiede werden dabei nicht ausgeblendet, wie das bei Goffman zuweilen wirkt, sie werden, so der deutsche Titel Bourdieus Hauptwerkes, zu „feinen Unterschieden" (BOURDIEU 1982). Fein sind diese insofern, als sie sich weniger auf ausschließlich harte ökonomische Daten stützen (also Besitz und Einkommen, auch Berufsprestige), sondern auf das, was Bourdieu „kulturelles Kapital" nennt: vorneweg der Bildungsabschluss, aber auch der Musikgeschmack, jede Form kultureller Betätigung, der Kleidungsstil, überhaupt der Lebensstil, all dies aber Dinge, die zu den „drei Vierteln" unserer Handlungen zählen, die der bewussten Kontrolle entzogen und im Laufe der Sozialisation zur „zweiten Natur" geworden sind.

Mit dieser Unterscheidung von ökonomischem und kulturellem Kapital gelingt es Bourdieu, eine den modernen westlichen Gesellschaften angemessene Sozialstruktur zu beschreiben (vgl. BOURDIEU 1982; 1985a), die die Komplexität und Ausdifferenzierung von Lebensformen ebenso umfasst wie den Zusammenhang von „subjektivem" Lebensstil und „objektiver" sozialer Lage. Bourdieu veranschaulicht den sozialen Raum durch ein zweidimensionales Modell, an dessen vertikaler Achse, wie gehabt, die Gesamtmenge

Kulturelles Kapital und Sozialstruktur

des Kapitals (ökonomisches und kulturelles), an dessen horizontaler Achse die Zusammensetzung (links wenig ökonomisch, viel kulturell; rechts wenig kulturell, viel ökonomisch) angetragen wird. Tatsächlich lassen sich hierin die verschiedenen Milieus der Gesellschaft samt ihren jeweiligen kulturellen Vorlieben, politischen Haltungen usw. ziemlich genau verorten (vgl. BOURDIEU 1982, S. 212 f.; vereinfacht BOURDIEU 1998, S. 19).

Wichtig ist, dass Bourdieus Sozialstruktur ebenso ein Modell sozialen Wandels beinhaltet (eine Frage, die im Symbolischen Interaktionismus wie auch bei Parsons nicht zentral ist). Es wird nämlich immer soziale Gruppen – Bourdieu spricht allerdings mehr im logischen Sinn von „Klassen" – geben, welche ein gewisses, nicht zu kleines Maß an Kapital besitzen, dessen größerer Anteil aber aus kulturellem Kapital besteht. Diese Klasse hat Interesse daran und die Mittel dazu, die jeweils ökonomisch dominierende Klasse zu bekämpfen, d. h. ihre eigenen Standards als die allgemeingültigen Standards durchzusetzen. Genauso lässt sich der Aufstieg des Bürgertums verstehen. Im 18. Jahrhundert dem Adel an ökonomischer Macht nachgeordnet, besaß es schließlich genügend kulturelles Kapital, genügend Bildung, um die Legitimität des Adels zu untergraben und seine eigenen Standards – bürgerliche Gleichheit, jedem nach seinen Leistungen, Bildung als Zugang zu Karriere – durchzusetzen. Das war die Geburt der Chancengleichheit aus dem Geist der bürgerlichen Revolution.

Bourdieu hat sich seit den 90er Jahren dabei zu einem in öffentlichen Debatten engagierten Intellektuellen entwickelt, der sich zu Themen wie Bildung, soziale Ungleichheit und Globalisierung zu Wort gemeldet hat (zur Einführung z. B. LIEBAU 1987; zum letzten Punkt BOURDIEU 1997), der bereits Anfang der 60er Jahren über das französische Schulsystem empirische Forschungen betrieben hat und seine Ergebnisse unter dem programmatischen Titel „Illusion der Chancengleichheit" veröffentlichte (BOURDIEU/PASSERON 1971).

11.3 Illusion der Chancengleichheit

Der Befund aus Frankreich Anfang der 60er Jahre ist zunächst denkbar einfach und vielleicht erst erklärungsbedürftig, wenn man sich von der Selbstverständlichkeit der bestehenden Verhältnisse löst: Kinder aus unteren sozialen Schichten absolvieren das Bildungssystem deutlich weniger erfolgreich als Kinder aus den oberen Schichten – trotz öffentlich proklamierter und formal vorhandener Chancengleichheit, d. h. gleicher Prüfungen für alle. Eine von vielen Zahlen sei herausgegriffen: Die Chance eines Landarbeiterkindes, an die Hochschule zu gelangen, waren 1962 80-mal geringer als die eines Kindes von Freiberuflern (BOURDIEU/PASSERON 1971 S. 21 ff.). Der Erbadel scheint damit von einem Bildungsadel abgelöst worden zu sein, welcher durch zwar andere, aber ebenso effiziente Mechanismen ebenfalls erblich wird.

Worin bestehen diese Mechanismen?

Soziale Mechanismen der Bildungssozialisation

Ähnlich wie schon Parsons beobachtet Bourdieu das Zusammenwirken von familiärer und schulischer Sozialisation. Allerdings tut er dies differenzierter als Parsons, der ausschließlich psychologisch argumentiert, und bezieht sozialstrukturelle Aspekte mit ein. Die „Illusion" der Chancengleichheit besteht darin, dass die Kinder nicht mit gleichen Voraussetzungen in die (Grund-) Schule kommen und dass die Schule ihrerseits trotz bzw. paradoxerweise gerade wegen gleicher Anforderungen für alle von vornherein bestimmte Verhaltensweisen positiv, andere negativ sanktioniert. Ohne in einen allzu groben Schematismus zu verfallen (was Bourdieu in keinem Falle tut), lässt sich holzschnittartig formulieren, dass Kinder aus bildungsnahen Familien mit mittleren oder höheren Einkommen im Durchschnitt

– mehr Geld für ihre Kinder aufwenden können (für Nachhilfe, aber auch indirekt z. B. für Kleidung und andere Signale, welche für Lehrkräfte – sicherlich oft mehr unbewusst als bewusst – zum Bild des guten Schülers gehören),
– mehr Zeit für ihre Kinder haben und sie schulisch wie in ihrer gesamten Entwicklung besser unterstützen können,
– ihren Kinder eine anregungsreichere Umgebung (Spielzeug, Bücher, Teilnahme am kulturellen Leben: Theater, Museen, nicht zuletzt auch Reisen) bieten können,
– eher Freunde und Bekannte haben, die selber „gebildet" sind und die womöglich eine spätere Hochschul- und Berufslaufbahn als Vorbild oder durch Beziehungen unterstützen,
– Eltern haben, die selber eine höhere Bildung erhalten haben und deren Bildungsaspiration hoch ist, d. h. die von der Vorstellung geleitet sind, dass ihre Kinder für eine höhere Schulbildung geeignet sind.

Bourdieu spricht, in Erweiterung eines eindimensionalen an Einkommen oder Schicht orientierten Gesellschaftsmodells, vom ökonomischen Kapital einerseits, welches Einkommen und Geld im engeren Sinne umfasst, und vom kulturellen Kapital andererseits, welches den Bildungsabschluss, den Umgang mit Hochkultur, aber auch das soziale Kapital, d. h. Beziehungen zu einflussreichen Personen usw., umfasst. Objektive Klassenlagen (und subjektive Lebensstile) ergeben sich nach Bourdieu aus den Anteilen dieser Kapitalsorten am gesamten Einkommen.

Unter Missachtung aller Differenzierungen kann man sagen, dass für bildungsfernere Familien mit niedrigen Einkommen das jeweilige Gegenteil der obigen Auflistung der Fall ist, v. a. aber die Bildungsaspiration niedrig ist.

In der Familie erwerben die Kinder erste Schemata, nach denen sie ihre Umwelt wahrnehmen und beurteilen und nach denen sie handeln. Sie verinnerlichen durch Teilnahme an der Gesellschaft, genauer gesagt durch Teilnahme an dem Ausschnitt der Gesellschaft, in dem sie aufwachsen, gesellschaftliche Strukturen, sie erwerben einen „Habitus". Sozialisation ist, in Bourdieus Terminologie, der Erwerb des Habitus. Der Habitus funktioniert dabei wie eine Grammatik für das soziale Leben, als „Körper gewordene Gesellschaft" strukturiert er Wahrnehmen, Denken und Handeln der Menschen, beinhaltet Regeln, welche man zumeist äußerst feinfühlig befolgen, selten aber als Regel formulieren kann, genauso wie man zumeist präzise sagen kann, ob ein Satz grammatisch korrekt ist, ohne aber die entsprechende Regel angeben zu können. Der Habitus stellt somit auch ein „System von (dem Einzelnen unbekannten) Grenzen" seines Lebens dar. Mit ihm lässt sich die Art und Weise alltäglicher Verrichtungen, die Art und Weise, wie man spricht, sich bewegt usw., aber auch der Geschmack bei der Wohnungseinrichtung, die Wahl der Zeitung, die Meinung in Bezug auf Kinder-

Habitus

erziehung und politische Fragen, kurz die Gesamtheit des Handelns erfassen. Der Habitus stellt für Bourdieu eine sehr weitreichende Kategorie dar:

> „Das Prinzip historischen Handelns – des Künstlers, Gelehrten, Regierenden wie des Arbeiters oder kleinen Beamten – stellt kein Subjekt dar, das gleichsam, der Gesellschaft als äußerlichem Objekt konfrontiert wäre; weder Bewußtsein noch Sache, besteht es vielmehr in der Relation zweier Zustände des Sozialen, nämlich der in Sachen, in Gestalt von Institutionen objektivierten Geschichte auf der einen, der in Gestalt jenes Systems dauerhafter Dispositionen, das ich Habitus nenne, leibhaft gewordenen Geschichte auf der anderen Seite. Der Leib ist Teil der Sozialwelt – wie die Sozialwelt Teil des Leibes. Die in den Lernprozessen vollzogene Einverleibung des Sozialen bildet die Grundlage jener Präsenz in der Sozialwelt, die Voraussetzung gelungenen sozialen Handelns wie der Alltagserfahrung von dieser Welt als fraglos gegebene ist." (BOURDIEU 1985a, S. 69)

Nachhaltigkeit des Habitus Der Habitus eines Kindes braucht noch nicht besonders ausgeprägt zu sein, um beim Betreten des Feldes der Schule, je nach sozialem Umfeld, verstärkt oder geschwächt zu werden. Gerade die Entwicklung des Habitus, die zu großen Teilen unterhalb der Schwelle des Bewusstseins stattfindet – Bourdieu spricht mit Leibniz von den „drei Vierteln" der menschlichen Tätigkeiten, die wie automatenhaft ausgeführt werden –, führt dazu, dass dessen Wirkung besonders nachhaltig ist. Ein Habitus bildungsferner Eltern etwa zeichnet sich nicht nur dadurch aus, den schulischen Leistungsanforderungen gegenüber zu versagen, sondern auch gerade darin, sich mit diesem Los zu arrangieren, Bildung etwa als „weltfremd", „intellektualistisch" usw. abzulehnen. Umgekehrt verstärkt das Bildungssystem einen „bildungsnahen" Habitus, Kinder mit entsprechendem Hintergrund kommen mit den schulischen Anforderungen (Bedeutungszuschreibung von Bildung und Schule für das eigene Leben, Orientierung an kognitiven Lernformen, Orientierung an der Standardsprache usw.) viel besser und vor allem schneller zu Rande. Und selbst bei Prüfungen sind Lehrende nicht ganz frei davon, neben der fachlichen Leistung den Habitus des Prüflings mitzubewerten. Der herkunftsspezifische Habitus garantiert somit (statistische Abweichungen abgesehen) die Vererbbarkeit des Bildungsadels. Das Aufwachsen in der Familie und dem durch sie repräsentierten Ausschnitt der sozialen Welt ist demnach – trotz aller Moderne – immer noch stark prägend für die Entwicklung und die Karrierechancen der Kinder.

11.4 Die symbolischen Auseinandersetzungen

Ein weiterer Aspekt in Bourdieus Werk ist erwähnenswert, auch wenn er bestenfalls nur einen Aspekt einer Schultheorie darstellt. So wie Bourdieu in modernen westlichen Gesellschaften soziale Ungleichheit an feinen Unterschieden festmacht, so beschreibt er die politischen Auseinandersetzungen im Wesentlichen als symbolische Auseinandersetzungen. Diese Beschreibung geht davon aus, dass ja zunächst die Bedeutung von Begriffen und Sätzen nicht feststeht (man denke an den Symbolischen Interaktionismus), die Bedeutungen entstehen erst in einem gegenseitigen Aushandlungsprozess. Dies gilt auch für die politische Sphäre. Was bedeuten denn Freiheit, Menschenwürde oder Gerechtigkeit?

Die jeweils legitimen Bedeutungen haben allerdings im Rahmen des Poli- *Legitime* tischen weitreichende Folgen, da sie das politische Handeln bestimmen. *Bedeutungen* Mehr noch, die Frage ist, wie all das, was passiert, überhaupt begrifflich ge- fasst und wahrgenommen wird. Denn so, wie die Bedeutung eines Begriffs nicht einfach gegeben ist, so ist auch die Bedeutung einer sozialen Tatsache nicht einfach gegeben. Als Beispiel seien die schlechten Bildungschancen von Migrantenkindern genannt: Zum einen lässt sich das als fehlende Bega- bung oder Anstrengungsbereitschaft dieser Kinder interpretieren, zum ande- ren, dass diese zu wenig Förderung erhalten. Entsprechend unterschiedlich sind die Handlungsmöglichkeiten.

Entscheidend ist nun, welchen sozialen Gruppen es gelingt, im politi- schen Diskurs ihre Sicht bzw. ihre Bedeutung als die allgemeingültige, als legitime Sicht durchzusetzen.

Was hat dies mit Schule zu tun?

Nun, um Schule, vor allem um den Begriff der Bildung, tobt seit einigen *Debatte um den* Jahren eine Auseinandersetzung. Spätestens seit der ersten PISA-Studie, die *Bildungsbegriff* 2001 veröffentlicht wurde, ist eine Debatte entstanden nicht nur über die Frage nach gutem Unterricht, debattiert wird auch, ob die Frage der Schul- struktur Thema der Debatte sein sollte, was konservative Kreise ablehnen. Mehr noch geht es einmal mehr darum, was Bildung bedeutet. War damit bis vor wenigen Jahren unbestritten ein Moment von Emanzipation, Selbst- entfaltung und Kritik, kurz ein eher Humboldt'scher Begriff verbunden, so wird Bildung unterdessen vermehrt unter dem Aspekt der Ausbildung gese- hen, welche ökonomischer Effizienz genügen muss. Dass auch hier die je- weiligen Handlungsfolgen geradezu diametral entgegengesetzt sind, dürfte auf der Hand liegen.

11.5 Die Aktualität Bourdieus

Diese Untersuchungen wurden auch in der bundesdeutschen Öffentlichkeit recht schnell wahrgenommen. In der Folge der sogenannten „deutschen Bil- dungskatastrophe" in den 60er Jahren und mit dem Erstarken der Sozialisa- tions- und empirischen Bildungsforschung wurde Chancengleichheit ein wichtiges Thema in der öffentlichen, politischen wie wissenschaftlichen Debatte. In dem Maße, wie Bildung nicht nur als ökonomischer Faktor, son- dern als Rechts-, mehr noch als moralischer und politischer Anspruch von Bürgern gesehen wurde, rückte das Bildungssystem und dessen Anspruch, Chancengleichheit zu gewährleisten, in den Fokus der Forschung.

Bereits Mitte der 60er Jahre, also zeitgleich mit Bourdieu, erschienen Un- tersuchungen über die Bedeutung von Sprache für die Sozialisation. Die frappanten, letztlich aber erwartbaren Parallelen dieser Untersuchungen, wie etwa die des Briten Basil Bernstein, belegen die enge Koppelung von sozialer Herkunft und Sprachfähigkeit in einem sehr allgemeinen Sinne und schließlich der Bildungschancen.

Der Hinweis darauf, dass all diese Ergebnisse ja 30 Jahre und älter sind *Chancengleichheit* und dass inzwischen die Folgen der Bildungsreform bzw. -expansion der *heute* 70er Jahre die Situation grundlegend verändert haben, gilt nicht. Zwar ist die Bildungsbeteiligung der bundesdeutschen Bevölkerung insgesamt gewachsen. Mehr Schüler besuchen das Gymnasium, der Anteil der Abiturientinnen eines Jahrgangs hat sich seit den 60er Jahren vervielfacht, Gleiches gilt für die Hochschulabschlüsse. Nichtsdestoweniger haben sich die sozialen Relationen nicht prinzipiell verschoben. Noch immer sind die hohen Bildungsabschlüsse Sprösslingen der mittleren und oberen sozialen Schichten vorbehalten. Der Mechanismus, den Bourdieu bereits in den 60er Jahren beschrieben und in seinen Hauptwerk „Die feinen Unterschiede" zu einer Theorie der Gegenwartsgesellschaften erweitert hat, greift noch immer. Im Gegenteil hat sich die Situation seit den späten 70er Jahren eher verschärft, da es nun zunehmend nicht mehr nur um die Verteilung unterschiedlich privilegierter Statuspositionen geht, sondern um den vollständigen Ausschluss von gesellschaftlicher Teilhabe derjenigen Gesellschaftsgruppen, welche nur geringwertige Bildungsabschlüsse vorweisen können. Dies zeigen die bildungssoziologischen Studien der letzten Jahre. Hingewiesen sei auch hier nur auf die PISA-Studie selbst, die den stark selegierenden Charakter des bundesdeutschen Bildungssystems deutlich gemacht hat. Beispielhaft sei auf die Lesesozialisation hingewiesen, welche den wesentlichen „Transmissionsriemen" der Milieuzugehörigkeit darstellt (vgl. PIEPER u.a. 2004).

Eliteforschung Zu nennen ist hier auch die aktuelle Studie über die Zusammensetzung bundesdeutscher Eliten (HARTMANN 2002). Hartmann hat in einer bemerkenswerten Untersuchung nachgewiesen, dass sich die Eliten in Wirtschaft, Politik und Kultur weitgehend aus sich selbst rekrutieren und dass als Kriterium der Zugehörigkeit weniger der Bildungsabschluss als der passende Habitus, jene Fähigkeiten also, welche durch Teilhabe am sozialen Umfeld der, wenn man so will, Leisure-class erwachsen, zählt. Derzeit sind, so Hartmann, die oberen Schichten stärker an einer Besitzstandswahrung orientiert als die unteren Schichten an einem sozialen Aufstieg.

Zusammenfassend bleibt festzuhalten, dass die Institution Schule in modernen Gesellschaften mehrere Funktionen wahrnimmt, darunter die der Selektion (bzw. Allokation), d.h. die Heranwachsenden anhand ihrer Bildungsabschlüsse auf die vorhandenen Positionen in der Gesellschaft zu verteilen. Die Notwendigkeit dieser Allokation ergibt sich aus der Struktur ungleicher Einkommens- und Lebensverhältnisse in der Gesellschaft. Die Frage nach der Effizienz dieser Allokation ist die eine. Die andere Frage ist die nach der Legitimität, d.h. inwieweit dabei Chancengleichheit gewährleistet ist. Hier gilt es zu konstatieren, dass trotz der Expansion des Bildungswesens in den 60er und 70er Jahren und der damit gestiegenen sozialen Mobilität Chancengleichheit prinzipiell eine Illusion geblieben und dass Bildung nach wie vor eine Kategorie sozialer Ungleichheit ist, schlimmer sogar, eine Kategorie, welche das Leben der kommenden Generation – dies liegt in der Natur von Bildung – schon heute beeinflusst. Nötig ist eine Desillusionierung, um nicht den Anspruch von Chancengleichheit und sozialer Gerechtigkeit als bloße Ideologie zu entwerten.

Für Chancengleichheit, den Anspruch auf Bildung und sozialen Ausgleich, gilt aber, was Bourdieu in einem Gespräch über Vernunft im Allgemeinen formulierte: „Die Vernunft ist eine historische Errungenschaft wie die Sozialversicherung" (BOURDIEU 1985b, S. 389), sie zu entwickeln bedeutet mithin keine Selbstverständlichkeit.

Was Sie wissen sollten, wenn Sie Kapitel 11 gelesen haben:

– Sie sollten den Zusammenhang zwischen Bildung und Ökonomie anhand einiger auch eigener Beispiele benennen können.
– Sie sollten Bourdieus Gesellschaftsmodell beschreiben können. Wo würden Sie z. B. Gymnasiallehrer, Sekretärinnen, freie Journalisten oder sich selbst verorten?
– Sie sollten Bourdieus Begriff des Habitus beschreiben können.
– Worin besteht die Illusion der Chancengleichheit? Besteht denn nun Chancengleichheit oder nicht? Wie beurteilen Sie dies heutzutage?
– Was ist mit symbolischen Auseinandersetzungen gemeint?

Weiterführende Literatur

BOURDIEU, PIERRE (1987): **Die feinen Unterschiede. Kritik der gesellschaftlichen Urteilskraft**. Frankfurt a. M. Dasjenige von Bourdieus Hauptwerken, das sich zentral mit Bildung und Gesellschaft beschäftigt. Vermutlich eines der wichtigsten sozialwissenschaftlichen Bücher unserer Zeit; es umfasst neben einer von einem aufklärerischen Impetus getragenen Diagnose moderner Gesellschaften viel Material, in dem man sich auf einmal selber wiederfindet. Allein deswegen sollte man es mindestens querlesen!

BOURDIEU, PIERRE (1985): **Leçon sur la leçon**. Inauguralvorlesung am Collège de France 1982. Frankfurt a. M. Dieser äußerst lesenswerte Vortrag, den Bourdieu anlässlich seiner Berufung zu den höchsten akademischen Weihen Frankreichs gehalten hat, erhält im Kern das gesamte Konzept seiner Sozialwissenschaft.

HONNETH, AXEL (1984): **Die zerrissene Welt der symbolischen Formen. Zum kultursoziologischen Werk Pierre Bourdieus**. In: Kölner Zeitschrift für Soziologie und Sozialpsychologie, Jg. 36, S. 147–164. Eine auf einem Gespräch mit Bourdieu basierende kritische Auseinandersetzung mit Bourdieu.

LIEBAU, ECKART (1987): **Gesellschaftliches Subjekt und Erziehung. Zur pädagogischen Bedeutung der Sozialisationstheorien von Pierre Bourdieu und Ulrich Oevermann**. Weinheim/München. Eine gelungene Annäherung an Bourdieus Werk aus erziehungswissenschaftlicher Sicht, getragen vom – in dieser Hinsicht – optimistischen Geist der 80er Jahre.

12 Entschulung

Muss Schule sein?

Ist es sinnvoll, an einer Institution festzuhalten, welche im Laufe der Zeit immer wieder massive Kritik auf sich gezogen hat? Ist eine Gesellschaft ohne Schule denkbar? Oder ist die Forderung nach Abschaffung der Schule völlig überzogen?

Um diese Fragen soll es in diesem Kapitel gehen. Schulkritik ist zwar nicht unbedingt Schultheorie, gerade aus einer radikal-kritischen Sicht werden jedoch Strukturen schärfer wahrgenommen, da sie radikal in Frage gestellt werden.

Auf vier Schultheoretiker gilt es dabei näher einzugehen: den als Jesuit ausgebildeten Kulturkritiker Ivan Illich, den aus Brasilien stammenden Reformpädagogen Paulo Freire, den us-amerikanischen Anarchisten Paul Goodman und den bundesdeutschen Schulpädagogen Hartmut v. Hentig.

12.1 Verschulung der Schule

Die Kritik an einer Institution wie der Schule ist nahezu so alt wie diese selbst. Zugleich mit dem Auftreten der ersten organisierten, professionalisierten Lernprozesse lässt sich fragen, inwieweit Anspruch und Wirklichkeit übereinstimmen.

Dilemma der Schule   Die Schule hat ein besonderes Problem, sie verschult die Welt und sie verschult die Heranwachsenden. Das macht sie besonders störungs- und kritikanfällig, da sie sich nach zwei Seiten hin abgrenzen muss. Einmal der „Welt" gegenüber, in dem Sinne, dass Schule eben gerade nicht Welt sein soll, sondern ein eigens arrangierter, durch Didaktik und Methodik sowie professionelles Personal gekennzeichneter Schonraum, ein Ort der Muße. Zum anderen muss sich als gesellschaftliche Institution den Heranwachsenden gegenüber abgrenzen – diese sind zwar das Objekt ihrer Bemühung, sie darf sich aber keinesfalls gemein mit diesen machen, will sie nicht das Pädagogische des Unterrichtens verfehlen.

Auf der Hand liegt, dass das eine wie das andere der Schule vehemente Kritik einzutragen vermag: Im ersteren Fall wird der Schule Weltfremdheit vorgeworfen; im zweiten Fall Unmenschlichkeit – beides Kritiken, denen sich Schule immer wieder stellen musste. Wenn in einer der für die deutsche Dichtung recht prominenten Passagen, nämlich in der Schülerszene von Goethes Faust, der Schüler meint:

„Aufrichtig, möchte schon wieder fort:
In diesen Mauern, diesen Hallen
Will es mir keineswegs gefallen.
Es ist ein gar beschränkter Raum,
Man sieht nichts Grünes, keinen Baum,
Und in den Sälen, auf den Bänken
Vergeht mir Hören, Sehn und Denken." (Faust I, Z. 1881–1887)

so klingt beides an: Schule als „der beschränkte Raum", der die Welt nur mittelbar und unzulänglich abbildet, und Schule als menschen- und insbesondere lernfeindliche Umgebung, wo es einem „vergeht".

Der Ausdruck „Verschulung" hat im Deutschsprachigen eine eher negative Konnotation. Wenn Lernen „verschult" ist, bedeutet dies zumeist einen starr festgelegten Plan, der die Lerninhalte, oftmals auch die Zeiten, ohne Rücksicht auf die Lernenden vorschreibt und abprüft, kurz Verschulung deutet Fremdbestimmung an, ein Faktor, der jedweden, auf Selbstbestimmung angelegten Bildungsprozessen entgegenzustehen scheint.

12.2 Verschulung der Gesellschaft

Unterschiedliche schultheoretische Ansätze (vgl. Kapitel 2, 6, 8 und 11) und unzählige schulpraktische Reformversuche haben die Kritik an einer verschulten Schule, idealtypisch durch den Herbartianismus repräsentiert, verdeutlicht. Umgekehrt muss man aber sagen, dass Schulen eines der wesentlichen Kennzeichen der Moderne sind. Moderne Gesellschaften sind verschult. Im Laufe der Herausbildung des Schulsystems im 19. und 20. Jahrhundert ist der Adressatenkreis zunehmend vergrößert worden (Beispiel: Mädchen- und Frauenbildung, längere Bildung für immer breitere Bevölkerungsschichten), die Schulzeit wurde immer weiter ausgedehnt, Schule und Unterricht wurde professionalisiert, akademisiert und, ein nicht unerheblicher Punkt, bürokratisiert (vgl. DEUTSCHER JURISTENTAG 1981). Auch lässt sich feststellen, dass in modernen Gesellschaften durch die Schule vergebene Bildungszertifikate den Zutritt zu sozialen und ökonomischen Positionen regeln – dies ist die bei Parsons, Fend und Bourdieu diskutierte Selektions- bzw. Allokationsfunktion der Schule. Diese unterliegt allerdings einem Wandlungsprozess: War in den 60er Jahren das Abitur die sichere Eintrittskarte für eine höhere Laufbahn, so ist dieses zwischenzeitlich nahezu zum Mindeststandard geworden, um überhaupt im Berufsleben Fuß fassen zu können. Das heutige Schlagwort lautet demgegenüber „lebenslanges Lernen".

12.3 Entschulung der Gesellschaft

Die radikale Schulkritik ist bezeichnenderweise nicht in den westlichen Demokratien formuliert worden, sondern von deren Rändern her, in Ländern der Dritten Welt. Paulo Freire wie Ivan Illich haben lange Zeit in Lateinamerika bzw. Afrika gewirkt und die westliche Zivilisation aus der Perspektive der sozialen Verwerfungen in den sogenannten Entwicklungsländern beobachtet. Vergleichbares gilt auch für Paul Goodman, der wiederum seine Schulkritik aus den Slums von New York begründet hat.

Hartmut v. Hentig wiederum, wohl der namhafteste deutsche Pädagoge der Gegenwart und einer der praktisch wie theoretisch profilierten Schulpädagogen, hat diese Schulkritik für die bundesdeutsche Schuldebatte rezipiert und versucht, „Alternativen zur Schule" auszuloten.

Zunächst zu Paul Goodman. Goodman (1911–1972) stammt aus New York. Nach dem Studium der englischen Literatur wendet er sich der Psychotherapie zu und wird Mitbegründer der „Gestalt-Therapy". Stand er als Anarchist und Homosexueller lange Zeit außerhalb der öffentlichen Beachtung, wird er in den 60er Jahren zu einem der Mentoren der Studentenbewegung. Aus seinem Engagement im Free-School-Movement entsteht eine radikale Schulkritik, die auch in zwei Übersetzungen auf Deutsch vorliegt: „Growing up absurd. Aufwachsen im Widerspruch. Über die Entfremdung der Jugend in der verwalteten Welt" (GOODMAN 1972) und „Das Verhängnis der Schule. (Compulsory Mis-Education)" (GOODMAN 1975). Seine These lautet in aller Kürze: Mehr Schule führt nicht zu mehr Bildung, Selbständigkeit oder Gleichberechtigung; Schule ist selber Ursache des Übels, das sie beseitigen soll. Diese These begründet er aus seiner Arbeit mit unterprivilegierten Jugendlichen und aus seiner Erfahrung mit Street-Schools, Schulen, die sich in den Städten für gewisse Zeit aus Initiativen von Eltern herausgebildet haben. Das staatliche Schulsystem erreicht diese Jugendlichen nicht, weder inhaltlich, noch persönlich; im Gegenteil führe die hierarchische Organisation der Schule zu einer Entmündigung der Heranwachsenden und damit zu einer Verfehlung des zentralen Zieles jeder aufgeklärten Erziehung. Wichtig sei vielmehr: Überschaubare Gruppen, in denen Kinder und Lehrer Beziehungen zueinander aufbauen können, Rücksicht auf den Ein-

*Paul Goodmans
anarchistische
Schulkritik*

zelnen, d.h. insbesondere keine Disziplinarmaßnahmen, die Möglichkeit der freien Wahl, schließlich die Einbeziehung der Wirklichkeit statt deren didaktische Aufbereitung. Was die Frage der Disziplin betrifft, wird hier der russische Schriftsteller und Pädagoge Leo N. Tolstoj zitiert:

„Meiner Ansicht nach ist äußere Unordnung nützlich und unersetzlich. Es scheint uns zwar, daß diese Unordnung wächst und wächst und keine Grenze mehr findet – es scheint kein anderes Mittel zu geben, um ihr ein Ende zu setzen als die Anwendung von Gewalt –, aber doch braucht man nur ein wenig zu warten, und die Unordnung würde sich legen und in eine viel bessere und dauerhaftere Ordnung übergehen. In diesen wie in anderen Fällen wird die Gewalt nur aus Übereilung und aus Mangel an Achtung vor der menschlichen Natur angewandt." (TOLSTOJ 1980, S. 69)

Paulo Freire:
Pädagogik der
Unterdrückten

Der inzwischen nur noch wenig bekannte Brasilianische Pädagoge Paulo Freire (1921–1997) hat eines der Standardwerke der Protestbewegung der 60er und 70er Jahre geschrieben: „Pädagogik der Unterdrückten". Hierin formuliert er die Kritik an einer Schule der Herrschenden:
– Schule besteht aus fremdbestimmtem Lernen, dies fördert weniger das Lernen als Anpassung und Apathie.
– Schulen ersetzen die eigentlich notwendigen persönlichen durch institutionelle Beziehungen, dies macht die Schule zur „Fabrik".
– Schulen tragen nicht dazu bei, soziale Ungleichheit abzubauen, sondern kommen den Privilegierten zugute.
– Die Lerninhalte der Schule sind für das reale Leben wenig relevant.

Freires Kritik ist aus seinen Erfahrungen als Erziehungswissenschaftler in den scharfen sozialen Gegensätzen im Brasilien der 40er und 50er Jahre erwachsen. Er diagnostizierte eine „Kultur des Schweigens", d.h. die Unfähigkeit der großen Mehrheit der Menschen, ihre (soziale) Lage in Worte zu fassen, selber zu verstehen und zu ändern. Gestützt auf die europäische Philosophie, namentlich die Wissenssoziologie, vertrat er daher ein Programm der Bewusstmachung, beginnend mit einer breit angelegten Alphabetisierung.

In Brasilien selbst bekam Freire nach dem Militärputsch von 1964 politische Schwierigkeiten. In den Stationen seines Exils arbeitete er ab den 70er Jahren für verschiedene UNO-Organisationen, es wurde ihm ein Vielzahl von Ehrungen zuerkannt.

So sehr man die Kritik Freires als überzogen ansehen mag, so selbstkritisch darf man sich fragen, ob die genannten Kritikpunkte nicht doch auch auf die eigene Schulzeit oder auf die der Eltern- oder Großelterngeneration zutreffen. Vor der Bildungsexpansion der 60er Jahre war die Volksschule für 80% eines Jahrgangs das Höchstmaß an schulischer Bildung, und die gegenwärtigen Exklusionstendenzen sollten auch eher zu Freirescher Kritik ermuntern.

Ivan Illichs Kritik
der Moderne

Am radikalsten klingt die Kritik wohl bei Ivan Illich (1926–2002), was nicht zuletzt auf seine Wortgewandtheit und seine Unerschrockenheit im Denken zurückgeht. Illich, geboren in Split, aufgewachsen in Wien und in Italien, ist gelernter Jesuit. In den 50er Jahren kam er nach New York, später nach Puerto Rico, wo er das ihn prägende soziale Umfeld kennenlernte. 1960 gründete er in Cuernavaca in Mexico das berühmte „Centro Intercultural de Documentación (CIDOC)", das zu einem Wallfahrtsort für Kritiker der westlichen Zivilisation wurde. Seit den 70er Jahren arbeitete er auch als Hochschullehrer in den USA und der Bundesrepublik.

Seine „Entschulung der Gesellschaft", obschon vor diesem Hintergrund vor fast 40 Jahren verfasst, ist immer noch lesenswert, weil es in beeindruckender Schärfe die Unzulänglichkeiten öffentlicher Institutionen wie der Schule benennt.

„Viele Schüler, zumal wenn sie arm sind, wissen intuitiv, was die Schulen mit ihnen anstellen. Sie werden geschult, Verfahren und Inhalt miteinander zu verwechseln. Wird dieser Unterschied erst einmal verwischt, so gilt die neue Logik: je mehr Behandlung, desto besser die Ergebnisse; oder auch: Eskalation führt zum Erfolg. Dergestalt wird der Schüler dazu ‚geschult', Lehren und Lernen miteinander zu verwechseln, ebenso das Versetztwerden mit Bildung, ein Zeugnis mit Sachkunde und Geläufigkeit mit der Fähigkeit, etwas Neues zu sagen. Seine Vorstellung wird dazu ‚geschult', eine Dienstleistung anstelle von Werten hinzunehmen. Ärztliche Behandlung wird irrigerweise für Gesundheitspflege gehalten, Sozialarbeit für eine Verbesserung des Gemeinschaftslebens, Polizeischutz für Geborgenheit, militärisches Gleichgewicht für nationale Sicherheit und Pöstchenjägerei für produktive Arbeit. Gesundheit, Lernen, Würde, Unabhängigkeit und schöpferisches Bemühen gelten allenfalls als Leistungen der Institutionen, die angeblich diesen Zwecken dienen. Deren Verbesserung aber macht davon abhängig, daß man der Leitung von Krankenhäusern, Schulen und andern deratigen Einrichtungen mehr Mittel zur Verfügung stellt.
In diesen Aufsätzen will ich zeigen, daß die Institutionalisierung von Werten unweigerlich zu Umweltverschmutzung, sozialer Polarisierung und psychologischer Impotenz führt: drei Dimensionen eines Ablaufs von weltweitem Verfall und modernisiertem Elend." (ILLICH 1984, S. 17)

Über das Lernen heißt es etwa:

„Wie man lebt, lernt man außerhalb der Schule. Wir lernen sprechen, denken, lieben, fühlen, spielen, fluchen, politisieren und arbeiten, ohne daß sich ein Lehrer darum kümmert. … Die Bildungsforschung beweist in zunehmendem Maße, daß Kinder das, was die Lehrer zu lehren vorgeben, größtenteils von ihresgleichen, aus Comic-Strips, durch zufällige Beobachtung und vor allem durch die bloße Teilhabe am Schulritual lernen. Soweit in den Schulen überhaupt gelernt wird, sind Lehrer eher hinderlich." (ebd. S. 42)

Dabei kritisiert Illich im Wesentlichen dieselben Phänomene wie Freire, und dies ebenso wie Freire und wie auch Goodman aus der Perspektive der Unterprivilegierten. Illich formuliert dabei aber eine Kritik der modernen Zivilisation schlechthin, eine Kritik der entmenschlichten Technik, des Konsums, der Medizin. Er betont dabei, dass der technische bzw. der Marktwert einer Sache dem ethischen Wert hintanzustellen sei. Was damals als Kritik des Westens wie des Ostens gemeint war, lässt sich heute als eine fundierte Kritik einer deregulierten Marktwirtschaft lesen.

Diese deutliche Kritik hatte ihre Resonanz in der Protestbewegung der 60er und 70er Jahre. Im Zuge des gesellschaftlichen Aufbruchs war Schule als hierarchische Institution im Zentrum der Kritik. Einer der bildungstheoretisch wie schulpraktisch versierten Autoren ist Hartmut v. Hentig (*1925), der sich nach eigenen Tätigkeiten in Reformschulen mit der Kritik Illichs auseinandersetzte. Seine Suche nach „Alternativen zur Schule" (vgl. HENTIG 1971) mündet in die Gründung der Bielefelder Laborschule, einer Versuchs-

Hartmut v. Hentig: Cuernavaca in Bielefeld

schule, in welcher positive Konsequenzen aus der radikalen Schulkritik gezogen sowie die Erfahrungen der verschiedenen Reformschulen (Summerhill, Montessori-Pädagogik usw.) einbezogen werden sollten. Die Laborschule wird dabei gleichzeitig durch Pädagogen der Universität Bielefeld wissenschaftlich begleitet.

Hentigs Idealvorstellung setzt an der Fähigkeit von Menschen zur Selbstbestimmung an. Schule sollte nach dem Vorbild einer antiken Polis, d.h. einer Gemeinschaft, in der alle gegenseitig Verantwortung übernehmen, aufgebaut sein. Pädagogen wiederum sollten einen „sokratischen Eid" schwören, der sie – ähnlich wie Mediziner auf die Gesundheit eines Patienten – auf das Recht des Kindes auf Eigenheit und Selbstbestimmung verpflichtet (vgl. HENTIG 2003, S. 258f.). Auf den Aspekt der Entschulung kam Hentig zurück, als er vor kurzem den Gedanken entwickelt hat, die Schule während der Mittelstufe für ein Jahr auszusetzen und Heranwachsende im außerschulischen, im wirklichen Leben – vergleichbar einem sozialen Jahr – Erfahrungen sammeln zu lassen (vgl. HENTIG 2007). Seine schulpädagogischen Schriften gehen weit darüber hinaus, können hier aber nicht weiter ausgeführt werden.

12.4 Kritik der Kritik?

Die Frage nach der Berechtigung all dieser Kritik ist zunächst eine empirische Frage. Jeder und jede hat dabei die persönlichen guten wie schlechten Erfahrungen vor Augen. Es gilt jedoch, darüber hinaus zu gehen und auf die hier genannten schultheoretischen Arbeiten von Bernfeld, Jackson, Bourdieu, Fend und das weite Feld der empirischen Sozialforschung zu verweisen.

Schule und Moderne   Schule ist sicherlich ein Bestandteil der Moderne. Insofern ist es nicht erstaunlich, dass Schulkritik stets auch mit der Kritik an gesellschaftlichen Entwicklungen verknüpft war, sei dies bei Nietzsche oder bei Illich.

Die Moderne wiederum ist eine zwiespältige Sache. Auf der einen Seite steht und fällt mit ihr die Emanzipation des Subjektes, damit auch die Idee von Selbstbestimmung und Emanzipation durch Bildung. Auf der anderen Seite erfordern moderne Gesellschaften tiefgreifende Anpassungsleistungen des Einzelnen an die Gesellschaft; Freud sprach vom „Unbehagen in der Kultur".

Lob der Schule?   Ein Lob der Schule könnte immerhin darauf verweisen, dass, um die Kritik etwa von Illich überhaupt denken und dann formulieren zu können, ein hohes Maß an Bildung vorhanden sein muss, welches zwar nicht immer, auch nicht jedem und auch weniger planbar, als propagiert, aber eben doch durch Schulen geleistet wird.

Schule nimmt, wie alle Pädagogik, etwas Advokatorisches in Anspruch, eben Unmündigen zur Mündigkeit zur verhelfen (vgl. BRUMLIK 1992). Eine lobenswerte Schule setzte allerdings voraus, dass diesseits ihrer Funktionalität Mündigkeit auch ihr Maßstab ist!

Schulkritik selbst kann dabei verschiedene Funktionen haben. Kritik hinterfragt das Bestehende und ermöglicht somit praktische Veränderungen. Kritik kann umgekehrt aber auch eine rein rhetorische Funktion umfassen, wenn eine radikale Infragestellung den falschen Eindruck einer faktischen Änderung vermittelt, so etwa Diederich und Tenorth in ihrer „Theorie der Schule" (1997) zur Schulkritik: „Der kontinuierliche Wille zur Reform muss für den Alltag erträglich machen, was in der Rhetorik am Alltag als unerträglich gebrandmarkt wird" (ebd., S. 225).

Eine andere Frage ist, ob Wissenschaft als kritische Instanz auftreten darf.

Kritik durch Wissenschaft

Bemerkenswert ist, dass sich Wissenschaften nicht linear entwickeln, in dem Sinne, dass Jahr für Jahr, Generation um Generation immer mehr Wissen aufgehäuft wird. Wissenschaftlicher Fortschritt vollzieht sich vielmehr sprunghaft. Vor allem in den Sozialwissenschaften waren oftmals bestimmte Perspektiven, Begrifflichkeiten und Fragestellungen dominierend, andere nicht (vgl. etwa Parsons vs. Goffman, dazu auch Bourdieu über die Legitimität von Bedeutungen). Wissenschaftstheoretiker sprechen hier von „Paradigmen". Insofern ist die absolute Objektivität von Wissenschaft in Frage zu stellen. Inwieweit sie im engen Sinne normativ sein darf, ist eine offene und viel diskutierte Frage; zumindest für die Sozialwissenschaften gilt aber, dass sie stets ihre Ergebnisse an die soziale Wirklichkeit rückzubinden haben, indem ihre Erkenntnisse der Gesellschaft zur Selbstvergewisserung oder auch Selbstkritik dienen. Pierre Bourdieu, als politisch engagierter Wissenschaftler, sagt hierzu:

„… eine Portion Utopismus, diese magische Verneinung des Realen, … (kann) gerade zur Schaffung politischer Voraussetzungen für eine praktische Negation des Realitätsbefundes (beitragen)". (vgl. BOURDIEU 1985a, S. 57f.)

Was Sie wissen sollten, wenn Sie Kapitel 12 gelesen haben:

– Sie sollten angeben können, wieso Schule besonders kritikanfällig ist.
– Diskutieren Sie die Bedeutung des Begriffs „Verschulung".
– Sie sollten die Kritikpunkte und die Lösungsvorschläge der genannten Autoren zusammenfassen können.
– Sie sollten die Berechtigung der Schulkritik vor dem Hintergrund Ihrer eigenen Erfahrungen bzw. der Erfahrungen Ihrer Eltern, Bekannten usw. diskutieren.

Weiterführende Literatur

ILLICH, IVAN (1984): **Entschulung der Gesellschaft. Entwurf eines demokratischen Bildungssystems** (Am. Original 1970, 1971). München. Illichs Sammlung von Essays lässt sich zeitgeschichtlich lesen, um die Diskussionen der 60er und 70er Jahre nachvollziehen zu können. Seine radikalen Thesen haben aber an Bedeutung für heute kaum verloren, so dass dieses Buch auch in der Zeit der Vermarktung von Bildung lesenswert bleibt, insbesondere für Lehrkräfte.

HENTIG, HARTMUT VON (2003): **Die Schule neu denken. Eine Übung in pädagogischer Vernunft**. Erweiterte Neuausgabe. Weinheim, Basel. Hentig versucht, Illichs radikale Kritik aufzunehmen und die Möglichkeiten von Schule angesichts der sozialen Verwerfungen und der neuen Weltlage auszuloten, ein Buch das allen Schulpraktikern anempfohlen sei.

C Ergebnisse empirischer Schulforschung

13 Die Leistungsfähigkeit des deutschen Schulwesens auf dem Prüfstand

13.1 Studien über Lernen und Leistung: TIMSS, PISA & Co

Seit Mitte der 90er Jahre haben vor allem international vergleichende Schulleistungsstudien, wie die Third International Mathematics and Science Study (TIMSS) (BAUMERT/LEHMANN 1997), das „Programme for International Student Assessment" (PISA) (PISA-KONSORTIUM 2001, 2004 und 2007) und die Internationale Grundschuluntersuchung (IGLU) (BOS U.A. 2003) nicht nur in der Bildungspolitik und der Schulforschung, sondern auch in der Öffentlichkeit für Furore gesorgt.

Ergebnisse internationaler Vergleichsstudien

Die Ergebnisse der TIMS-Studie, die Schülerleistungen im mathematisch-naturwissenschaftlichen Bereich am Ende der Sekundarstufe II im internationalen Vergleich untersuchte, der PISA-Studie der Organisation für wirtschaftliche Zusammenarbeit und Entwicklung (OECD), die in drei Untersuchungsreihen 2000, 2003 und 2006 die Leistungen der 15-jährigen Schülerinnen und Schüler vor allem im Bereich des Lesens, aber auch in Mathematik und Naturwissenschaften international verglich, sowie die der IGLU-Studie, die den Leistungsstand in der 4. Jahrgangsstufe 2001 erhoben hat, machten deutlich, dass der „output" schulisch veranstalteten Lernens in Deutschland mehr oder weniger deutlich hinter den bildungspolitisch gehegten Erwartungen zurückbleibt. Die Studien fanden vor allem deswegen große Beachtung, weil sie nicht mehr nach kurzfristig erbrachten Testleistungen und eng gefassten Kenntnissen in einzelnen Schulfächern fragten, sondern den langfristigen Wissensaufbau und damit die erworbenen Kompetenzen der Schülerinnen und Schüler in den Blick nahmen. Untersucht wurden also ihre grundlegenden Fähigkeiten, sich in der Schule und in der sie umgebenden Welt zurechtzufinden und sich eigenständig neues Wissens zu eigen zu machen.

Verändertes Verständnis von Lernleistung

Paradigmatisch werden an diesem veränderten Verständnis von Lernleistung Veränderungen in den Erwartungen an Bildungssysteme insgesamt deutlich. Zum Ansatzpunkt machten die Konstrukteure der PISA-Studie die Fragestellung, über welches Wissen und welche Kompetenzen Schülerinnen und Schülern mit 15 Jahren verfügen. Gefragt wurde nach dem Kompetenzerwerb jenseits von „Kulissenlernen" (LEHTINEN 1994) für die nächste Klausur und nach dem Wissen, das Schülerinnen und Schüler – unabhängig von den jeweiligen Lehrplänen eines Landes – zur Lösung von Problemen in der Welt, in der sie leben und die sie zukünftig mitgestalten werden, erworben haben. Deshalb wurde vor allem untersucht, in welchem Ausmaß es einem Schulwesen gelingt, Verständnisfähigkeit gegenüber unbekannten, neuen Aufgabenstellungen und Problemen zu entwickeln. Dabei zählte nicht allein die richtige Lösung bei der Auswertung der Aufgaben, sondern unabhängig davon auch die gewählten Mittel und Wege, die Phantasie und Kreativität bei der Entwicklung einer geeigneten Lösungsstrategie. Die Aufgabenformate wurden daher so gestaltet, dass sie eine größere Eigenständigkeit der Herangehensweise jedes einzelnen Schülers ermöglichen. Mustert man die Begründungen für die unterschiedlichen Kompetenz- und Wissensbereiche, die in den PISA-Studien untersucht wurden, also Leseverständnis, mathematisches Wissen, naturwissenschaftliches Wissen und fächerübergreifende problemlösende Kompetenzen, eingehender, dann wird ein gemeinsam geteiltes Verständnis von Basiskompetenzen deutlich, die zwar weder notwendigerweise Grundbildung noch Allgemeinbildung abdecken, aber zumindest als unverzichtbare Voraussetzung für den Erwerb von Allgemeinbildung gelten können (vgl. DÖRPINGHAUS u.a. 2006, S. 129ff.).

Fünf Areale des Kompetenzerwerbs lassen sich für dieses Verständnis ausmachen:

Verständnis von Basiskompetenzen

- Verständnisorientierung, d.h. Einsicht in kulturelle und wissenschaftliche Leitideen (etwa naturwissenschaftliche Prinzipien wie die Relativität des Beobachterstandpunktes, Wachstum) oder ihre Rolle in der Gesellschaft (etwa: Energieverbrauch, Artenerhalt);
- Problemorientierung, d.h. Problemlöse- und Urteilsfähigkeit angesichts von realistischen Aufgaben und Dokumenten wie Texte, Grafiken, Diagramme etc.;
- Anwendungsorientierung, d.h. auf Alltagssituationen bezogener Kompetenzerwerb und praktische Handlungsfähigkeit. Ziel ist die Aktivierbarkeit und der flexible Einsatz schulischen Wissens in unterschiedlichen, vor allem auch außerschulischen Kontexten;
- Kommunikative Orientierung, d.h. die Fähigkeit zu kooperativem Verhalten und soziale Reflexions- und Verhaltensfähigkeit, etwa im Sinne der Perspektivenübernahme und Empathie;
- Methodenorientierung, Fähigkeit zu eigenständigem, selbstreguliertem Lernen, Erwerb der dafür nötigen Lernhaltungen und Lernstrategien unter Einschluss von Medienkompetenz (vgl. BOENICKE u.a. 2004, S. 91f.).

Hervorzuheben ist, dass die PISA-Studien nicht auf ein Kerncurriculum abzielen, das in Gestalt verbindlicher Themen, Fächer oder Problemstellungen zu beschreiben ist. Im Mittelpunkt steht also weniger fachliches Wissen, sondern die Fähigkeit zum reflexiven Umgang mit diesem Wissen zur Lösung von Problemen und vor allem die Frage, in welchem Ausmaß Schülerinnen und Schüler über zentrale Handlungskompetenzen verfügen (vgl. DEUTSCHES PISA-KONSORTIUM 2001, S. 21). Dazu werden insbesondere die Fähigkeit zum selbstregulierten Lernen sowie Kommunikations- und Kooperationsfähigkeit gezählt.

Dieses Verständnis von Leistung erweitert den bisherigen Leistungsbegriff der Schule dahingehend, dass als gute Schülerleistungen verständnisorientiertes Lernen, die Fähigkeit, mit neuartigen Problemen außerhalb von Lösungsroutinen konkret umzugehen, sinnvolles und vernünftiges Kommunikations- und Sozialverhalten und die Fähigkeit, nachhaltig selbständig ler-

Bedeutung der Lesekompetenz

nen zu können, begriffen werden. Als basale Komponente dieses Verständnisses grundlegender Kompetenzen wird daher die Lesekompetenz verstanden, die neben der Fähigkeit, mathematische Verfahren und naturwissenschaftliche Konzepte anwenden zu können, die Grundlage für eine erfolgreiche Bildungslaufbahn abgeben soll. Obwohl der Erwerb dieser Fähigkeiten weitgehend auch den von den Bildungsplänen vorgegebenen Inhalten entspricht, waren die Ergebnisse der Studien für die Qualität des deutschen Schulwesens eher ernüchternd. Die einschlägigen Befunde für Deutschland sind zusammenfassend:

Ergebnisse – Die Kompetenzen der 15-jährigen Schülerinnen und Schüler liegen allen-
der Studien für falls im Mittelfeld vergleichbarer Industrienationen, aber mit deutlichem
Deutschland Abstand zu den meisten angloamerikanischen, ostasiatischen und skandinavischen Staaten.

– Deutschland weist, zumindest im Sekundarbereich, die größte Bandbreite von Schülerleistungen auf. Die große Streuung kommt vor allem durch die besonders schwachen Leistungen am unteren Ende der Skala zustande, die durch eine schmale Spitze nicht ausgeglichen werden können. Ungefähr ein Viertel aller 15-jährigen muss als Risikogruppe eingeschätzt werden. Ihnen wird es kaum gelingen, erfolgreich einen weiterführenden schulischen oder beruflichen Ausbildungsweg einzuschlagen.

– Das erreichte Kompetenzniveau bildet in weiten Teilen die soziale Schichtzugehörigkeit ab. In keinem anderen Land ist die Koppelung von sozialer Herkunft und erworbenen Kompetenzen so groß wie in Deutschland.

– Der Leistungsstand der Schülerinnen und Schüler hat sich zwischen 2000, 2003 und 2006 in den Naturwissenschaften und in Teilbereichen der Mathematik leicht verbessert – meist jedoch auf dem auch vorher schon auf höherem Niveau angesiedelten gymnasialen Bereich der Sekundarstufe I. Beim Leseverständnis ergaben sich keine signifikanten Veränderungen.

– Im Grundschulbereich gibt es signifikante Hinweise darauf, dass deutsche Grundschulen im internationalen Vergleich besser abschneiden als die Schulen im Sekundarbereich. Obwohl die Daten von PISA und IGLU nicht direkt miteinander zu vergleichen sind, gibt es Indizien dafür, dass die große Streuung der gemessenen Leistungen im Grundschulbereich weniger deutlich ausfällt als die im Sekundarbereich, und die Grundschule damit ihre integrative und inkludierende Aufgabe erfüllt.

13.2 Probleme des Schulangebots in der Sekundarstufe I

Besonderheiten der Während also die Grundschule als Gesamtschule deutschlandweit ihren
deutschen Schule Aufgaben, Schülerinnen und Schüler zu fördern und auf weiterführende Schulangebote vorzubereiten, weitgehend gerecht wird, kann das für den in Hauptschule, Realschule und Gymnasium gegliederten Sekundarbereich nicht gelten. Obwohl seit 1982 auch formal weiterführende Gesamtschulen zum ergänzenden Bestandteil der schulischen Gliederung geworden sind, konnten sie sich nicht, wie in den angelsächsischen und skandinavischen Ländern, als einzige Schulform durchsetzen, sondern stehen länder- und re-

gionalspezifisch unterschiedlich mit den traditionellen Schulangeboten in Konkurrenz. Mit der Wiedervereinigung wurde auch das bisherige Gesamtschulsystem der früheren DDR abgeschafft, ohne dass allerdings die neuen Bundesländer das gegliederte Schulwesen der alten bundesrepublikanischen Länder umstandslos übernahmen, sondern je nach Umständen Schulen mit mehreren Bildungsgängen einrichteten, die jeweils den Haupt- und mittleren Schulabschluss anbieten. Aufgrund sinkender Schülerzahlen etabliert sich diese Schulform zunehmend auch in einigen westlichen Ländern der Bundesrepublik. Das Schulangebot variiert damit von Bundesland zu Bundesland zwischen zwei und fünf unterschiedlichen Schularten in der Sekundarstufe I, wobei davon auszugehen ist, dass das Schulangebot aus finanziellen und demografischen Gründen insgesamt eingeschränkt werden wird. Aus diesen der föderalen Struktur Deutschlands und der Kulturhoheit der Länder geschuldeten Unterschieden ergibt sich die für internationale Beobachter immer wieder erstaunliche Besonderheit des deutschen Bildungssystems, kein einheitliches nationales Schulwesen aufweisen zu können (vgl. MUÑOZ 2007). Dieses zudem stark gegliederte Schulwesen in der Sekundarstufe ist im internationalen Maßstab eine Spezialität Deutschlands, an der auch die begriffliche Kosmetik einer Einteilung in Primarstufe, Sekundarstufe I und Sekundarstufe II nichts ändert, die aus Gründen internationaler Vergleichbarkeit eine Übereinstimmung der Schulsysteme weltweit suggeriert, ohne jedoch die spezifischen Differenzen bestimmen zu können (vgl. SCHÜMER 2001, S. 425 ff.).

Der Übergang vom Primarbereich in den Sekundarbereich ist sicherlich eine der entscheidenden Weichenstellungen für den Fortgang späterer Bildungswege und beruflicher Entfaltungsmöglichkeiten. Ein einheitliches und gemeinsames Bildungsangebot für alle Schülerinnen und Schüler erstreckt sich in Deutschland in der Regel also nur auf die ersten vier Grundschuljahre; Berlin und Brandenburg sowie teilweise Bremen stellen mit sechs Jahren Grundschulzeit Ausnahmen von der Regel dar. Danach werden die Schüler nach Leistungsgesichtspunkten auf die verschiedenen Schularten verteilt, um gewissermaßen leistungshomogene Schülergruppen zu erhalten. Es besteht in der Erziehungswissenschaft Konsens darüber,

Folgen der frühzeitigen Festlegung von Bildungswegen

„dass diese frühzeitige Festlegung der Bildungswege zu einer hohen sozialen Selektivität führt. Durch zahlreiche Erhebungen konnte festgestellt werden, dass bei der frühen Differenzierung nach dem 4. Schuljahr die Bildungserwartung des Elternhauses ein wichtiger Entscheidungsfaktor für die Wahl der Schulform ist. Die Forderung des Grundgesetzes nach Gleichheit der Bildungschancen kann so nicht erfüllt werden." (DRESSELHAUS 1997, S. 36)

Durch die Verbindung von Leistungsaspekten und Elternwillen ergibt sich eine erhebliche soziale Segregation, da sich primäre Ungleichheiten, also der von der sozialen Herkunft abhängige vorschulische Erwerb bestimmter Kompetenzen, und sekundäre Ungleichheiten, also Benachteiligungen, die durch das Schulwahlverhalten der Familien aufgrund ihrer sozialen Lage zu Stande kommen, kumulieren mit der Folge, „dass Kinder unterer Sozialgruppen auch bei gleicher Schulleistung bei der Übergangsentscheidung benachteiligt sind" (KONSORTIUM BILDUNGSBERICHTERSTATTUNG 2006, S. 49). Denn während Eltern aus den sogenannten „bildungsfernen" Schichten sich in der Regel weniger für die Schulkarriere ihres Kindes engagieren, setzen sich Eltern aus der höheren sozialen Schicht oft auch gegen die Empfehlungen der Grundschule für die Wahl eines möglichst hochwertigen Bildungswegs ein. Über die folgenden drei Kritikpunkte am Übergang von der ersten schulischen Phase zur zweiten besteht erziehungswissenschaftlich gesehen weitgehend Einigkeit:

Kritikpunkte an frühen Übergangsentscheidungen

– Die Noten aus der Grundschulzeit können Leistungen in der weiterführenden Schule nur unzureichend prognostizieren; dies gilt vor allem für einen so frühen Zeitpunkt wie nach der vierten Klasse.

– Die Aufteilung der Schüler auf die verschiedenen Schulformen orientiert sich nur vordergründig am unterschiedlichen Leistungsvermögen der Schülerinnen und Schüler. Auffällig ist die starke Entsprechung von sozialem Status der Eltern und erreichtem Bildungsabschluss.

– Zwar sind die verschiedenen Schulformen als füreinander „durchlässig" angelegt. Ein Wechsel der Schulform findet für Schülerinnen und Schüler jedoch – wenn überhaupt – häufiger in Gestalt von Abstufungen statt, „mit anderen Worten: ‚Aufsteiger' kommen wesentlich seltener vor als die sogenannten ‚Rückläufer'" (SCHÜMER u.a. 2002, S. 209).

Damit verlieren die verschiedenen Schulformen ihren vermeintlich unschuldigen und angeblich kindgerechten Charakter, einfach nur unterschiedlich anspruchsvolle Bildungsangebote für unterschiedliche Kinder bereitzuhalten, sondern sie modellieren das Selbstbild sowie die Erwartungen der Schüler an das eigene Leben. „Abstufungen werden von den Betroffenen in aller Regel als Misserfolge oder sogar als Scheitern erlebt und sind psychisch nicht einfach zu verarbeiten" (ebd., S. 209). Eine negative Bildungskarriere kanalisiert den zukünftigen Lebensweg. Sie führt nicht nur zum Ausschluss von bestimmten beruflichen Möglichkeiten, sondern zumindest teilweise von gesicherten Arbeitsverhältnissen überhaupt.

Ungleicher Übergang

Obwohl mittlerweile in den meisten Bundesländern zwischen 35% und 45% der Schülerinnen und Schüler eines Jahrgangs von der Grundschule auf das Gymnasium wechseln, bleiben die sozialen Ungleichheiten gleichwohl deutlich. „Im Vergleich zu Kindern aus Facharbeiterfamilien ist die Chance eines Gymnasialbesuchs für Kinder aus der höchsten Sozialschicht („Obere Dienstklasse") mehr als viermal so hoch" (KONSORTIUM BILDUNGSBERICHTERSTATTUNG 2006, S. 49, vgl. auch Abbildung D1-2, S. 50).

Schulwahl als Manifestation sozialer Ungleichheit

Selbstverständlich zeigen sich die sozialen Disparitäten auch beim Übergang auf die Hauptschule. Die Schülerinnen und Schüler aus höheren sozialen Schichten sind gegenüber denen aus niedrigeren trotz gleich schwacher Schulleistungen insofern bevorzugt, dass es ihren Eltern eher gelingt, den Besuch dieser Schulart für ihre Kinder zu vermeiden. Beachtenswert ist dabei auch, dass die sozialen Ungleichheiten bei der Schulwahl in den alten Bundesländern stärker ausgeprägt scheinen als in den neuen Bundesländern, die eine größere soziale Homogenität der Schülerschaft in den verschiedenen Schularten erreichen (vgl. BAUMERT/CORTINA/LESCHINSKY 2003, S. 132f.). Der globale Blick auf die Verteilung der Schülerinnen und Schüler auf die verschiedenen Schularten der Sekundarstufe I in den einzelnen Bundesländern kann aber die jeweilige Bildungsbeteiligung nur sehr unpräzise spiegeln, da durchaus mit regionalen Unterschieden im Schulangebot zu rechnen ist. Denn wenn ein weiterführendes Schulangebot nur eingeschränkt oder gar nicht vorhanden ist oder die soziale Zusammensetzung der Region etwa wegen eines hohen Akademikeranteils oder Arbeitslosenanteils variiert, die Schulwahl also strukturell vorweggenommen ist, dann ergeben sich auch innerhalb der Länder nochmals große soziale Unterschiede. Ein Blick auf die regionale Verteilung beim Besuch des Gymnasiums, das sich als Schulart in allen Bundesländern findet, kann auch hier erhebliche Differenzen kenntlich machen (KONSORTIUM BILDUNGSBERICHTERSTATTUNG 2006, Abbildung D1-3, S. 50).

13.3 Deutschland und seine Bundesländer im Leistungsvergleich

Schule im globalisierten Wettbewerb

Die PISA-Studie selbst, mehr aber vielleicht noch die öffentliche Aufmerksamkeit, die ihr zukommt, ist Ausdruck von Globalisierungsprozessen. Während schon seit Ende der 60er Jahre Studien zeigten, dass Deutschland im internationalen Vergleich in den Leistungen seiner Schülerinnen und Schüler zuverlässig hinterherhinkt und sich seither am Modernisierungsrückstand des deutschen Schulwesens, auch wenn der Besuch höherer Schulen sukzessive zugenommen hat, sich wenig änderte, scheint es mit Beginn des 21. Jahrhunderts plötzlich sehr brisant zu werden, welchen Rang ein nationales Schulwesen im internationalen Vergleich einnimmt (vgl. HÜFNER 1973; LENHARDT 2002). Die Einführung länderübergreifender Vergleichsstudien macht international und national Länder untereinander vergleichbar. PISA beschränkt sich dabei nicht auf die Erhebung von Daten wie die Pro-Kopf-Ausgaben von Bildung oder die formalen Rahmenbedingungen nationaler Schulsysteme etc. (vgl. OECD 2005), sondern möchte zur Klärung der Fragen beitragen, wie gut es einem Land gelingt, möglichst viele Schülerinnen und Schüler in anspruchsvolle Bildungsprozesse einzubinden, auf welcher Kompetenzstufe, die Mehrheit seiner 15-Jährigen sich bewegt, wie häufig es vorkommt, dass Schülerinnen und Schüler die unterste Kompetenzstufe oder noch nicht einmal diese erreichen, wie dicht die Leistungen der Spitzenreiter und der Nachzügler beieinander liegen. In all diesen Hinsichten schneidet Deutschland trotz leichter Verbesserungen von der ersten zur dritten Untersuchung nicht sonderlich erfolgreich ab. Die große Streubreite zwischen den besten und den schlechtesten Leistungsergebnissen bleibt weiterhin bestehen und ihre Minderung wird eine der größten Herausforderung des deutschen Schulwesens in den nächsten Jahren sein.

Fördern der Leistungsschwachen

So gibt es zwar Länder in der PISA-Studie, die insgesamt schlechter abschneiden als Deutschland – wie etwa Italien –, denen es aber dennoch gelingt, den Abstand zwischen den besten und den schlechtesten Schülern sehr schmal zu halten. Wenn man die Kompetenzen der 10% Leistungsschwächsten und der 10% Leistungsstärksten im Bereich der Lesekompetenz miteinander in Beziehung setzt, dann zeigt sich im internationalen Vergleich, dass die Schwierigkeiten in Deutschland vor allem im unteren Leistungsbereich liegen. Die Lesekompetenz der schwächsten Schülerinnen und Schüler bleibt weit unterhalb der Werte vergleichbarer Länder, während die leistungsstarken Schülerinnen und Schüler zwar nicht an die Spitzengruppe heranreichen, durchaus aber im oberen Mittelfeld mithalten können. Die Förderung der Leistungsstarken scheint also im deutschen Schulwesen durchaus gegeben zu sein, während die Förderung leseschwacher Jugendlicher hinter den erreichbaren Möglichkeiten zurückbleibt. Dies führt zu der genannten Breite des Spektrums (KONSORTIUM BILDUNGSBERICHTERSTATTUNG 2006, vgl. Abbildung D6-3, S. 70).

In mathematischer und naturwissenschaftlicher Grundbildung wird die Förderung beider Gruppen eher erreicht.

Selektion und Abwärtsmobilität

Auf der Basis des internationalen Vergleichs wird deutlich, dass Deutschland in der Bearbeitung des Problems der Förderung der leistungsschwachen und der leistungsstarken Schülerinnen und Schüler eine Sonderposition einnimmt: Während es in der Grundschule gelingt, beide ausgewogen zu fördern, betont das gegliederte Schulwesen der Sekundarstufe I in Deutschland stärker den Aspekt des Sortierens als den des Förderns und erzeugt daher systematisch Bildungsverlierer. Nirgendwo sonst ist der Wechsel zwischen den Schulformen so stark auf eine „Abwärtsmobilität" beschränkt, in keinem anderen Land werden Schülerbiographien so häufig von Negativerfahrungen wie Rückstellung, Sitzenbleiben oder Sonderschulzuweisung geprägt. Zwar ist die „Durchlässigkeit" des Schulsystems formal in beide Richtungen gegeben, doch sind von den Schulartwechseln 20% Aufstiege und 60% Abstiege (ebd., S. 51). Trotz des gegliederten Schulwesens, das auf Leistungshomogenisierung von Lerngruppen abzielt, zählt Deutschland zu den Staaten, die den höchsten Anteil von Klassenwiederholungen aufweisen, wobei die Wahrscheinlichkeit von Jungen, einmal oder mehrfach die Klasse zu wiederholen, in allen Jahrgangsstufen durchweg höher ist als die der Mädchen (vgl. PISA-KONSORTIUM 2004, S. 285). Signifikant höhere Wiederholungsquoten finden sich insbesondere bei Kindern und Jugendlichen mit Migrationshintergrund. Zusammen mit der relativ späten Einschulung führt das in Deutschland praktizierte „Sitzenbleiben" dazu, dass die schulische Laufbahn mit merklicher Verzögerung beendet wird und damit Schülerinnen und Schüler länger als in anderen Staaten im Schulwesen verweilen, wobei der Schulformwechsel und die Klassenwiederholungen jedoch in den meisten Fällen nicht zum Aufholen von Leistungsrückständen führen, sondern eher der Wiederherstellung vermeintlicher Leistungshomogenität dienen. Eine stärkere individuelle Förderung aller Schülerinnen und Schüler und insbesondere der Leistungsschwächeren scheint – internationalen Erfahrungen nach, die auf eine heterogene Zusammensetzung der Schülerschaft vertrauen – auch hinsichtlich der verwendeten Ressourcen bessere Erfolgsaussichten zu haben.

Vergleich der Bundesländer

Durch die nationale Erweiterung der PISA-Studie ist es auch möglich, die einzelnen Bundesländer hinsichtlich der von den Schülerinnen und Schülern erworbenen Kompetenzen zu vergleichen (DEUTSCHES PISA-KONSORTIUM 2002; 2003). Die Unterschiede zwischen den Bundesländern sind in vergleichbaren Staaten mit föderalem System – wie die Schweiz oder Kanada – zwar nicht sehr groß, auch wenn die Ergebnisse immer mal wieder herangezogen werden, um sich bildungspolitisch zu munitionieren und positionieren. De facto beträgt die Leistungsvarianz zwischen den Bundesländern nur etwa 2% (vgl. KONSORTIUM BILDUNGSBERICHTERSTATTUNG 2006, S. 68). Während Bayern, Baden-Württemberg und Sachsen in allen vier untersuchten Kompetenzbereichen Problemlösen, Naturwissenschaft, Mathematik und Lesen über dem OECD Durchschnitt liegen, bleiben Bremen, Hamburg und Nordrhein-Westfalen in den letzten drei Bereichen darunter. Die anderen Länder bilden ein breites Mittelfeld, das sich vom OECD-Durchschnitt kaum unterscheidet. Interessant ist vor allem, dass der Test zum fächerübergreifenden Problemlösen in fast allen Ländern, besonders aber in Bremen, Berlin und Hamburg, besser ausfällt als der Mathematiktest. Dies deutet darauf hin, dass bei auf den Alltag bezogenen Schlussfolgerungen und Entscheidungen, wie sie beim Problemlösetest verlangt werden, die Schülerinnen und Schüler Potentiale erkennen lassen, die im schulischen Unterricht nur unzulänglich erschlossen werden. Auf eher niedrigem Niveau bleibt weiterhin die Lesekompetenz zu verorten (vgl. auch KONSORTIUM BILDUNGSBERICHTERSTATTUNG 2006, Abbildung D6-1, S. 68).

Sowohl auf internationaler als auch nationaler Ebene sind die bisherigen Ergebnisse der PISA-Tests sehr stabil. Signifikante Veränderungen vom ersten zum zweiten Durchlauf gab es vor allem im mathematischen Kompetenzbereich bei Aufgaben zum Thema „Veränderungen und Beziehungen". Die Schülerinnen und Schüler fast aller Länder Deutschlands haben hier im Jahr 2003 bessere Leistungen aufzuweisen als im Jahr 2000. Geringere Zuwächse gab es im Bereich der naturwissenschaftlichen Kompetenz zwischen 2000 und 2003, aber immerhin sehr große im Zeitraum von 2003 und 2006, in dem die deutschen Schülerinnen und Schüler zur internationalen Spitze aufschossen. Im Bereich der Lesekompetenz wurden über den gesamten Zeitraum leichte Verbesserungen erreicht, die allerdings bedeutend geringer ausfallen als in Mathematik und in den Naturwissenschaften. Die Bundesländer, die sich im Vergleich von 2000 und 2003 am stärksten verbessert haben und die größten Zuwächse zu verzeichnen haben, sind Brandenburg, Bremen, Sachsen, Sachsen-Anhalt und Thüringen, wobei zu beachten ist, dass das jeweilige Ausgangsniveau sehr differiert (vgl. ebd., Abbildung D6-2, S. 69). Während sich also in den PISA-Untersuchungen von 2000, 2003 und 2006 eine Tendenz zu Verbesserungen zeigen lässt, bleiben die grundlegenden Probleme, die PISA aufgezeigt hat, trotz teilweise hektischer Betriebsamkeit der Bildungsministerien weitgehend ungelöst.

Ergebnisse im Längsschnitt

13.4 PISA und die Folgen

Das mit PISA begonnene globale Bildungsmonitoring, bei dem nicht der einzelne Schüler auf dem Prüfstand steht, sondern eine ganze Schule oder ein ganzes Schulwesen, wird weiter Daten dafür liefern, wo Chancen und Grenzen der Gestaltung des Schulwesens liegen und welche Qualitätssteigerungen möglich sind (vgl. FLITNER 2006). Die Messung der Effizienz einer Schule oder eines ganzen Schulsystems ist das gute Recht sowohl der Gesellschaft – die darüber Bescheid wissen sollte, ob sich das in das Schulwesen investierte Geld auszahlt – als auch der Eltern, die erfahren sollten, wie gut das Bildungsangebot einer Schule im Vergleich zu einer anderen ist. Die andere Seite der auf Schulqualität bezogenen Leistungsmessung ist jedoch, dass dies zwangsläufig zu einer Auseinanderentwicklung der Bildungsangebote führt.

Chancen und Gefahren des Bildungsmonitorings

Immer, wenn Leistung gemessen wird, gibt es Gewinner und Verlierer. Für die „guten Schulen" ist dies unproblematisch, aber was geschieht mit Schulen, die unter so hemmenden Voraussetzungen arbeiten, dass sie beim besten Willen keine mit „guten Schulen" vergleichbare Resultate erzielen können? Wenn also gleichzeitig „schlechte" Schulen nicht durch entsprechende finanzielle, personelle und soziale Unterstützung die Möglichkeit erhalten, zu „guten" Schulen zu werden, so ist ein solches Bildungsmonitoring nichts anderes als ein neues Instrument schulischer Selektion. Für Eltern kann diese Wahlmöglichkeit zu einem Dilemma werden, da sie stärker die langfristigen Folgen der Schule auf ihre Kinder im Auge haben und für sie möglichst gute Schulabschlüsse wünschen müssen. Für sie ist es deutlicher als für ihre Kinder, dass es quasi keine Alternative zum schulischen Arrangement gibt, sofern Statuschancen nicht verloren gehen sollen. Einerseits haben sie den Wunsch nach förderlichen Unterrichtsbedingungen für ihr eigenes Kind, gleichzeitig können sie aber breiten Förderprogrammen für alle nur ambivalent gegenüber stehen. Denn wenn soziale Differenzierung über Bildungsabschlüsse geregelt wird, muss man nicht nur verhüten, dass das eigene Kind zu den Verlierern zählt, sondern auch wünschen, dass es nicht zu viele Mitbewerber um die guten Statuspositionen gibt.

Ein knappes Gut für alle? Höherwertige schulische Zertifikate sollen „knappes Gut" bleiben. Diese Verknappung war das Ziel bei der Einführung des gegliederten Schulsystems und ist es bis heute geblieben, wenngleich die Einlösung dieser Zielsetzung teilweise dadurch blockiert wird, dass möglichst viele an diesem knappen Gut zu partizipieren suchen, indem sie ihr Kind unabhängig von der Leistungsstärke auf das Gymnasium schicken. Mehr und mehr wird es dadurch zur „heimlichen Gesamtschule". Es ist nicht zuletzt auch dieses durchaus rationale Interesse, den eigenen Kindern möglichst hochwertige Schulabschlüsse zukommen zu lassen, das dazu führt, dass Eltern mehr als andere Gruppen, die in Schulfragen involviert sind, mehrheitlich eher gegen Reformen votieren und eine Beibehaltung des Schulsystems in seiner jetzigen Gestalt befürworten: „Mehr integrierte Systeme, längeres Lernen aller Kinder zusammen, weniger ‚Druckmittel' wie beispielsweise das Abschaffen des Sitzenbleibens sind nicht sonderlich populär." Dieser Eindruck ergibt sich aus einer Repräsentativbefragung des Instituts für Schulentwicklung (IFS) der Universität Dortmund im Frühjahr 2002, die sich an Erwachsene in den alten und neuen Bundesländern wendete und in einer weiteren Stichprobe Eltern mit mindestens einem Kind in einer allgemein- oder berufsbildenden Schule befragte (KANDERS/ROLFF 2003). Die Schulentwicklungsforscher resümieren:

Bedeutung von Bildungszertifikaten „Insgesamt ergibt sich der Eindruck, die Öffentlichkeit fordert bessere Schulen ohne Reform. Teilweise wird sogar ein Trend zur Rücknahme von Reformen sichtbar. So geht der Anteil der Eltern, der in den ersten drei Jahren der Grundschule auf Zensuren verzichten möchte, kontinuierlich leicht zurück. Dabei verzichten die bei PISA erfolgreichen skandinavischen Schulen bis zum siebten Schuljahr auf Zensuren. Ebenso plädieren immer weniger Eltern dafür, dass Kinder von Eltern mit geringem Einkommen, die über das 16. Lebensjahr hinaus die Schule besuchen, eine staatliche Unterstützung erhalten. Die IFS-Umfrage zeigt: Obwohl nach PISA die Unzufriedenheit mit der deutschen Schule zunimmt, ist die Reaktion der Öffentlichkeit eher lau und ein Reformaufbruch nicht in Sicht." (Kanders/Rolff 2003, S. 72)

Deutlich wird jedenfalls, wie stark diffuse Positionen das Meinungsbild über den zukünftigen Weg der Schule in Deutschland dominieren: Abgelehnt wird nicht nur eine Verminderung des Selektionsdrucks durch Verlängerung der für alle Schülerinnen und Schüler gemeinsamen Grundschulzeit, sondern auch eine bessere finanzielle Förderung sozial benachteiligter Schüler und schließlich ein anderer Umgang mit der Notengebung. Die Aussagen der von der IFS-Untersuchung befragten Eltern unterstützen ein Verständnis von Lernen und Leistung, bei dem das sogenannte Produkt in Form von Bildungszertifikaten weiterhin wichtiger ist als der durch Noten ja kaum zu erfassende Prozess nachhaltigen Wissenserwerbs. Ob ein tiefergehendes Verständnis erreicht wurde, wie es die PISA-Studien zu messen versuchen, entzieht sich in dieser Perspektive auf Unterricht weitgehend der Überprüfbarkeit und wird in der Folge auch für die Schüler sekundär. Was zählt, ist allein das bezifferbare Lernprodukt. Dieses Interesse am Messbarmachen und Quantifizieren von Lernleistungen und an ihrem Vergleich sagt jedoch nichts über die Qualität von Schule aus.

Was Sie wissen sollten, wenn Sie Kapitel 13 gelesen haben:

– Sie sollten die fünf Areale des Kompetenzerwerbs, die in der PISA-Studie untersucht werden, kennen.
– Sie sollten einen Überblick über die Hauptergebnisse der internationalen Vergleichsstudien gewonnen haben.
– Sie sollten die Kritikpunkte an frühen Übergangsentscheidungen benennen können.
– Sie sollten das Problem der Abwärtsmobilität in der Sekundarstufe 1 verstanden haben.
– Sie sollten die Ergebnisunterschiede zwischen den einzelnen Bundesländern einschätzen können.
– Sie sollten die Schwierigkeiten des Bildungsmonitorings benennen können.

Weiterführende Literatur

Neben den Bänden des PISA-Konsortiums und des Konsortiums Bildungsberichterstattung findet sich ein guter Überblick über das Schulwesen in Deutschland in: CORTINA KAI S. u. a. (2003): **Das Bildungswesen in der Bundesrepublik Deutschland. Strukturen und Entwicklungen im Überblick.**
Forschungsansätze und Forschungskonzepte der Schulforschung finden sich bündig zusammengefasst in: WERNER HELSPER UND JEANETTE BÖHM (Hg.) (2004): **Handbuch der Schulforschung**.
Aus unterschiedlichen Perspektiven setzen sich kritisch und auf empirische Daten gestützt mit den gegenwärtigen Entwicklungen im Schulbereich auseinander: ROSE BOENICKE u.a. (2004): **Lernen und Leistung. Vom Sinn und Unsinn heutiger Schulsysteme**. Darmstadt.
Schließlich sei der Blick auf eine andere Dimension der Schulforschung gelenkt, die Untersuchung der Schulqualität. Hierfür steht exemplarisch eine der ersten, nach wie vor gültigen Studien: die Ende der 70er Jahre in England entstandene berühmte Studie von Michael Rutter u. a.: **Fünfzehntausend Stunden**. Weinheim, Basel.

D Schule selber denken

14 Reformbedürftigkeit und Reformresistenz der deutschen Schule

14.1 Die schwierige Veränderung von Schule

Differenz statt Identität

Sowohl die international vergleichenden empirischen Studien als auch die Forschungen zur Schulqualität weisen darauf hin, dass das deutsche Schulwesen dringend reformbedürftig ist. Von dem Soziologen Niklas Luhmann (1927–1998) können wir aber lernen, in welcher Intensität die Reformresistenz der deutschen Schule den Mechanismen von Schule als autopoietischem, aus sich selbst heraus erschaffendem System geschuldet ist. Die systemtheoretisch orientierte Soziologie Luhmanns geht in ihren Grundannahmen dabei nicht mehr – wie die strukturfunktionalistische Theorie Parsons oder die Theorien des Symbolischen Interaktionismus – von einer vorgängigen Übereinstimmung von Individuum und Gesellschaft aus, die schon Hegel annahm, wenn er von der Einheit von Einheit und Differenz ausging, sondern Luhmann nimmt als ihren Ausgangspunkt den Unterschied zwischen beiden. „Am Anfang steht also nicht Identität, sondern Differenz" (LUHMANN 1985, S. 112). Eine soziale Beziehung ist dann die Organisation von Differenzen, deren Ausgangsbedingung die Konstellation der doppelten Kontingenz ist: so wie in einer sozialen Situation der eine nicht weiß, was der andere will, weiß der andere nicht, was der eine will, und beide müssen deswegen mit wechselseitigen Unterstellungen arbeiten. Durch dieses Unterstellen erzeugen sie Realitätsgewissheit, weil dies Unterstellen des einen zu einem Unterstellen des Unterstellens beim anderen führt. Jedes System bestimmt so durch komplexe selbstreferentielle, auf sich selbst bezogene Operationen sein eigenes Verhalten innerhalb der eigenen Grenzen seiner Struktur.

Reformresistenz des Schulwesens

Wenn Luhmann den Blick auf das Schulsystem der Gesellschaft wirft, dann wird ihm die Hartnäckigkeit der Strukturen, deren pädagogische Legitimität längst obsolet geworden ist, zum Wesenskern der Institution Schule, welche die für sie funktionalen Systemmerkmale reproduziert (vgl. LUHMANN 2002). Luhmanns soziologisch geschulte Analyse der Schule als soziales System fragt daher nicht danach, wie Schule durch pädagogische Normsetzungen und Programme bestimmt wird, sondern wie sich – eher gegen diese als mit ihnen – schulische Formen der Problembearbeitung verstetigen. Unter seiner gesellschaftstheoretischen Perspektive rücken die Selektionsaufgaben der Schule dabei zu ihrer zentralen Funktionsbestimmung auf.

„Sehr zu Unrecht wird soziale Selektion als eine gesellschaftlich aufgezwungene, erziehungsfeindliche Aufgabe dargestellt. Es geht um die Zuweisung von Positionen innerhalb und außerhalb des Systems. Als ein System, das solche Selektionen nach eigenen Kriterien vollzieht und mit dem Ergebnis externe Selektionschancen beeinflussen kann, hat das Erziehungssystem die Chance, den eigenen Kriterien in seiner sozialen Umwelt Ansehen und Wirkung zu verschaffen. ... Der Selektionscode, der es überhaupt erst ermöglicht, besseres und schlechteres Abschneiden auseinanderzuhalten und in bezug darauf Entscheidungen zu treffen, hat sich von Anbeginn an außerhalb derjenigen Semantik entwickelt, die auf menschliche Vervollkommnung, Bildung oder lebenslanges Lernen abstellt, und diese Semantik ist ihrerseits ohne Rücksicht auf Selektionseffekte formuliert worden." (LUHMANN 1986, S. 29)

Der Bildungsauftrag von Schule und ihre Aufgabe der Differenzierung und der Selektion widersprechen sich in Luhmanns Augen nicht, sondern ergänzen einander, da das hehre pädagogische Ideal, das auf menschliche Vervollkommnung abstellt, für ihn Teil der „unvermeidlichen Selbstillusionierung des Systems" ist, immunisiert gegen die Erkenntnis, dass all diese idealen pädagogischen Vorstellungen durchaus als Unterbau für Selektionsprozesse dienen können (ebd., S. 30). Die strukturellen Gegebenheiten des Schulwesens machen so erst das Programm formulierbar, das gute schulische Leistungen von schlechten unterscheidbar macht.

Die Selbst-illusionierungen des Systems Schule

„Das Erziehungssystem unterscheidet sich von anderen Funktionssystemen durch die Art, wie es die eigenen Programme zur Verteilung besserer und schlechterer Positionen einsetzt." (ebd., S. 30)

Die zentrale Aufgabe des Schulwesens ist für Luhmann daher, Handlungsmöglichkeiten zu eröffnen, auf deren Grundlage ein „besseres oder schlechteres Abschneiden" unterscheidbar wird. Die Kriterien für die Codierung „besser" oder „schlechter" werden im Schulsystem selbst formuliert und nehmen damit Einfluss auf die Umwelt. Der Nachdruck, mit dem Luhmann der Schule die Aufgabe zuweist, über die binäre Codierung des „besser" oder „schlechter" Unterschiede zwischen den Schülern zu erzeugen, entspricht einem gesellschaftlichen Bedarf an Ungleichheit, der aus der zunehmenden funktionalen Differenzierung des Gesellschaftssystems entsteht, denn die Erziehung hat sich

Die zentrale Aufgabe der Schule

„nach dem zu richten, was die Gesellschaft und das besondere konkrete Milieu verlangt. ... Die Schwierigkeit besteht dann allerdings darin, daß die Gesellschaft verlangt, daß verschiedene Menschen verschieden erzogen werden und dies nicht durch den Rückgriff auf die Natur des Menschen begründet werden kann. Selbst wenn die Erziehung die vernünftig-harmonische Perfektion aller Menschen erreichen könnte, wäre dieses Ergebnis mit den Erfordernissen der Gesellschaft nicht zu vereinbaren." (LUHMANN 2002, S. 17)

Die Annahme, dass die Funktion dieses Codes notwendig ist, um einen gesellschaftlichen Bedarf an sozialer Ungleichheit oder an Rechtfertigungen dieser Ungleichheit befriedigen zu können, bedeutet folgerichtig, dass positive wie negative Codewerte für das System gleichermaßen wichtig sind. „Gute Zensuren haben mehr mit schlechten Zensuren zu tun als beispielsweise mit Bildung" (LUHMANN 1986, S. 33). Ziel des Schulwesens ist es dabei nicht, für ein bestmögliches Erreichen des Positiv-Wertes zu sorgen, sondern beide Codewerte „richtig zuzuteilen" (ebd., S. 35). Diese Zuteilung mag nun zwar von jeglichem pädagogischen Ethos abweichen, zumal Lehrkräfte den Sinn ihrer Arbeit in der Förderung der Schülerinnen und Schüler sehen, aber solche pädagogischen Vorstellungen lässt der Soziologe Luhmann nicht gelten.

„Die Lösung dieses Problems hat sich in einer eigentümlichen Distanz zu Reflexionsideen wie Perfektion oder Bildung entwickelt. Sie liegt darin, daß Lernende als Trivialmaschinen behandelt werden." (ebd., S. 35f.)

Von der nicht-trivialen Maschine Kind zur Trivialmaschine Schüler   Natürlich ist auch Luhmann klar, dass alle Kinder, alle Schüler, alle Lernenden zunächst einmal nichttriviale Maschinen sind, also über eine eingebaute Reflexionsschleife verfügen, die in alle Transformationen von Input und Output eingreift und infolge der augenblicklichen Befindlichkeit sowie der Erfahrungen aus der Vergangenheit die Anwendung der Transformationsregeln beeinflussen. Das macht das Ergebnis dieser Transformation weniger vorhersehbar und die Maschine unzuverlässig, dafür aber anpassungsfähig an unterschiedliche Zustände (ebd., S. 36).

„Wenn die Pädagogik das, was sie im Menschen vorfindet, vervollkommnen will, bestünde also aller Anlaß, von der Eigenart einer nicht-trivialen Maschine auszugehen und die nicht-triviale Funktionsweise auszubauen. Das hieße vor allem: den Spielraum des ‚Selbst' in seiner Entwicklung auf die Beziehung von Selbst und Programm zu vergrößern und mehr Freiheit, das heißt mehr Unzuverlässigkeit zu erzeugen. Dies geschieht nicht." (ebd., S. 36f.)

Dass dies nicht geschieht, liegt für Luhmann an dem berechtigten Interesse der Gesellschaft an Vorhersehbarkeit, das sich nicht durch eine „Erziehung zur Unzuverlässigkeit, zur überraschenden Kreativität, zur Unsinnsproduktion, … zur ironischen Behandlung von Situationen oder zur ständigen Dekonstruktion der gerade verwendeten Schemata" irritieren lassen möchte (LUHMANN 2002, S. 78). Das Ziel des Schulwesens der Gesellschaft ist deshalb, die Erziehung der Schüler zu Trivialmaschinen, „die auf einen bestimmten Input dank einer gespeicherten Regel einen bestimmten Output produzieren. Auf eine Frage geben sie, wenn richtig programmiert, die richtige Antwort" (LUHMANN 1986, S. 36). Denn wenn es die Funktion der Schule ist, die Codewerte „besser" oder „schlechter" zuzuteilen, also Bewertungssituationen von Leistungen im Mittelpunkt der Schule stehen, dann ist Trivialisierung wünschenswert:

„Trivialmaschinen kann man auf Fehler hin beobachten und anhand von fehlerhaftem bzw. fehlerfreiem Operieren selektiv behandeln." (ebd., S. 39)

Interne oder externe Logik der Selektion?   In seinen letzten, posthum veröffentlichten systemtheoretischen Reflexionen zum Erziehungssystem überdenkt Luhmann noch einmal die dargestellten Zusammenhänge. Unter Einschluss der Differenzierung „vermittelbar/nicht vermittelbar" kommt er auch hier zur Vorrangstellung des Selektionscodes „besser/schlechter" und zum daraus abgeleiteten Erfordernis der Trivialisierung der „Zöglinge" – nur begründet er dies nun anders. Ausgangspunkt seiner Überlegungen zum Erziehungssystem war die Hypothese, dass es in der modernen Gesellschaft zu einer immer größeren Differenzierung und Autonomisierung der Teilsysteme kommt. Unbefriedigend blieb dabei, dass die Funktion des Erziehungssystems über die Codierung „besser" oder „schlechter" und diese wiederum aus einem außerhalb des Systems formulierten Bedarf an Ungleichheit begründet wurde. Wenn Erziehung ihr Zentrum im Bewertungsprozess haben und Selektion ihre zentrale Aufgabe sein soll, dann muss dies im autonomen Teilsystem der Erziehung aus dessen eigener Logik der Erziehungshandlungen selbst herleitbar sein. Luhmann versteht unter Erziehung, intentional und in guter Absicht auf Menschen einzuwirken. Die gute Absicht hat aber zwangsläufig einen Selektionsaspekt, wenn man „richtig, lebensförderlich, sozial akzeptabel" erziehen will (LUHMANN 2002, S. 69).

„Denn die gute Absicht muss sich explizieren, sie muss die Erziehungsziele als gut und die Lernprogramme als richtig und nützlich vorstellen. Auf den Zögling projiziert, heißt das aber, dass sein Verhalten entsprechend bewertet und vom Erziehungsschema aus als gut oder schlecht, als lobenswert oder als ungenügend beurteilt werden muss." (ebd., S. 69)

Wenn Erziehung sich daher als gute Absicht vorstellt und das jeweils Richtige bezeichnet, dann lässt sich Selektion aus dem Zweck der Erziehung gedacht nicht vermeiden. Das „Richtige" wird dabei im Vorhinein so standardisiert, dass das anschließende Verhalten nur entweder richtig oder nicht richtig sein kann. Deshalb „können wir auch sagen, dass die Erziehung zu richtigem Wissen und richtigem Verhalten zu einer Trivialisierung des Zöglings führt" (ebd., S. 77).

„In den Ohren der Pädagogen mag es schrecklich klingen, wenn man ihr Geschäft als Trivialisierung der Menschen beschreibt. … Ein guter Indikator für diese Tendenz zur Trivialisierung ist die im Unterricht und dann in Prüfungen verwendete Fragetechnik. Der Lehrer bzw. Prüfer stellt eine Frage, obwohl er die Antwort schon weiß. Das ist im sozialen Alltag unüblich und, wenn es herauskommt peinlich. In der Schule ist dies ein Standardverfahren der Kontrolle der Trivialisierung." (ebd., S. 78)

Kontrolle der Trivialisierung

Aber auch die Ausrichtung der Unterrichtseinheiten auf Klassenarbeiten folgt dieser Tendenz der Trivialisierung. So ist der schulische Unterricht in den öffentlichen Schulen zwar programmatisch so ausgerichtet, dass grundsätzlich alle Schüler einer Klasse den dort verhandelten Stoff verstehen und alle eine gleich gute Chance in der Klassenarbeit erhalten sollen. Dabei ist die Situation der Prüfung so gestaltet, dass alle gleich behandelt und allen identische Aufgaben zur Bearbeitung vorgelegt werden. In den Klassenarbeiten wird jedoch nicht der Lehrerfolg der Institution Schule geprüft, sondern der Lernerfolg der Schülerinnen und Schüler. Die schriftlichen Tests dienen ja kaum der Ermittlung des Kenntnisstandes der Schüler, weil der Lehrer wissen will, wo bei den Schülern noch Nachholbedarf besteht und er deshalb einen Sachverhalt noch mal anders erklären sollte. Die Klassenarbeiten und die mit ihnen verbundenen Zensuren sind deshalb Ausdruck der Selektion, denn dass nach den Klassenarbeiten noch einmal intensiv der Stoff nachgearbeitet wird, weil er nicht von allen verstanden wurde, bleibt die Ausnahme. Die Gleichheit der Chancen erweist sich so als Illusion, denn wenn alle nur eine Chance erhalten sollen, alles zu lernen, dann ist damit schon eingestanden, dass davon ausgegangen wird, dass nicht alle alles lernen werden. Der programmatische Allgemeinbildungsanspruch ist dadurch schon reduziert auf die Chance, die jedem zuteil werden soll. Alle Schüler sollen so alles lernen und zugleich lernen, dass keineswegs alle alles lernen werden. Sie machen die Erfahrung, dass das gebrochene Versprechen der Schule, allen alles beizubringen, nicht der Schule, sondern ihnen selbst zugeschrieben werden muss.

Auswirkung der Trivialisierungsversuche auf nichttriviale Systeme

Die Selektion über Leistungsbewertung ist also in den deutschen schulischen Strukturen so fest verankert, dass alternative Formen nur schwer umsetzbar scheinen. Schulen ohne Noten sind den meisten Menschen unvorstellbar. Selbst wenn von Ziffernnoten abgerückt wird, sind die Verbalbewertungen meist so formuliert, dass unschwer zu erkennen ist, welche Noten sich hinter den Bewertungen verbergen. Die Selektionsorientierung findet ihren Widerhall auch in den Schülerinnen und Schülern selbst, denn trotz der pädagogischen Bemühungen der Lehrkräfte um konstruktive Formulierungen in ihren Bewertungen zeigen sich die Schüler wenig interessiert oder können sie nicht deuten, da ihnen die Notenskala als Bewertungsmaßstab eingängiger ist als weitschweifige Erklärungen darüber, was sie schon gut können oder beim nächsten Mal besser machen sollten. Während die Lehrkräfte noch mühsam versuchen, Maßstäbe für schülerzentrierte Leistungsentwicklungen zu finden, wissen bereits die siebenjährigen Kinder, dass es im Schulleben um die Noten geht und zeigen sich damit realitätstauglicher als jene pädagogischen Wunschvorstellungen, die mit dem harten Geschäft der schulischen Selektion sich nicht vereinbaren lassen. Gerade weil die Kinder im Sinne Luhmanns nichttriviale Maschinen sind, lernen sie, mit diesen Trivialisierungsversuchen umzugehen.

„Denn selbstverständlich sind und bleiben Menschen trotz Schulbesuchs nichttriviale Maschinen. Was geschieht aber, wenn nichttriviale Systeme sich in Situationen finden, in denen sie der Trivialisierung ausgesetzt sind? Sie stellen sich durch Selbstsozialisation darauf ein. Oder anders gesagt: sie lernen damit umzugehen. Sie bauen eine Reflexionsschleife ein, die ihnen Bedingungen verdeutlicht, unter denen es empfehlenswert ist, sich wie ein triviales System zu verhalten." (LUHMANN 2002, S. 79)

Differenzierungen in der Komplexitätsreduktion

Luhmann reduziert allerdings die Komplexität der Schule allzu sehr. Der Unterricht besteht neben den genannten Bewertungssituationen, die nach „besser" oder „schlechter" codiert werden, aus einer viel größeren Zahl an Beurteilungssituationen. Klassenarbeiten oder Zeugnisse sind nicht das Hauptgeschäft der Schule. Das tägliche Geschäft des Lehrers und der Lehrerin sind Beurteilungen, die nicht der Leistungsbewertung dienen, sondern als vielschichtige Wahrnehmungen zur Quelle von Fragen werden und mit denen ausgelotet werden kann, welche Schritte für einen Schüler im Lernprozess hilfreich sein können, welche Möglichkeiten der Schüler selbst sieht, von dem, was er schon kann, etwas für das zu lernen, wo er noch Schwierigkeiten hat, welcher Hilfestellungen es bedarf, um mögliche Lernproblematiken in den Griff zu bekommen.

Erziehung statt Bildung?

Ebenso wie Luhmann zwischen Bewertung und Beurteilung kaum differenziert, blendet er die Dimension der Bildung weitgehend aus, die ihm allenfalls als ideologischer Schleier gilt, der die harten Züge des pädagogischen Geschäfts der Selektion verbrämt. Wenn der Primat auf Bewertung liegt, dann geht es tatsächlich nicht um Bildung, sondern um die Anpassung an vorgegebene Normen. Aber selbst in der Schule gibt es die Möglichkeit, sich mit einer Sache um ihrer selbst willen zu beschäftigen, sich in Neues zu vertiefen, es sich zu eigen zu machen und mit dem zu verknüpfen, was schon gewusst wird und mit einem selbst zu tun hat. Gewiss, diese Möglichkeiten werden immer wieder durch Bewertungssituationen vereitelt, in denen es grotesk wäre, sich anders als strategisch zu verhalten. Strukturell sind diese Möglichkeiten dennoch präsent, so dass Schüler die Erfahrung machen können, dass es die Dimension der Bildung in der Schule auch gibt, selbst wenn sie nicht immer verwirklicht werden kann. Zwar wird für die Schüler realistischerweise immer auch das Abschneiden in Bewertungssituationen im Vordergrund stehen, dennoch bleibt die Spannung zwischen eigenem Interesse an der Sache, diktierter Befassung mit einem schulischen Gegenstand und strategischer Anpassung an vorgegebene Normen der Schule bestehen. Dieses durch Lehrpläne sanktionierte und durch Lehrbücher kodifizierte richtige Wissen und richtige Verhalten macht – unter dem grellen Licht der Luhmannschen Vorstellungen zum Erziehungssystem der Gesellschaft betrachtet – aus Unterricht einen Dressurakt, der Auswendiglernerei prämiert. In seinen nachhaltigen Komponenten nähert sich Unterricht jedoch einer reflexiven Bildung der Schüler selbst an, die mit Hilfe anderer Menschen und in Auseinandersetzung mit einem Sachverhalt geschieht. Er stellt Optionen vor, wie die Sachbildung durch Sprache, Schrift, Wissenschaft und Technik zu einem Weltwissen führt, welches das Zurechtfinden der Schüler und Schülerinnen in ihrer Welt erleichtert. Und er bezieht sich durch die Möglichkeit der gemeinsamen Erarbeitung von Sachverhalten auf das, was einer Gemeinschaft erlaubt, sich auf Neues und Anderes einzulassen. Um dies allerdings leisten zu können, muss er notwendigerweise all die Reflexionsschleifen nichttrivialer Maschinen aufnehmen, die Luhmann systematisch ausschließt. Denn allein auf diese Weise können Schüler einen Sachverhalt so weit in eigenes Wissen verwandeln, dass sie dieses vorgegebene richtige Wissen – und sei es lediglich in Bewertungssituationen – reproduzieren können. Zudem zeichnet sich gegenwärtig ab, dass in Zeiten rapiden sozialen und technologischen Wandels, das „richtige" Wissen nicht so leicht zu haben ist; denn weder die Eltern noch die Lehrkräfte noch die bildungspolitisch Verantwortlichen kennen die zukünftige Welt, für die die Schülerinnen und Schüler heute gebildet und ausgebildet werden. Wenn aber der Unterricht auf eine sich verändernde und damit letztlich unbekannte Welt zielt, dann wird es schon heute darum gehen, Schüler mit der Fähigkeit auszustatten, das bereits Gewusste im Lichte neuen Wissens zu überprüfen, es auf neuartige Situationen und Problemlagen anzuwenden, es zu rekombinieren und gegebenenfalls auch zur Disposition zu stellen.

Luhmanns systemtheoretische Modellierung des Schulwesens trifft dennoch im weitesten Sinne zu. Die schulischen Verhältnisse, unter denen institutionalisiertes Lernen verläuft, sind durch Prüfungen, Bewertungen und Selektion geprägt. Solange die Selektionsorientierung in Form von Klassenarbeiten, Klausuren, Prüfungen und Zeugnisvergabe vorherrscht, strukturiert sie auch die übrige Lernzeit. Allein Schulsysteme, wie etwa das finnische, die auf Selektion verzichten und über lange Phasen Bewertung durch Beurteilung ersetzen und in denen es zum ersten Mal nach der 8. Klasse Noten gibt, können dem entgehen. Diese Schulsysteme geben ihren Schülerinnen und Schülern differenzierte Rückmeldungen zu ihren individuellen Stärken

Schule im Übergang

und Schwächen. In allen anderen Arten von Schule steht Lernen immer in Gefahr, durch die Codierung gut oder schlecht in durch Bewertungen kontaminierten Lernsituationen präformiert zu werden: Umwege und Fehler, aus denen man lernen könnte, dürfen nicht gewagt, sondern müssen vermieden werden, der Lernprozess ist weniger wichtig als die temporär abrufbare Performanz erwarteter Lernergebnisse. Der damit verbundene Konformitätszwang hat zur Folge, dass Generation um Generation an der Schule leidet und die durch diese Beschädigung des Zugangs zum Lernen aufgebauten Lernwiderstände auch noch im Erwachsenenalter beibehält. Dies sind für Luhmann keine vermeidbaren Fehlentwicklungen, sondern der harte Kern des schulischen Geschäfts, dessen Nebenwirkung darin besteht, dass viele Erinnerungen an die eigene Schulzeit mit negativen Erfahrungen, Demütigung, Frustration oder Leerlauf verbunden sind. Genau dies wird jedoch zunehmend zum Problem, und zwar nicht nur in den Augen blauäugiger wohlmeinender Pädagogen, sondern vor allem in gesellschaftlichem Maßstab. Luhmanns Skizze des Erziehungssystems reflektiert die Anforderungen einer Gesellschaft, deren Schule dafür Sorge zu tragen hatte, dass die Schüler lernen, zuverlässig vorgegebene Regeln zu erfüllen. Nicht bedacht ist dabei, dass längst die „nicht-trivialen" Maschinen zur Richtschnur geworden sind.

14.2 Lob der Schule

Die gestaltete Schule – Zukunftsmusik?

Mit der Systemtheorie im Sinne Luhmanns lässt sich so zwar unvergleichlich präzise die Realität der jüngst vergangenen schulischen Verfassung in ihrer ganzen Misere beschreiben, es lassen sich aber kaum Ansatzpunkte finden, wie das schulische Elend behoben werden kann. Der nüchterne soziologische Blick von außen auf die Institution Schule sieht vor allem die Beharrlichkeit – oder positiv formuliert – die Beständigkeit der Schule und bringt damit manche Reformillusion der Bildungsdebatte wie eine Seifenblase zum Platzen. Er verliert dabei aber oft die konkreten Handlungsmöglichkeiten zur Umgestaltung des Schulwesens aus den Augen. Dahingegen eröffnet ein erziehungswissenschaftlicher Blick auf institutionalisiertes Lernen auch die Handlungs- und Gestaltungsmöglichkeiten der Schule. Das schulische Lernangebot lässt sich nämlich mit Helmut Fend auch als Erweiterung der Möglichkeiten der Weltzugänge für Kinder und Jugendliche begreifen, die über die zeitlichen und räumlichen Grenzen des unmittelbar Erfahrbaren weit hinausreichen und dadurch einen kulturellen Erfahrungsraum öffnen (vgl. auch zum Folgenden Fend 2008). Die Schule als kultureller Erfahrungsraum bietet so die einmalige Chance, die eigene Existenz zu überschreiten und in der Welt heimisch zu werden. In der Schule steht während der Schulzeit die sachliche Auseinandersetzung mit schulischen Aufgabenstellungen im Mittelpunkt, die zum Erwerb von Kompetenzen und Qualifikationen für ein autonomes und erfolgreiches Erwachsenenleben führt. Dabei steht nicht die „ganze Person" im Blick, sondern lediglich der Schüler als Lernender, der über die ganzen Schuljahre hinweg grundlegende Wissensstrukturen aufbauen kann, die ohne Schule nicht systematisch und nachhaltig erworben werden könnten. Die Schule schafft damit einen

Raum für offene Lernanstrengungen und Erkenntnisstreben, in dem reflexiv über Realitätsbezüge nachgedacht und diese problematisiert werden können. Sie ist deswegen auch ein Diskussionsforum für die Auseinandersetzung mit unterschiedlichen Standpunkten, was zur Identitätsfindung heranwachsender Menschen beiträgt, da sie hier ohne Handlungsdruck systematisch prüfen können, welche Argumente stichhaltig sind und welche nicht. Schule kann deshalb gar kein Ort konfliktfreier Harmonie und Übereinstimmung sein, aber sie ist ein Ort, an dem Erfahrungen wie Fairness, Gerechtigkeit und soziale Akzeptanz gemacht werden können. Durch das Einüben einer Diskussionskultur, in der Konflikte ausgehandelt werden und nach gemeinsamen Lösungsmöglichkeiten gesucht wird, wirkt sie zudem konfliktregulierend. Indem sie soziale Kompetenzen schult, macht sie das soziale Leben insgesamt durchschaubarer und gibt Orientierung im Geflecht sozialer Normierungen. Damit eröffnet sie auch Interaktionschancen und schafft einen Freiraum für die psychosoziale Entwicklung in der Interaktion mit Gleichaltrigen, der sich nicht nur allein auf die kognitive Auseinandersetzung mit Sachverhalten erstreckt, sondern auch im Sportunterricht das eigene Körperverständnis schult und im Musik-, Kunst- und Theaterunterricht die ästhetischen Ausdrucksformen erweitert, welche die Beschränkungen des individuellen Lebens überwinden helfen und die Offenheit der Kunst erfahrbar machen. Schule macht so insgesamt ein weites Feld der gesellschaftlichen Erfahrungen möglich, die in der Enge des Lebens kaum woanders gemacht werden können. Sie ist gleichwohl keine pädagogische Provinz, sondern spiegelt gewissermaßen die gesellschaftlichen Verhältnisse wider – in ihrem jeweiligen Maß an Freiheit, an Gleichheit, an Solidarität und an verwirklichter Demokratie.

14.3 Tendenzen der Rationalisierung von Schule

Angesichts der Einsichten der Systemtheorie in die Realität der Schule ist dieses Loblied auf die Schule sicherlich überzogen, aber ohne dieses Nachdenken über Schule bleibt die Schule so gut oder so schlecht, wie sie gegenwärtig ist. Die Zukunftsaufgabe wird es dagegen wohl eher sein, eingefahrene Routinen aufzubrechen, grundlegende Konzepte der Schule zu überdenken und sich eventuell etwas vollkommen Neues einfallen zu lassen. Statt der Öffnung auf etwas Neues meinen wir jedoch gegenwärtig mindestens fünf Tendenzen wahrnehmen zu können, die eher darauf hindeuten, dass die Dynamik des Schulwesens genutzt wird, um das überkommene Schulwesen zu restaurieren. Diese Tendenzen lassen sich unseres Erachtens als Formen der Rationalisierung des Schulwesens deuten, die mehr dem Rationalisierungsbegriff Sigmund Freuds geschuldet sind, als dass sie dazu beitragen, das Schulwesen vernünftiger zu machen. Diese Rationalisierungstendenzen sollen knapp skizziert werden, da es sich u.E. auch in Zukunft lohnen wird, darüber nachzudenken:

Die Ansichten darüber, wie das deutsche Schulwesen zu verbessern ist, sind Legion. Einigkeit besteht meist nur darin, dass früher alles besser war. Wir hoffen, dass wir in dieser Einführung zeigen konnten, dass Bildungspolitik seit der flächendeckenden Einführung institutionalisierten Lernens

Rationalisierung der Schule durch Traditionalisierung

immer auch ein Kampfplatz war, auf dem es um die bessere Schule ging. Schon 1964 rief der Bildungsforscher Georg Picht die nationale Bildungskatastrophe aus. Zu Recht! Schon Anfangs der 70er legte ein erster internationaler Vergleichstest zur Wirksamkeit des deutschen Schulsystems offen, was die deutschen Kinder in der Schule wirklich lernten, und stellte diesem die Note „Mangelhaft" aus (vgl. HÜFNER 1973). Ergebnis war, dass Deutschland nach diesem dürftigen Abschneiden 25 Jahre lang nicht mehr an internationalen Tests teilnahm. Die Ergebnisse der Nachfolgestudien konnten an Schule interessierte Menschen wie Schultheoretiker oder Schüler nicht überraschen: das deutsche Bildungswesen erfüllt nicht die Ansprüche, die an ein modernes Bildungssystem zu richten sind. Es lässt sich also durchaus sagen, dass sich am Modernisierungsrückstand der deutschen Schulentwicklung eigentlich nicht viel geändert hat. Es gibt jedenfalls keinen Hinweis darauf, dass sich die schlechte deutsche Leistungsbilanz gegenüber dem Rückstand, der in den 60er Jahren von der OECD konstatiert wurde, vergrößert hätte. Wenn es eine Kontinuität gibt, dann die, dass Deutschland und seine Schulen der westlichen Modernisierung verlässlich hinterher hinken. Kurz: Ein Zurück zur guten alten Schule wäre fatal, weil die traditionelle Schule nie so gut war, wie es die Illusion möchte.

Rationalisierung der Schule durch Emotionalisierung　　In kaum einem anderen Land, so die internationalen Vergleichsuntersuchungen, hängen die schulischen Leistungen so offensichtlich vom sozialen Status der Familie und vom familiären Hintergrund der Schüler ab, wie in Deutschland. Die sozialen Verwerfungen, die Schule so mit sich bringt, werden aber auf dem Feld publizistischer und bildungspolitischer Inszenierungen symbolisch bearbeitet. So wird für die großen Probleme der Schulen die schlichte Antwort offeriert, dass es in deutschen Schulen an Disziplin fehle. Diese Erklärungsvariante der deutschen Schulmisere lässt sich als Rationalisierung durch Emotionalisierung kennzeichnen. Die deutschen Schüler und Schülerinnen sind dann nicht einfach nur „doof", sondern haben sich ihre „Doofheit" wegen ihrer Undiszipliniertheit auch noch selbst zuzuschreiben. Das Problem sind dann nicht die mäßigen Leistungen und wie Schule dazu beiträgt, sondern es sind die Disziplinprobleme in der Schule, unter denen alle zu leiden haben, Lehrer wie Schüler. Alle können sich darüber aufregen und das Für und Wider von mehr Disziplin diskutieren. Das sich mit einem aufklärerischen Nimbus schmückende neue „Lob der Disziplin", da es ja vermeintlich ein Tabu bricht, erkauft sich seinen Erfolg mit den anti-aufklärerischen Mitteln einer symbolischen Politik, die lediglich dazu beiträgt, von den Kernproblemen der Schule abzulenken und die Problematik auf die Klientel zu verschieben (vgl. BUEB 2006; BRUMLIK (Hg.) 2007).

Rationalisierung der Schule durch Ökonomisierung　　Die Schule soll sich an Effizienzkriterien messen und messen lassen, wie sie in effektiven Wirtschaftsunternehmen vorherrschen, und dementsprechend soll der organisatorische Aufbau der Schule sich an deren Organisationsstrukturen anpassen. Das bestehende Schulsystem wird dabei als hochgradig bürokratisch und ineffizient eingeschätzt. Die neuen Managementtheorien heben die Nachteile hervor, die eine zentralisierte, hierarchische Struktur besitzt, in der alles von oben bestimmt wird. Das gegenwärtige Schulsystem wird als eine – von der Spitze her durch Kultusverwaltung und bürokratische Verfahren – regulierte Behörde wahrgenommen, in der nicht

Kompetenz, Verantwortung und Leitungsfähigkeit im Vordergrund stehen, sondern parteipolitisch partikulare Zielvorstellungen. Es gebe weder genügend Leistungsanreize für gute Lehrerleistungen und gute Schülerleistungen noch finde eine vernünftige Qualitätskontrolle statt. Die Schule sei somit nicht darauf eingerichtet, das bestmögliche Produkt im Sinn von Lernleistung herzustellen und die Schüler entsprechend zu fördern. Während nun aber marktorientierte Unternehmen an der technischen Herstellung und Verwertung von Produkten orientiert sein müssen, hat das Schulwesen für die Gesellschaft andere Aufgaben zu erbringen, die sich gerade nicht technisch bewerkstelligen lassen. Dennoch wird es künftig immer mehr um technische Messbarkeit gehen: Messbarkeit von Schülerleistungen, Messbarkeit von Bildungssystemen, Rechenschaftslegung bezüglich deren Effektivität, gemessen an möglichst besten Testwerten möglichst aller Schüler. Was sich darin abzeichnet, ist eher die Tendenz einer Rationalisierung durch Ökonomisierung schulischer Einrichtungen als der Zugewinn an mehr Autonomie im Sinne einer Erziehung zur Mündigkeit und Bildung der Urteilsfähigkeit. Eine Stärkung der Schule ist damit kaum noch gemeint, sondern weit mehr die Anpassung an globale Marktbedingungen.

Wie gesehen ist es für Schüler zeitweilig günstiger, sich flexibel zu zeigen und sich den pädagogischen Trivialisierungsbemühungen der Schule zu beugen – jedenfalls scheinen sie damit besser zu fahren, als darauf zu beharren, eine rationale Erklärung für schulisches Handeln zu erwarten und als nichttriviale Maschinen behandelt zu werden. Der akademische Code, den Niklas Luhmann verwendet, findet seinen Vorteil darin, dass er Realität beschreibend, doch weitgehend realitätsunabhängig bleibt und zugunsten von Zeichen auf eine Begriffsbildung, die auf Außerbegriffliches abzielt, verzichtet. Den Schülern bleibt unter den Voraussetzungen von Schule nichts anderes übrig, als trivial zu werden, die akademische Theoriebildung dagegen, die nur noch beobachtet, fetischisiert die eigene akademisch gereinigte Sprache und kann hinter dem raffinierten theoriesprachlichen Code nur mühsam die Trivialität ihrer Einsichten verbergen. Die Rationalisierung durch Akademisierung bedient sich der Schule als eines beliebigen Themas, an dem das Funktionieren von Systemen exemplifiziert werden kann, und kann weniger durch die Neuigkeit der Sachverhalte und ihrer Wahrnehmung überzeugen, als durch ein verändertes sprachliches Zeichendesign. Die szientifische Sprache tendiert dazu, den Sachverhalt Schule zu nivellieren und die realen Probleme der Schule in einen Diskurs über die Schule zu transformieren, die dann zu unlösbaren Paradoxien werden. Das Scheitern der Schule an ihren und den gesellschaftlichen Ansprüchen wird einer der avanciertesten sozialwissenschaftlichen Theorien zum Ausweis ihres Erfolgs als System.

Rationalisierung der Schule durch Akademisierung

Im Zuge der PISA Studie und ihrer Ergebnisse für deutsche Schulen wurde der Bildungstourismus vor allem in die bei PISA sehr erfolgreichen skandinavischen Länder beflügelt, um das Schulsystem und die schulischen Arbeits- und Verfahrensweisen dieser Länder kennen zu lernen mit der Hoffnung, die vorgefundenen Besonderheiten – wie frühe Einschulung und Betonung des frühen Bildungsprozesses, die Organisation der Schulen als Gesamtschulen, den individuellen Fördergedanken oder die Administration zentraler Prüfungen – auf die deutsche Schule zu übertragen. Der Versuch, die Erfolge anderer Schulsysteme in das deutsche Schulwesen hinein zu ko-

Rationalisierung durch Internationalisierung

pieren, scheitert aber daran, dass die Übertragung einzelner Elemente aus einem einzigartigen bildungspolitischen und institutionellen Kontext in einen anderen, genauso einzigartigen, mehr als problematisch ist. In den erfolgreichen Ländern sind nämlich die einzelnen organisatorischen Elemente so mit Regelungen auf das schulische Ensemble abgestimmt, dass die positiven Wirkungen eines Strukturmerkmals vermehrt, ungünstige Nebenwirkungen aber aufgefangen werden können. Ohne diese Einbettung bleibt die Übernahme isolierter Elemente kontraproduktiv. Empirisch zeigt sich das daran, dass fast jedes wichtige Element in dem einen Land positive, in anderen negative und in wieder anderen gar keine Auswirkungen auf die Leistungsfähigkeit der Schule hat. Zudem müssen für jedes Land die spezifischen nationalen und traditionellen Besonderheiten beachtet werden, die nicht alle möglichen Veränderungen an den gewachsenen Strukturen erlauben. Die deutschen Schulen können also nicht einfach die besten Länder nachahmen. Wir müssen uns schon selbst überlegen, welche Schule wir in Zukunft wollen. Die Schulen anderer Länder können dabei durchaus als Inspiration dienen.

14.4 Das Enden der Schule

Für jeden von uns hat die Schule früher oder später aufgehört. Die Frage zum Ende dieser Einführung in die Theorien der Schule ist aber, ob die Schule selbst enden kann. Auch wenn gegenwärtig kein Auflösen oder gar ein Ende der Schule absehbar, womöglich zur Zeit auch gar nicht wünschenswert ist, da ohne ein institutionalisiertes Schulwesen gesellschaftlich notwendige Sozialisationsleistungen und individuelle Kompetenzentwicklung, netter formuliert, Mündigkeit, kaum stattfinden· würden, kann ein Blick in die Entstehungsgeschichte der Schule zeigen, dass bei den avanciertesten Vertretern schulischer Bildung immer auch das Enden der Schule mitreflektiert wurde. Marie-Jean-Antoine-Nicolas Caritat, Marquis de Condorcet schreibt in seinem Entwurf über die allgemeine Organisation des öffentlichen Unterrichtswesens, den er 1792 der gesetzgebenden Versammlung der französischen Republik vorlegt:

„Es wird ohne Zweifel eine Zeit kommen, in der die durch Autorität eingesetzten gelehrten Gesellschaften überflüssig und folglich gefährlich sein werden; in der sogar jede öffentliche Unterrichtsanstalt nutzlos werden wird: das wird jene Zeit sein, wo kein allgemeiner Irrtum mehr zu fürchten ist, wo alle Ursachen, die das Interesse oder die Leidenschaften zugunsten von Vorurteilen beeinflussen, ihre Wirkung eingebüßt haben; wo sich die Aufklärung gleichmäßig auf alle Orte desselben Gebietes wie auf alle Klassen derselben Gesellschaft ausgebreitet hat; wo alle Wissenschaften und ihre Anwendungsgebiete vom Joch allen Aberglaubens wie vom Gift falscher Doktrinen befreit sind; wo jeder Mensch endlich in seinem eigenen Wissen und in der Redlichkeit seines Geistes ausreichend Waffen findet, alle Listen der Scharlatane zurückzuweisen: aber diese Zeit ist noch fern; unsere Aufgabe muß es ein, sie vorzubereiten und den Beginn dieser Epoche schneller herbeizuführen; und wenn wir daran arbeiten, diese neuen Einrichtungen zu schaffen, sind wir gezwungen, uns unaufhörlich damit zu beschäftigen, jenen glücklichen Augenblick schneller herbeizuführen, in dem sie alle überflüssig werden." (CONDORCET 1792/1966, S. 82f.)

Dieses Überflüssigwerden ist heute in weitere Ferne gerückt, als es Condorcet damals schien. Der pädagogische Sisyphos ist mit seinem Stein weiter auf dem Weg bergauf, aber womöglich ist der Weg zum Gipfel länger als gedacht. Mindestens so lange ist das Nachdenken über Schule notwendig.

Was Sie wissen sollten, wenn Sie Kapitel 14 gelesen haben:

- Sie sollten die Luhmannsche Bestimmung der Selektionsaufgaben der Schule kennen.
- Sie sollen die Unterscheidung von nichttrivialen und trivialen Maschinen, die Luhmann vornimmt, nachvollziehen können und die Auswirkungen der schulischen Trivialisierungsbemühungen auf nichttriviale Systeme verstanden haben.
- Sie sollten die Differenzierungen kennen, die einer Reduktion der komplexen schulischen Realität entgegenstehen.
- Sie sollten sich Gedanken machen über die Gestaltungsmöglichkeiten von Schule.
- Sie sollten über die möglichen Rationalisierungsbemühungen von Schule nachdenken.
- Aus dieser Einführung in die Theorien der Schule sollten Sie mitnehmen, dass es sich lohnt, die Umstände, unter denen Schule geschieht, aufzuklären und damit zugleich auch aufweisen, was in diesen Umständen auch anders möglich ist. Darüber dürfen Sie aber selbst nachdenken.

Weiterführende Literatur

Die Grundgedanken von Niklas Luhmann zum Erziehungssystem und seine Beiträge zur Pädagogik liegen zusammengefasst in zwei Bänden vor.
Das Erziehungssystem der Gesellschaft (2002), und **Schriften zur Pädagogik** (2004).
Die Luhmannschen Einsichten in das Erziehungssystem der Gesellschaft haben zu weiterführenden Erkenntnissen auch in der Mikroanalyse schulischen Unterrichts geführt, die durch kontrollierte Beobachtung einsichtig zu machen versucht, wie das Interaktionssystem des schulklassenförmigen Unterrichts ermöglicht wird.
MARKOWITZ, JÜRGEN (1986): **Verhalten im Systemkontext**. Zum Begriff des sozialen Epigramms. Diskutiert am Beispiel des Schulunterrichts. Frankfurt.
DIEDERICH, JÜRGEN UND TENORTH, HEINZ-ELMAR (1997): **Eine Theorie der Schule. Ein Studienbuch zu Geschichte, Funktionen und Gestaltung**. Berlin. Die Gedanken Luhmanns für eine Theorie der Schule, die Schulen als ein lose geknüpftes Netzwerk betrachtet, da Schulen von außen normiert werden, aber von innen gestaltet sind, Schulen zwar systemisch aufgebaut sind, aber durch Interaktion realisiert werden und Schulen strukturell organisiert sind, aber situativ verwirklicht werden, werden hier angewandt.
FEND, HELMUT (2008): **Schule gestalten. Systemsteuerung, Schulentwicklung und Unterrichtsqualität**. Wiesbaden.

Literaturverzeichnis

ADICK, CHRISTEL (1992): Die Universalisierung der modernen Schule. Paderborn

ADORNO, THEODOR W. (1970): Tabus über dem Lehrberuf. In: Ders. Erziehung zur Mündigkeit Frankfurt a. M. S. 70–87

ALT, ROBERT (1965f.): Bilderatlas zur Schul- und Erziehungsgeschichte. Berlin

ALTVATER, ELMAR (Hg.) (²1971): Materialien zur politischen Ökonomie des Ausbildungssektors. Erlangen

ANDRESEN, SABINE (2005): Einführung in die Jugendforschung (= Grundwissen Erziehungswissenschaft). Darmstadt

BAUMERT, JÜRGEN/CORTINA, KAI S./LESCHINSKY, ACHIM (2003): Grundlegende Entwicklungen und Strukturprobleme im allgemein bildenden Schulwesen. In: Kai S. Cortina u. a. (2003)

BAUMERT, JÜRGEN/LEHMANN, RAINER (1997): TIMSS – Mathematisch-naturwissenschaftlicher Unterricht im internationalen Vergleich. Deskriptive Ergebnisse. Opladen

BAUMGART, FRANZJÖRG (1990): Zwischen Reform und Reaktion. Preußische Schulpolitik 1806–1859. Darmstadt

BAUMGART, FRANZJÖRG/LANGE, UTE (Hg.) (1999): Theorien der Schule. Bad Heilbrunn

BENNER, DIETRICH (1995): Studien zur Didaktik und Schultheorie. Pädagogik als Wissenschaft, Handlungstheorie und Reformpraxis. Band 3. Weinheim und München

BERGER. PETER L./LUCKMANN, THOMAS (1966): Die gesellschaftliche Konstruktion der Wirklichkeit. Eine Theorie der Wissenssoziologie. Frankfurt a. M.

BERNFELD, SIEGFRIED (1925/1979): Sisyphos oder die Grenzen der Erziehung. Frankfurt a. M.

BLANKERTZ, HERWIG (1982): Die Geschichte der Pädagogik. Von der Aufklärung bis zur Gegenwart. Wetzlar

BOENICKE, ROSE/GERSTNER, HANS-PETER/TSCHIRA, ANTJE (2004): Lernen und Leistung. Vom Sinn und Unsinn heutiger Schulsysteme. Darmstadt

BOS, WILFRIED/LANKES, EVA-MARIA/PRENZEL, MANFRED/SCHWIPPERT, KNUT/WALTHER, GERD/VALTIN, RENATE (Hg.) (2003): Erste Ergebnisse aus IGLU. Schülerleistungen am Ende der vierten Jahrgangsstufe im internationalen Vergleich. Münster, New York, München, Berlin

BOURDIEU, PIERRE (1982): Die feinen Unterschiede. Kritik der sozialen Urteilskraft. Frankfurt a. M.

BOURDIEU, PIERRE (1985a): Leçon sur la leçon. In: ders.: Sozialer Raum und ‚Klassen‚, Leçon sur la leçon. Zwei Vorlesungen. Frankfurt a. M.

BOURDIEU, PIERRE (1985b): „Vernunft ist eine historische Errungenschaft wie die Sozialversicherung". Bernd Schwibs im Gespräch mit Pierre Bourdieu, in: Neue Sammlung Jg. 25 (1985), S. 376–394

BOURDIEU, PIERRE (1997): Das Elend der Welt. (Original 1993) Konstanz

BOURDIEU, PIERRE (1998): Praktische Vernunft. Zur Theorie des Handelns. Frankfurt a. M.

BOURDIEU, PIERRE (2001): Wie die Kultur zum Bauern kommt. Über Bildung, Schule und Politik. Schriften zu Politik & Kultur 4. Hamburg

BOURDIEU, PIERRE/PASSERON, JEAN CLAUDE (1971): Die Illusion der Chancengleichheit. Untersuchungen zur Soziologie des Bildungswesens am Beispiel Frankreichs. Stuttgart

BOWLES, SAMUEL/GINTIS, HERBERT (1978): Pädagogik und die Widersprüche der Ökonomie. Das Beispiel USA. Frankfurt a. M.

BRUMLIK, MICHA (1973): Der symbolische Interaktionismus und seine Bedeutung für die Pädagogik. Frankfurt a. M.

BRUMLIK, MICHA (1989): Interaktionismus, Symbolischer. Artikel in: Pädagogische Grundbegriffe (2 Bde.), Hg. v. Dieter Lenzen. Reinbek. S. 764–781

BRUMLIK, MICHA (1992): Advokatorische Ethik. Zur Legitimation pädagogischer Eingriffe. Bielefeld.

BRUMLIK, MICHA (2006): Sigmund Freud. Der Denker des 20. Jahrhunderts. Weinheim, Basel

BRUMLIK, MICHA (Hg.) (2007): Vom Missbrauch der Disziplin. Weinheim, Basel

BRUMLIK, MICHA/HOLTAPPELS, HEINZ GÜNTHER (1987): Mead und die Handlungsperspektive schulischer Akteure – interaktionistische Beiträge zur Schultheorie. In: Tillmann (Hg.) (1987), S. 88–103

BUEB, BERNHARD (2006): Lob der Disziplin. Berlin

COMBE, ARNO/HELSPER, WERNER (2002): Professionalität. In: Otto, Hans-Uwe/Rauschenbach, Thomas/Vogel, Peter (Hg.) (2002): Erziehungswissenschaft: Professionalität und Kompetenz. Opladen

COMENIUS, JOHANN AMOS (1954): Grosse Didaktik. Hg. Von A. Flitner. Düsseldorf und München

COMENIUS, JOHANN AMOS (1958): Orbis Sensualium Pictus. Prag

COMENIUS, JOHANN AMOS (1991): Pampaedia – Allerziehung. In deutscher Übersetzung herausgegeben von Klaus Schaller. Sankt Augustin

CONDORCET, ANTOINE DE (1966): Bericht und Entwurf einer Verordnung über die allgemeine Organisation des öffentlichen Unterrichtswesens. Weinheim

CORTINA, KAI S./BAUMERT, JÜRGEN/LESCHINSKY, ACHIM/MAYER, KARL ULRICH/TROMMER, LUITGARD (Hg.) (2003): Das Bildungswesen in der Bundesrepublik Deutschland. Strukturen und Entwicklungen im Überblick. Reinbek

DAHRENDORF, RALF (1965): Bildung ist Bürgerrecht. Plädoyer für eine aktive Bildungspolitik. Hamburg

DEPARTEMENT OF STATE (1946): Report of the United States Education Mission to Germany. Publication 2664, European Series 16, Washington

DEUTSCHER JURISTENTAG (1981): Schule im Rechtsstaat. Band 1. Entwurf für ein Landesschulgesetz. Bericht der Kommission Schulrecht des Deutschen Juristentages. München

DEUTSCHES PISA-KONSORTIUM (Hg.) (2001): PISA 2000. Basiskompetenzen von Schülerinnen und Schülern im internationalen Vergleich. Opladen

DEUTSCHES PISA-KONSORTIUM (Hg.) (2002): PISA 2000. Die Länder der Bundesrepublik Deutschland im Vergleich. Opladen

DEUTSCHES PISA-KONSORTIUM (Hg.) (2003): PISA 2000. Ein differenzierter Blick auf die Länder der Bundesrepublik Deutschland. Opladen

DEUTSCHES PISA-KONSORTIUM (Hg.) (2004): PISA 2003. Münster

DEUTSCHES PISA-KONSORTIUM (Hg.) (2007): PISA 2006. Die Ergebnisse der dritten internationalen Vergleichsstudie. Münster

DEWE, BERND/FERCHHOFF, WILFRIED/RADTKE, FRANK-OLAF (Hg.) (1992): Erziehen als Profession. Zur Logik professionellen Handelns in pädagogischen Feldern. Opladen

DIEDERICH, JÜRGEN/TENORTH, HEINZ-ELMAR (1997): Theorie der Schule. Ein Studienbuch zu Geschichte, Funktionen und Gestaltung. Berlin

DILTHEY, WILHELM (1971): Schriften zur Pädagogik. Hg. v. Hans-Hermann Groothoff und Ulrich Herrmann. Paderborn

DOBRICK, MARTIN/HOFER, MANFRED (1991): Aktion und Reaktion. Die Beachtung des Schülers im Handeln des Lehrers. Göttingen, Zürich u.a.

DÖRPINGHAUS, ANDREAS/POENITSCH, ANDREAS/WIGGER, LOTHAR (2006): Einführung in die Theorie der Bildung (= Grundwissen Erziehungswissenschaft). Darmstadt

DREEBEN, ROBERT (1980): Was wir in der Schule lernen. (Orig.: On what is learned in school. Reading/Mass. 1968). Frankfurt a.M.

DRESSELHAUS, GÜNTER (1997): Das deutsche Bildungswesen zwischen Tradition und Fortschritt – Analyse eines deutschen Sonderwegs. Münster

DRESSEN, WOLFGANG (1982): Die pädagogische Maschine. Zur Geschichte des industrialisierten Bewußtseins in Preußen/Deutschland. Frankfurt a.M., Berlin, Wien

FEND, HELMUT (1974): Gesellschaftliche Bedingungen schulischer Sozialisation. Weinheim

FEND, HELMUT U.A. (1976): Sozialisationseffekte der Schule. Soziologie der Schule II. Weinheim

FEND, HELMUT (1969): Sozialisierung und Erziehung. Weinheim

FEND, HELMUT (1977): Schulklima. Soziale Einflussprozesse in der Schule. Soziologie der Schule III.1. Weinheim

FEND, HELMUT (1980a): Einleitung. In Dreeben (1980). S. VII–XII.

FEND, HELMUT (1980b): Theorie der Schule. München, Wien, Baltimore

FEND, HELMUT (1996): Schulkultur und Schulqualität. In: Leschinsky, Achim (Hg.) (1996): Die Institutionalisierung von Lehren und Lernen. Beiträge zu einer Theorie der Schule. Weinheim, Basel, S. 85–97

FEND, HELMUT (1997): Schulleistung und Fähigkeitsselbstbild – universelle Beziehungen oder kontextspezifische Zusammenhänge? Literaturüberblick, in: Weinert, Franz E.; Helmke, Andreas (Hg.), Entwicklung im Grundschulalter, Weinheim, S. 361–371

FEND, HELMUT (2006a): Neue Theorie der Schule. Einführung in das Verstehen von Bildungssystemen. Wiesbaden

FEND, HELMUT (2006b): Geschichte des Bildungswesens. Der Sonderweg im europäischen Kulturraum. Wiesbaden

FEND, HELMUT (2008): Schule gestalten. Systemsteuerung, Schulentwicklung und Unterrichtsqualität. Wiesbaden

FLITNER, ELISABETH (2006): Pädagogische Wertschöpfung. Zur Rationalisierung von Schulsystemen durch public-private-partnerships am Beispiel von PISA. In: Jürgen Oelkers, Rita Casale, Rebekka Horlacher, Sabina Larcher Klee (Hg.) (2006): Rationalisierung und Bildung bei Max Weber. Beiträge zur Historischen Bildungsforschung. Bad Heilbrunn

FREIRE, PAULO (1973): Pädagogik der Unterdrückten. Bildung als Praxis der Freiheit. Reinbek

FREUD, SIGMUND (1948): Gesammelte Werke Bd. 11. Vorlesungen zur Einführung in die Psychoanalyse. Original 1917. Frankfurt a.M.

FRIEDEBURG, LUDWIG VON (1992): Bildungsreform in Deutschland. Geschichte und gesellschaftlicher Widerspruch. Frankfurt a. M.

FRISCH, MAX (^{65}2007): Andorra. Frankfurt a. M.

FÜRSTENAU, PETER (1964): Zur Psychoanalyse der Schule als Institution. In: Pädagogisches Zentrum (Hg.): Zur Theorie der Schule. Berlin, S. 9–25

GARZ, DETLEF (^{2}1994): Sozialpsychologische Entwicklungstheorien. Von Mead, Piaget und Kohlberg bis zur Gegenwart. Opladen

GOFFMAN, ERVING (1970): Stigma. Über Techniken der Bewältigung beschädigter Identität. Frankfurt a. M.

GOFFMAN, ERVING (2003): Wir alle spielen Theater. Die Selbstdarstellung im Alltag (Original: The presentation of self in everyday life. 1959). München, Zürich

GOODMAN, PAUL (1975): Das Verhängnis der Schule (Orig.: Compulsory Mis-Education. 1964). Frankfurt a. M.

GOODMAN, PAUL (^{2}1972): Growing up absurd. Aufwachsen im Widerspruch. Über die Entfremdung der Jugend in der verwalteten Welt. Darmstadt

GRUSCHKA, ANDREAS (2002): Didaktik. Das Kreuz mit der Vermittlung. Elf Einsprüche gegen den didaktischen Betrieb. Wetzlar

HABERMAS, JÜRGEN (1968): Thesen zur Theorie der Sozialisation. Stichworte und Literatur zur Vorlesung im Sommer-Semester 1968 (Erschienen 1973). O. O.

HABERMAS, JÜRGEN (1985): Der philosophische Diskurs der Moderne. Zwölf Vorlesungen. Frankfurt a. M.

HARTMANN, MICHAEL (2002): Der Mythos von den Leistungseliten. Spitzenkarrieren und soziale Herkunft in Wirtschaft, Politik, Justiz und Wissenschaft. Frankfurt a. M.

HAUCK, GERHARD (1984): Geschichte der Soziologie. Eine ideologiekritische Einführung. Reinbek

HEGEL, GEORG WILHELM FRIEDRICH (1949): Gymnasialreden. In: G. W. F. Hegel: Sämtliche Werke. Jubiläumsausgabe in zwanzig Bänden herausgegeben von Hermann Glockner. Dritter Band. S. 231–297

HELSPER, WERNER/BÖHME, JEANETTE (Hg.) (2004): Handbuch der Schulforschung. Wiesbaden

HENTIG, HARTMUT VON (2003): Rousseau oder Die wohlgeordnete Freiheit. München

HENTIG, HARTMUT VON (1971): Cuernavaca oder: Alternativen zur Schule? Stuttgart, München

HENTIG, HARTMUT VON (2003): Die Schule neu denken. Eine Übung in pädagogischer Vernunft. Erweiterte Neuausgabe. Weinheim, Basel

HENTIG, HARTMUT VON (2007): Bewährung. Von der nützlichen Erfahrung, nützlich zu sein. Die Entschulung der Mittelstufe und ein einjähriger Dienst für die Gemeinschaft. Ein pädagogisches Manifest im Jahre 2005. Weinheim, Basel

HERBART, JOHANN FRIEDRICH (1888): Ueber Erziehung unter öffentlicher Mitwirkung. In: Johann Friedrich Herbart's Sämtliche Werke in chronologischer Reihenfolge herausgegeben von Karl Kehrbach. Dritter Band. S. 75–82

HERRLITZ, HANS-GEORG/HOPF, WULF/TITZE, HARTMUT (1993): Deutsche Schulgeschichte von 1800 bis zur Gegenwart. Mit einem Kapitel über die DDR von Ernst Cloer. Weinheim

HERRMANN, ULRICH (1990): Diesterweg in seiner Zeit. Wissen auf dem Weg ins Volk. In: Universität Gesamthochschule Siegen (Hg.): Adolph Diesterweg. Wissen im Aufbruch. Katalog zur Ausstellung zum 200. Geburtstag. Weinheim, S. 1–7

HONNETH, AXEL (1984): Die zerrissene Welt der symbolischen Formen, Zum kultursoziologischen Werk Pierre Bourdieus. In: Kölner Zeitschrift für Soziologie und Sozialpsychologie, Jg. 36, S. 147–164. Sowie in: ders.: Die zerrissene Welt des Sozialen. Sozialphilosophische Aufsätze. S. 177–202. Frankfurt a. M.

HÜFNER, KLAUS (Hg.) (1973): Bildungswesen: mangelhaft. BRD-Bildungspolitik im OECD-Länderexamen. Frankfurt a. M.

HUISKEN, FREERK (2002): Erziehung im Kapitalismus. Von den Grundlügen der Pädagogik und dem unbestreitbaren Nutzen der bürgerlichen Lehranstalten. Studienausgabe der Kritik der Erziehung in 2 Bänden. Hamburg

HUMBOLDT, WILHELM VON (1996): Werke in fünf Bänden. Hg. von A. Flitner und K. Giel. Darmstadt

HUSSERL, EDMUND (1962): Die Krisis der europäischen Wissenschaften und die transzendentale Phänomenologie. Eine Einleitung in die phänomenologische Philosophie. (Original 1936) Den Haag (Husserliana VI)

ILLICH, IVAN (1970): Schulen helfen nicht. Über das mythenbildende Ritual der Industriegesellschaft. Reinbek bei Hamburg

ILLICH, IVAN (1984): Entschulung der Gesellschaft. Entwurf eines demokratischen Bildungssystems (Am. Original 1970, 1971). München

INGENKAMP, KARLHEINZ (Hg.) (1971): Die Fragwürdigkeit der Zensurengebung. Texte und Untersuchungsberichte. Weinheim

JACHMANN, REINHOLD BERNHARD (1811): Erstes Programm des Conradinum bei dem Oster-Examen 1811. Über das Verhältnis der Schule zur Welt. In: Benner, Dietrich, Kemper, Herwart, Schulp-Hirsch, Gabriele (2000): Quellentexte zur Theorie und Geschichte der Reformpädagogik. Teil 1. Die pädagogische Bewegung von der Aufklärung zum Neuhumanismus. Weinheim

JACHMANN, REINHOLD BERNHARD (1812a): Beschreibung des Conradinum auf Jenkau bei Danzig. In: Jachmann, R.B., Passow, F. (Hg.) (1812): Archiv Deutscher Nationalbildung. Heft 3. S. 271–323

JACHMANN, REINHOLD BERNHARD (1812b): Die Berücksichtigung der Individualität bey der Erziehung: nach dem Prinzip einer idealischen Erziehungslehre. In: Jachmann, R.B., Passow, F. (Hg.) (1812): Archiv Deutscher Nationalbildung. Heft 2. S. 202–247

JACKSON, PHILIP W. (1968): Life in Classrooms. New York

JACKSON, PHILIP W. (1975): Einübung in eine bürokratische Gesellschaft: Zur Funktion der sozialen Verkehrsformen im Klassenzimmer. In: Zinnecker (Hg.). S. 19–34

JOAS, HANS (1996): Die Kreativität des Handelns. Frankfurt a.M.

KANDERS, MICHAEL/ROLFF, HANS-GÜNTER (2003): Mehr von allem, aber wenig ändern! In: SchulVerwaltung NRW, 14. Jg., Heft 3, S. 69–72

KANT, IMMANUEL (1803): Über Pädagogik. In: Schriften zur Anthropologie, Geschichtsphilosophie, Politik und Pädagogik 2. Werkausgabe Band XII. Frankfurt 1977

KAUDER, PETER/FISCHER, WOLFGANG (1999): Immanuel Kant über Pädagogik. 7 Studien. Baltmannsweiler

KING, STEPHEN (2000): Das Leben und das Schreiben. Berlin und München

KLAFKI, WOLFGANG (1987): Von Dilthey bis Weniger – schultheoretische Ansätze in der geisteswissenschaftlichen Pädagogik. In: Tillmann (Hg.) (1987), S. 21–46

KONSORTIUM BILDUNGSBERICHTERSTATTUNG (Hg.) (2006): Bildung in Deutschland. Ein indikatorengestützter Bericht mit einer Analyse zu Bildung und Migration. Im Auftrag der Ständigen Konferenz der Kultusminister der Länder in der Bundesrepublik Deutschland und des Bundesministeriums für Bildung und Forschung

KRAPPMANN, LOTHAR (1969): Soziologische Dimensionen der Identität. Strukturelle Bedingungen für die Teilnahme an Interaktionsprozessen. Stuttgart

KULTUSMINISTERKONFERENZ (2006), zit. N. http://www.kmk.org/doku/dt-206.pdf (1.4.2008)

LEHTINEN, ERNO (1994): Institutionelle und motivationale Rahmenbedingungen und Prozesse des Verstehens im Unterricht. In: Reusser, Kurt, Reusser-Weyeneth, Marianne (Hg.), Verstehen – Psychologischer Prozess und didaktische Aufgabe. Bern et al. S. 143–162

LENHARDT, GERO (1984): Schule und bürokratische Rationalität. Frankfurt/M.

LENHARDT, GERO (2002): Die verspätete Entwicklung der deutschen Schule. In: Pädagogische Korrespondenz, 29, 2002, S. 5–22

LIEBAU, ECKART (1987): Gesellschaftliches Subjekt und Erziehung. Zur pädagogischen Bedeutung der Sozialisationstheorien von Pierre Bourdieu und Ulrich Oevermann, Weinheim, München

LOHMANN, HANS-MARTIN ([3]1991): Freud zur Einführung. Hamburg

LUHMANN, NIKLAS (1985): Soziale Systeme. Grundriß einer allgemeinen Theorie. Frankfurt a.M.

LUHMANN, NIKLAS (1986): Codierung und Programmierung. Bildung und Selektion im Schulsystem. In: Dieter Lenzen (Hg.): Niklas Luhmann. Schriften zur Pädagogik. Frankfurt a.M. 2004

LUHMANN, NIKLAS (2002): Das Erziehungssystem der Gesellschaft. (Hg. v. Dieter Lenzen). Frankfurt a.M.

LUHMANN, NIKLAS (2004): Schriften zur Pädagogik. (Hg. v. D. Lenzen). Frankfurt a.M.

LUNDGREEN, PETER (1980/81): Sozialgeschichte der deutschen Schule im Überblick. Teil 1 (1770–1918). Teil 2 (1918–1980). Göttingen

MARKOWITZ, JÜRGEN (1986): Verhalten im Systemkontext. Zum Begriff des sozialen Epigramms. Diskutiert am Beispiel des Schulunterrichts. Frankfurt a.M.

MARROU, HENRI IRÉNÉE (1957): Geschichte der Erziehung im klassischen Altertum. Freiburg, München

MEAD, GEORGE HERBERT (1968): Geist, Identität und Gesellschaft aus der Sicht des Sozialbehaviorismus. Frankfurt a.M.

MEYER, HILBERT (1987): UnterrichtsMethoden. I. Theorieband. Frankfurt a.M.

MICHAEL, BERTHOLD/SCHEPP, HEINZ HERMANN (1973) (Hg.): Politik und Schule von der Französischen Revolution bis zur Gegenwart. Eine Quellensammlung zum Verhältnis von Gesellschaft, Schule und Staat im 19. und 20. Jahrhundert. Frankfurt a.M.

MUCK, MARIO/MUCK, GISELA (1987): Bis auf FREUD zurück – die Psychoanalyse der Schule als Institution. In: Tillmann (Hg.). S. 72–86.

MUÑOZ, VERNOR (2007): Report of the Special Rapporteur on the right to education. Mission to Germany. 13–21 February 2006 http://www.ohchr.org/english/bodies/hrcouncil/docs/4session/A.HRC.4.29.Add.3.pdf

NATORP, PAUL (1907): Neue Untersuchungen über Herbarts Grundlegung der Erziehungslehre. In: Paul Natorp: Gesammelte Abhandlungen zur Sozialpädagogik. Erste Abteilung: Historisches. Stuttgart

NIETZSCHE, FRIEDRICH (1980): Über die Zukunft unserer Bildungsanstalten. In: Nietzsche, Friedrich: Kritische Studienausgabe (KSA) in 15 Bänden, Hg. v. Giorgio Colli und Mazzino Montinari. Band 1, S. 641–763.

NIETZSCHE, FRIEDRICH (1980): Unzeitgemäße Betrachtungen. In: Nietzsche, Friedrich: Kritische Studienausgabe (KSA) in 15 Bänden, Hg. v. Giorgio Colli und Mazzino Montinari. Band 1

OELKERS JUERGEN (1989b): Das Ende des Herbartianismus. Überlegungen zu einem Fallbeispiel der pädagogischen Wissenschaftsgeschichte. In: Peter Zedler, Eckhard König (Hg.): Rekonstruktionen pädagogischer Wissenschaftsgeschichte. Fallstudien, Ansätze, Perspektiven. Weinheim 1989, S. 77–116

OELKERS, JUERGEN (1989a): Die große Aspiration. Zur Herausbildung der Erziehungswissenschaft im 19. Jahrhundert. Darmstadt

OELKERS, JUERGEN (2005): Reformpädagogik. Eine kritische Dogmengeschichte. 4., vollst. überarb. und erw. Aufl. Weinheim, München

OELKERS, JUERGEN (2006): Gesamtschule in Deutschland. Eine historische Analyse und ein Ausweg aus dem Dilemma. Weinheim, Basel

ORGANIZATION FOR ECONOMIC COOPERATION AND DEVELOPMENT (2005): Bildung auf einen Blick. Paris

PARSONS, TALCOTT (1951): The Social System. New York

PARSONS, TALCOTT (1959): The school class as a social system: Some of its functions in the American society. Harvard Educational Review. 29(4), S. 297–318

PARSONS, TALCOTT (1960): Pattern Variables reconsidered. In: American Sociological Review. 25

PARSONS, TALCOTT (1968): Die Schulklasse als soziales System. Einige ihrer Funktionen in der amerikanischen Gesellschaft. In: Ders.: Sozialstruktur und Persönlichkeit. Frankfurt a.M., S. 161–193

PARSONS, TALCOTT (1970): Die Entstehung der Theorie des sozialen Systems. Ein Bericht zur Person. In: Parsons, T./Shils, E./Lazarsfeld, P. (1975): Soziologie – autobiographisch. Drei kritische Berichte zur Entwicklung einer Wissenschaft. Stuttgart, S. 1–68

PARSONS, TALCOTT/BALES, ROBERT F./SHILS, EDWARD (1953): Working Papers in the Theory of Action. New York

PARSONS, TALCOTT/SMELSER, NEIL J. (1956): Economy and Society. Glencoe

PETRAT, GERHARDT (1979): Schulunterricht. Seine Sozialgeschichte in Deutschland 1750–1850. München

PIEPER, IRENE/ROSEBROCK, CORNELIA u.a. (2004): Lesesozialisation in schriftfernen Lebenswelten. Lektüre und Mediengebrauch von HauptschülerInnen. Weinheim, München

PLAKE, KLAUS (1977): Sozialer Identitätsanspruch und die Legitimation der Betreuung: Zur Kustodialfunktion der Sozialisationsorganisation. In: Zeitschrift für Soziologie 6, S. 264–278

ROSENTHAL, ROBERT/JACOBSON, LENORE (1971): Pygmalion im Unterricht. Lehrererwartungen und Intelligenzentwicklung der Schüler (Original New York 1968). Weinheim

ROUSSEAU, JEAN-JACQUES (1762, 1958): Emil oder über die Erziehung. I. – IV. Buch. Paderborn

ROUSSEAU, JEAN-JACQUES (1762, 1966): Émile ou de l'education. Paris

RUTSCHKY, KATHARINA (Hg.) (1977): Schwarze Pädagogik. Quellen zur Naturgeschichte der bürgerlichen Erziehung. Frankfurt a.M.

RUTTER, MICHAEL u.a. (1980): Fünfzehntausend Stunden. Schulen und ihre Wirkungen auf die Kinder. Mit einer Einführung von Hartmut v. Hentig. Weinheim, Basel

SCHALLER, KLAUS (1967): Die Pädagogik des J.A. Comenius und die Anfänge des pädagogischen Realismus im 17. Jahrhundert. Heidelberg

SCHALLER, KLAUS (2000): Omnino. Ein Beitrag zur positiven Rezeptionsgeschichte der Pädagogik des J.A. Comenius. In: Helmer, Karl (Hg.) (2000): Spielräume der Vernunft. Würzburg, S. 322–343

SCHALLER, KLAUS (Hg.) (1990): Zwanzig Jahre Comeniusforschung in Bochum. Gesammelte Beiträge. St. Augustin

SCHILLER, HANS-ERNST (1998): Die Sprache der realen Freiheit. Sprache und Sozialphilosophie bei Wilhelm von Humboldt. Würzburg

SCHÜMER, GUNDEL (2001): Institutionelle Bedingungen schulischen Lernens im internationalen Vergleich. In: Deutsches PISA-Konsortium (Hg.) (2001): PISA 2000. Basiskompetenzen von Schülerinnen und Schülern im internationalen Vergleich. Opladen, S. 411–427

SCHÜMER, GUNDEL/TILLMANN, KLAUS-JÜRGEN/WEISS, MANFRED (2002): Institutionelle und soziale Bedingungen schulischen Lernens, in: Deutsches PISA-Konsortium (Hg.): PISA 2000. Die Länder der Bundesrepublik Deutschland im Vergleich. Opladen, S. 203–218

SCHÜTZ, ALFRED (1932): Der sinnhafte Aufbau der sozialen Welt. Eine Einleitung in die verstehende Soziologie. Wien

SNYDER, BENSON R. (1971): The hidden Curriculum. New York

STAROBINSKI, JEAN (1988): Rousseau. Eine Welt von Widerständen. München und Wien

TENORTH, HEINZ-ELMAR (1994): Schulische Einrichtungen. In: Lenzen, Dieter (Hg.): Erziehungswissenschaft. Reinbek

TENORTH, HEINZ-ELMAR (2000): Geschichte der Erziehung. Einführung in die Grundzüge ihrer neuzeitlichen Entwicklung. Weinheim, München

TENORTH, HEINZ-ELMAR (2004): Autonomie, pädagogische. In: Benner, Dietrich, Oelkers, Jürgen (Hg.) (2004): Historisches Wörterbuch der Pädagogik. Weinheim, Basel, S. 106–145

TILLMANN, KLAUS-JÜRGEN ([15]2007): Sozialisationstheorien. Eine Einführung in den Zusammenhang von Gesellschaft, Institution und Subjektwerdung. Reinbek

TILLMANN, KLAUS-JÜRGEN (Hg.) (1987): Schultheorien. Hamburg

TISCHER, MICHAEL (1999): Herbart und die Folgen. Studien zur Genese der Allgemeinen Pädagogik und der Didaktik. Wetzlar

TOLSTOJ, LEO N. (1980): Die Schule von Jasnaja Polnaja. Wetzlar

TREIBEL, ANNETTE ([7]2007): Einführung in die soziologischen Theorien der Gegenwart. Wiesbaden

TSCHIRA, ANTJE (2003): Wie Kinder lernen – und warum sie es manchmal nicht tun. Über die Interaktion zwischen System und Umwelt im Lernprozeß. Heidelberg

ULZHÖFER, ROBERT (1949): Zur Beurteilung von Reifeprüfungsaufsätzen. In: Der Deutschunterricht 1. Heft 8, S. 84–102

WEISS, RUDOLF (1965): Zensur und Zeugnis. Linz

WERNET, ANDREAS (2003): Pädagogische Permissivität. Schulische Sozialisation und pädagogisches Handeln jenseits der Professionalisierungsfrage. Opladen

WHORF, BENJAMIN L. (1965): Sprache – Denken – Wirklichkeit. Reinbek

ZEHRFELD, KLAUS/ZINNECKER, JÜRGEN (1975): Acht Minuten heimlicher Lehrplan bei Herrn Tausch. Analyse einer gefilmten Unterrichtsstunde, In. Zinnecker (Hg.). S. 72–97

ZINNECKER, JÜRGEN (Hg.) (1975): Der heimliche Lehrplan. Untersuchungen zum Schulunterricht. Weinheim, Basel

ZYMEK, BERND (1989): Schulen. In: Langewiesche, Dieter, Tenorth, Heinz-Elmar: Handbuch der deutschen Bildungsgeschichte. Band V. 1918–1945. Die Weimarer Republik und die nationalsozialistische Diktatur, S. 155–208

Personenregister

Sachregister